Mara Schnellbach

A way to YOURSELF
Ahri & Taemin

Hinweis

In diesem Buch geht es um einen Verlust und dessen tiefe Trauerbewältigung.

Mara Schnellbach

A way to Yourself
Ahri & Taemin

ROMAN

VAJONA

Dieser Artikel ist auch als E-Book erschienen.

A way to YOURSELF

Copyright
© 2022 VAJONA Verlag
Alle Rechte vorbehalten.
info@vajona.de

Druck und Verarbeitung: TOTEM.com.pl, ul. Jacewska 89,
88-100 Inowrocław
Printed in Poland
Lektorat und Korrektorat: Mira Manger
Umschlaggestaltung: Julia Gröchel unter Verwendung von Motiven von Rawpixel
Satz: VAJONA Verlag, Oelsnitz

ISBN: 978-3-948985-95-0

VAJONA Verlag

Für *Sun*.

Für *illa illa & Sorry*.

Und für *alle*, die in ihren Gedanken ertrinken.

Taemins

Gedankenkarussell-

Playlist

Epiphany – BTS
Here Without You – 3 Doors Down
Always – Isak Danielson
Sorry – The Rose
illa illa – B.I
In Silence – Janet Suhh
Wayo – Bang Yedam
Be With You – ATEEZ
Oceans (Where Feet May Fail) – Annette Elsa
Moment of Silence – Lucidious
Pansy – TAEMIN
Go Together – Golden Child
I Lost Myself – Munn
It's Okay – Kisum (feat. Heize)
Think Of You – TAEMIN
If You Need Me – Julia Michaels
First Love – BTS
Song Request (feat. SUGA) – Lee Sora
It's You – Ali Gatie
Head In The Clouds – Hayd
Bittersweet (feat. LeeHi) – Wonwoo & Mingyu
Lost At Sea (Illa Illa 2) – B.I, Bipolar Sunshine & Afgan
Epiphany – Underdogpianist

용기
Mut

Erster Tanz
Tanz
tiefgründig-komisch

Prolog

In der Zukunft

Taemin

Mutherz oder Feiglingskopf?

Ich tippte und löschte, tippte wieder, starrte meine Nachricht an und schrieb sie neu, immer und immer wieder. Mit der Zeit hatte ich gelernt, dass mein Kopf ziemlich laut war und ich deshalb auf die leisere Stimme hören musste. Auf die geflüsterten Worte meines Herzens, weil dort wild und schnell der Mut schlug.

Senden. Senden. Senden.

Schick ihr deine Wahrheit.

Schreib ihr alles.

Frustriert starrte ich auf meinen Bildschirm und betrachtete ihren Namen über unserem Chat. Ich vermisste sie.

Ich vermisste Ahri, ihr Lachen, ihr Weinen. Alles.

Also drückte ich auf *Senden*.

Ich: Weißt du was? Ich kann dich nicht vergessen.
Ich: Zeit für ein paar Gedankennachrichten?
Ich: Wie geht es dir, Ahri?
Ich: Du darfst ehrlich sein. Nach allem.

Mutherz oder Feiglingskopf?
Ich verstand, wie wichtig Ersteres war. Mutherz. Wie ein Mantra wiederholte ich die Worte in meinem Kopf und sie vertrieben die Zweifel. Stück für Stück.
Mutherz an.
Feiglingskopf aus.

Kapitel 1

Heute
Ein Septemberabend

Akri

Der Himmel brannte orangerot, Feuerwolken türmten sich am Horizont und ich fragte mich, warum ich nicht doch Astronautin geworden war. Der gelogene Grund: Weil ich kein Physik-, Medizin- oder Chemiestudium für die anschließende Ausbildung machen wollte. Der ehrliche Grund: Weil ich Angst hatte, meine Vorstellung des Universums würde zerplatzen, sobald ich mir wirklich da oben schwebend diesen Traum erfüllte. Also hatte ich nicht meine Vorstellung, sondern den Traum zerplatzen lassen und war von der Erde aus meine eigene Astronautin.

Mit Kopfhörern über den Ohren ging ich eine Fußgängerzone entlang und versank in Gedanken, wie immer, wenn ich mit mir selbst unterwegs war. Der schnelle Takt der Musik erinnerte mich an den zweiten Grund, warum ich nicht zwischen Planeten flog. Ganz automatisch beschleunigte ich meine Schritte, und als der Refrain laut einsetzte, nickte ich mit dem Kopf dazu. Ich wollte die Einkaufstüten einfach hier am grauen Wegrand stehen lassen und über den Asphalt wirbeln.

Denn der zweite Grund war das Tanzen.

Ich würde für immer die Tänzerin sein, die eigentlich Astronautin hatte werden wollen. Meine Schwester fragte manchmal, wie ich mich beim Tanzen fühlte, und dann sagte ich: *schwerelos*. Bewegungskunst war für mich ein eigener Weltraum und so oft fühlte ich mich mit der Musik und zwischen den Bewegungen fast wie eine Weltraumfahrerin. Ich hatte zwei Träume gehabt, als ich klein war. Eine tanzende Prinzessin zu werden oder über die Wolken und zu anderen Himmelskörpern zu fliegen. Ich hatte mich nie wirklich entschieden. Ich studierte nun zwar das eine, aber während ich das tat, fühlte ich mich, als würde ich ins Universum reisen …

Ich zuckte zusammen, weil die Musik von meinem Klingelton unterbrochen wurde. Schnell trat ich auf die Seite vor ein Brillengeschäft und stellte die drei Einkaufstüten zu meinen Füßen ab. Dann kramte ich mein Handy aus meiner Manteltasche und nahm den Anruf entgegen. »Ja? Alles okay?«

»Alles okay? Wo steckst du?«

Ich verzog das Gesicht, angesichts Sun-Nyus lauter Stimme. Mein Blick ging die Gasse hinunter. »Gleich zu Hause«, antwortete ich meiner Schwester.

»Warst du länger bei Familie Song?«

»Nein. Hab noch eingekauft, fand die Abendluft so schön und dachte, ein Spaziergang schadet nicht.«

»O mein Gott! Du bist die Beste, ich verhungere nämlich, Ahri. Bitte stell deine Gedanken kurz auf stumm und beeil dich!«

»Bin doch nur noch zwei Straßen entfernt. Ich stehe vor diesem Brillengeschäft auf der Ayang-ro.«

»Ich würde dir ja entgegenkommen, aber ich … Warte mal, wieso stehst du und läufst nicht?«

»Multitasking ist nicht so mein Ding, Sun.«

Sie lachte. Und wenn Sun-Nyu lachte, dann war sie das Glück in Person. Energie und eine Prise gute Laune, gemischt mit der unendlichen Freiheit in der Stimme. »Dann legen wir schnell auf!«

»Ja, bis glei…«

»Warte! Hast du diese White-Chocolate-Cookies gekauft?«
»O Mist«, log ich und schnappte mit gespieltem Entsetzen nach Luft. »Die habe ich vergessen!«
Meine Schwester blieb kurz stumm. Dann: »Ahriii! Du weißt, dass ich sie liebe und wir bei jedem Einkauf welche mitnehmen müssen!«
»Ups. Tut mir echt leid, hab ganz viel anderes gekauft.«
»Ich geh heulen«, sagte Sun-Nyu und legte auf. Ihre Fassungslosigkeit brachte mich zum Lachen. Meine Handflächen brannten ein wenig, als ich die schweren Einkaufstüten wieder aufnahm und die Kekspackung ganz oben betrachtete. Sun-Nyus große Augen und die Freude würden sich lohnen, wenn sie ihre Lieblingssüßigkeit doch in den Tüten finden würde.

Wir waren die ganzen Ferien nicht oft einkaufen gewesen, hatten reichlich Essen bestellt oder waren in dringenden Notfällen zu dem alten Laden gegenüber von unserem Wohnhaus gegangen. Die rothaarige Verkäuferin hatte keine Chance vorbeiziehen lassen, um nicht von ihrer Tochter zu erzählen. Sie studierte in Amerika und war sehr intellektuell. Meine Schwester hatte mich später gefragt, ob die Verkäuferin überhaupt wisse, was *intellektuell* hieß.

Vermutlich nicht, dachte ich an der roten Ampel und wartete, dann ging ich mit dem Menschenstrom über die breite Fahrbahn. Morgen würde mein zweites Studienjahr beginnen und die Semesterferien wären vorbei. Ich fand, man musste nicht immer draußen in der Welt sein. Denn die drehte und drehte sich und manchmal brauchte man Zeit für sich, also waren wir ein paar Wochen aus dem Erdkarussell ausgestiegen. Ein K-Drama nach dem anderen, ein Backabend folgte dem nächsten. Doch da morgen der Alltag wieder anfing, hatte ich beschlossen, auf dem Rückweg von meinem Babysitter-Job bei der kleinen Naomi einkaufen zu gehen. Einen Teil des zwanzigminütigen Rückweges wollte ich zu Fuß zurücklegen, also war ich zwei Haltestellen zu früh ausgestiegen und ging den Rest nach Hause – unter den Abendwolken, die herbstorange flimmerten.

Der Monat hatte gerade erst begonnen, ein Septemberabend, lau und gewöhnlich. Die Autos fuhren schnell, die Bahn ratterte auf den erhöhten Schienen über meinem Kopf hinweg, Menschen machten Feierabend. Zwei Männer in langen Herbstmänteln gingen vor mir über die Straße und unterhielten sich ausgelassen. Der linke lächelte, es erreichte seine Augen nicht und ich stellte mir vor, wie traurig er war. Der rechte erwiderte es, als erkenne er die Traurigkeit des anderen nicht. Menschen beobachten tat ich dann, wenn ich nicht über mich selbst nachdenken wollte. Oder wenn ich nicht wusste, was ich sonst denken sollte. Die Männer bogen nach links ab, während ich nach rechts in eine kleinere Gasse ging und an Wohngebäuden vorbeilief. Unser Wohnhaus lag am Ende der Straße, es war weiß und groß und beherbergte unzählige Wohnungen. Die von meiner Schwester und mir lag im siebten Stock, an der Haustür gab ich den Code für das Schloss ein und verschwand dann nach drinnen.

Mit dem Aufzug oben angekommen, klingelte ich und ignorierte meine schmerzenden Armmuskeln.

»Du bist meine Tagesheldin«, rief Sun, als sie öffnete, und nahm mir zwei Tüten ab. Hinter ihr betrat ich unseren Flur und folgte ihr sogleich in die Küche. Geschafft stellte ich die letzte Tüte ab und setzte mich auf einen Hocker an den hohen Tresen. Andere würden unsere Wohnung bestimmt langweilig finden. Dunkler Holzboden, weiße Wände, weiße Möbel. Beige, wenn weiß auf weiß nicht passte. So sehr ich Farben auch liebte, ich fühlte mich zwischen unseren weißbeigen Gegenständen wohl.

»Was ist denn eine Tagesheldin?«, fragte ich und stützte den Kopf in die rechte Hand. Sun-Nyu sah mich schmunzelnd an.

»Ich suche mir jeden Tag eine Heldin oder einen Helden aus. Manchmal bin ich es auch selbst. Heute bist es du und an anderen Tagen ist es ... Ahhh!« Sie griff in eine der vollen Tüten. Wie einen gewonnenen Preis hielt sie die Kekspackung in die Luft. »Ich liebe dich dafür!« Meine Schwester drückte sich die Süßigkeit an die Brust. Man konnte Sun mit kleinen Dingen glücklich machen und das schätzte ich sehr an ihr.

Dann räumte sie die Lebensmittel in die Schränke und in den Kühlschrank. Sun war größer als ich. Nicht viel, doch es reichte, um den Menschen zu helfen, uns zu unterscheiden. Manchmal fand sogar ich es faszinierend, dass sich zwei unterschiedliche Personen so sehr glichen. Suns Nase war etwas kleiner als meine, ihre Augen schmaler. Sie hatte genauso volle Lippen wie ich und auch ihre Gesichtszüge waren schmal wie meine. Das Braun ihrer Augen wirkte heller als meins. Würde man die beiden Farben auf weißes Papier malen, sähe man vermutlich jedoch keinen Unterschied.

Gerade biss sie in einen Apfel und stöhnte genüsslich. Anscheinend war sie wirklich fast verhungert. Ich schüttelte den Kopf über sie und Sun streckte mir die Zunge raus – inklusive Apfelbrei darauf.

Vor zwei Wochen hatte Sun entschieden, sich die Haare zu färben. Von dunklem Braun zu einem hellen Blond. Es sah besser aus als in meiner Vorstellung, das Blond passte sogar einen Farbklecks mehr zu ihr. Ihre Haare wehten jetzt wie Sonnenstrahlen hinter ihr, wenn sie rannte oder hüpfte. Ich mochte das.

»Wie war es bei Song Naomi?«, erkundigte sie sich und räumte weiter die Lebensmittel ein. Erschöpft hob ich den Kopf.

»Die Kleine erzählt viel«, sagte ich lächelnd. »Es ist manchmal anstrengend, aber ich liebe es, bei ihr zu sein. Wie immer also.«

Sun nickte. Sie wusste, wie sehr ich den Job bei Familie Song mochte. Herr und Frau Song hatten nur diese eine Tochter und Naomi war ein fünfjähriges Wunder.

»Mama hat angerufen.« Sun-Nyu drehte sich schwungvoll zu mir um, in der einen Hand hielt sie eine Dose Bohnen, in der anderen ihren angebissenen Apfel.

»Irgendwas Neues?«

»Nur, ob es uns gut geht und dass sie uns für morgen einen guten Start wünscht.« Sie stellte die Bohnen in den Schrank. »Ach, und sie hat nach Siwon gefragt.«

Ich schluckte und unsere Blicke trafen sich.

Drillinge.

Die Menschen machten große Augen, wenn sie uns zu dritt sahen. Früher, als wir noch klein gewesen waren, hatte es kaum Unterschiede zwischen uns gegeben.

Siwon, Sun und ich.

Doch unser Bruder lebte seit einem Jahr mit seiner Freundin Eun-Mi zusammen und seitdem meldete er sich nur noch selten bei uns. Anfangs noch mehr, manchmal hatte er hier mit uns in der Wohnung abgehangen oder angerufen, ob ich mit ihm in den Park wollte, um Menschen zu beobachten. In den letzten Wochen war es ohne ihn ziemlich still geworden.

»Er meldet sich kaum noch«, sagte Sun, als hätte sie meine Gedanken gehört.

»Passt gar nicht zu ihm«, murmelte ich.

Traurig senkte sie den Blick. »Er war der Lauteste von uns dreien. Ganz selten schreibt er mir abends und fragt, ob es mir gut geht.«

Ich lächelte. »Was antwortest du?«

Sie kam näher und lehnte sich gegen den Tresen. »Dass es mir nur okay geht. Nicht gut, weil ich ihn vermisse.«

»Und was hast du Mama am Telefon gesagt?«

»Dass wir ihn besuchen werden. Und ihm sagen, er soll sich bei ihr melden.«

»Ich könnte gleich morgen nach der Uni zu ihm fahren, was meinst du?«

Meine Schwester nickte dankbar. »Das ist eine gute Idee. Ich würde es diese Woche vermutlich sowieso nicht schaffen, ihn zu besuchen.«

Dann würde ich das wohl machen. Ich stand auf und wusch mir die Hände. Ich hatte das Gefühl, sie klebten von der Stadt.

»Geht es ihr okay?«

»Mama?«

»Mhm.«

Sun überlegte kurz. »Sie klang fröhlich. Na ja, wir wissen, wie gut sie im Lügen ist«, schob sie hinterher.

Mama lebte allein, seit wir Drillinge letztes Jahr ausgezogen waren. Es war nicht so, dass Papa verschwunden war, nur bedeutete ihm die Familie wohl nicht so viel, wie wir geglaubt hatten. Auch Mama wohnte in Daegu, während Papa in Seoul als Chefarzt einer Klinik arbeitete. Früher war er immer nach Hause gekommen, war von Stadt zu Stadt gependelt, um uns zu sehen. Doch seit einigen Jahren blieb er dort, kam nicht mal an den Wochenenden nach Hause. Manchmal hatte ich Angst, Siwon würde es unserem Vater nachmachen und käme irgendwann gar nicht mehr zu uns. Papa schickte jeden Monat Geld und auch diese Wohnung hatte er Sun und mir für drei Jahre im Voraus bezahlt. Es fiel mir schwer, ihm dankbar dafür zu sein, weil Geld auf Dauer nicht seine fehlenden Briefe oder Nachrichten ersetzte. Am allerwenigsten seine Anwesenheit.

»An was denkst du?«

Ich hob den Kopf. »Dass wir unseren Weg irgendwann auch allein gehen müssen, Sun. So wie Papa und Siwon. Und Mama. Für immer zusammen geht nicht.«

»Für immer zusammen ist auch nicht richtig«, antwortete sie. »Irgendwann«, murmelte meine Schwester und nickte mir aufmunternd zu. »Für den Moment dürfen wir noch zusammenleben.«

»Irgendwann, aber nicht jetzt«, fügte ich hinzu und schloss die Worte tief in mein Herz. Sun und ich lebten seit zwanzig Jahren zusammen, seit unserem ersten Atemzug. Jetzt studierten wir an derselben Universität, hatten denselben Freundeskreis.

Eine Seele, zwei Personen, sagte Mama manchmal. Vielleicht war es so.

Sun ging nach draußen in den Flur und räumte die leeren Tüten weg. »Bist du nervös wegen morgen?« Ihre Stimme klang gedämpft.

»Ich bin immer nervös!«

»Xeonjun und Seola werden da sein. Und wir können zusammen im *Oblivion* frühstücken gehen. Das wird schön!«

Damit sie nicht rufen musste, ging ich hinaus in den Flur und sah ihr dabei zu, wie sie im Wohnzimmer anfing, die Wäsche aufzuhängen.

Ich trat zu ihr, nahm ein nasses T-Shirt und hängte es zum Trocknen über den Wäscheständer.
»Was ist mit dir?«, fragte ich meine Schwester.
»Nervosität teilen wir uns nicht. Aber ich bin aufgeregt.« Sie zog eine Grimmasse. »Kein nervöses aufgeregt, eher ein ah-ich-bin-gespannt-wie-alles-wird-und-was-da-kommt-aufgeregt. Na, du weißt schon.«
Sun-Nyu studierte Mode und sie war gut darin. Mehr als das. Sie hatte den Blick für die perfekten Outfits, gestaltete und kombinierte die besten Kleidungsstücke. Neben dem Studium führte sie einen Instagram-Account und verzauberte ihre Follower von Tag zu Tag mit tollen Beiträgen und großen Gedanken. Es war schön, zu beobachten, wie sie in ihrer Lieblingsbeschäftigung aufging.
»Vielleicht habe ich bald wieder ein Vortanzen, dann kannst du mitkommen«, murmelte ich.
Sie riss die Augen auf und musterte mich dann aus der Hocke. »Natürlich komme ich mit! Ich verpasse keine deiner Aufführungen!«
Es war nicht gelogen. Sie stand jedes Mal in der ersten Reihe und jubelte, weil sie es liebte, wenn ich mich fallenließ. Ich studierte Tanz inzwischen seit einem Jahr und es war die eine Sache, die nur mir gehörte, die ich mit niemandem teilte. Es half mir, das Leben zu meistern. Wenn ich meinen Körper tanzen ließ, war ich okay.
»Und du weißt, wie viel mir das bedeutet, oder?«
»Weiß ich. Also, sehen wir uns noch einen Disney-Film an? Oder schauen das K-Drama weiter?«, fragte sie, als wir die Wäsche fertig aufgehängt hatten. Ich nickte und betrachtete gedankenverloren unsere beige Couch. Unsere Wohnung war groß, ohne Papa hätten wir sie uns nicht leisten können. Ein breiter Flur, eine große Küche, ein Wohnzimmer und drei Schlafzimmer. Wobei wir das eine Zimmer als Ankleidezimmer nutzten, da Sun mehr und mehr Kleider kaufte oder selbst entwarf.
»Ich bin für das Drama«, entschied ich und wir setzten uns zusammen auf das Sofa, um *Suspicious Partner* weiterzusehen.

Ich sah es, weil ich die Anwalt-Thematik toll fand, meine Schwester wegen Ji Chang-wook und weil sie sich so über die fehlenden Männer in ihrem Leben beschweren konnte.

Erster Freund? Du oder ich zuerst?, fragten wir uns an manchen Tagen. An anderen antwortete ich: *Du zuerst, Sun. Ich habe es im Gefühl.*

Wir beide waren ein bisschen zu romantisch, aber wir gaben die Hoffnung nicht auf, dass irgendwann der Richtige für uns kommen würde. Wer wusste das schon? Womöglich gab es da draußen einen Mann, der genauso verloren war wie ich, der Raumfahrten, Wolken und das Tanzen liebte und sich viel zu viele Gedanken über die Welt machte.

Taemin

Ich machte mir an diesem Abend zu viele Gedanken über die Welt. Und bevor alles zu laut werden konnte, setzte ich mir Kopfhörer auf die Ohren und ertrank in meiner Lieblingsmusik.

Als ich später aufwachte, lag ich zusammengerollt neben meiner Schwester auf der Couch. Der Fernseher lief noch immer, draußen war es halbdunkel. Dämmrig. Irgendwas dazwischen.

Ich richtete mich auf, nahm mir leise eine Decke aus der Truhe neben dem Sofa und deckte Sun damit zu. Dann schaltete ich den Fernseher aus und zog die Vorhänge vor die zwei großen Fenster, damit die Lichter Daegus nicht hereinschienen.

Daegu war auch nachts wach. Manchmal hatte ich das Gefühl, die Stadt schlief nie und gleich danach fragte ich mich, welche große Stadt das in Südkorea schon tat. Auf der ganzen Welt? Vielleicht waren große Städte die Monde unter den Sonnen auf unserer Erde. Ich schüttelte den Kopf über meine losen Gedanken und machte mich auf den Weg in mein Zimmer – das letzte des Flurs. Mein Raum war groß und voller Möbel. Zwei Schränke mit Gerümpel, ich sah sehr selten hinein. Meine Tanztrophäen standen in einem offenen Regal, ich mochte die glitzernden Figuren in Gold und Silber nicht. Doch Siwon hatte bei unserem Einzug darauf bestanden, sie dort aufzustellen und für ihn ließ ich sie stehen.

So kannst du dich immer an deine Erfolge erinnern, Ahri.

Die Pokale erinnerten mich an Momente, in denen unsere Familie noch ganz gewesen war. Und mich nach einem Wettbewerb vier Menschen stolz in den Arm genommen hatten.

Jetzt war da nur noch Sun.

Ein weißer Schreibtisch stand gegenüber meinem Doppelbett – darauf herrschte Chaos. Papier über meinem Laptop, Stifte neben meiner Musikanlage, sie war mein Lieblingsgegenstand in diesem Zimmer. Denn da waren Zeiten, in denen mir das Leben zu viel wurde, dann drückte ich auf *Play* und tanzte in meinem Zimmer. Nur für mich. Mit wilder Musik, die stark mit meinen Bewegungen pulsierte.

An der Wand hing ein Fernseher, daneben ein paar wenige Bilder von Siwon, Sun und mir. Zwei von Seola und Xeonjun. Und eine Postkarte von Papa, die ihm ausnahmsweise mal gelungen war. Jeden Geburtstag bekam ich eine Karte von ihm, meistens mit nichtssagenden Floskeln. Aber diese Karte war anders. An dieser hielt ich fest, denn sie zeigte mir, dass auch in meinem Vater ein Held steckte. So, wie ich es mir immer gewünscht hatte.

Ich nahm meinen Schlafanzug vom Bett, zog mich um und stopfte die getragene Wäsche in den Wäschekorb neben der Tür. Dann löschte ich das Deckenlicht und knipste die Lichterkette über meinem Bett an. Die kleinen Planeten daran leuchteten warm und ich betrachtete sie einige Sekunden einfach, schlüpfte müde unter die Decke und schmiegte mich zwischen die fünf Kissen. Die Planetenlichterkette leuchtete jede Nacht, nur so konnte ich gut schlafen. Ich checkte noch einmal mein Handy und öffnete die eine neue Nachricht.

Xeonjun: Sehen wir uns morgen? Du darfst mich nicht allein lassen, Schneewittchen!

Ich lächelte.

Ich: Wenn ich nicht in irgendeinem Traum stecken bleibe, sehen wir uns morgen. Ich würde dich niemals in Professor Sims Vorlesungen allein lassen!

Xeonjun: Gut. Jetzt kann ich beruhigt schlafen gehen! Übrigens, das beruht auf Gegenseitigkeit.

Bevor ich wirklich einschlafen konnte, öffnete ich auf meinem Handy die Tagebuch-App und schrieb meine Gedanken nieder – so wie jeden Abend vor dem Einschlafen.

Tagebucheintrag: 02.09. – 23:41

Es gibt einen dritten Grund, warum ich keine Astronautin geworden bin: Sun-Nyu ist hier auf der Erde. Und was wäre ich schon da oben, ohne sie?

Kapitel 2

Irgendwann finde ich meinen Moon

Ahri

Der Tag begann mit meinem schrillen Wecker, den ich vier Mal erneut auf *Schlummern* stellte, bevor ich mich wirklich aus dem Bett raffen konnte. Mit wackeligen Schritten schlurfte ich in mein Badezimmer, das an mein Zimmer grenzte – meine Schwester benutzte das Bad im Flur.

Mit Zahnpasta beladener Zahnbürste setzte ich mich auf den Badewannenrand. Betrachtete das weiße Becken und die Glasdusche, die grauen Fliesen auf dem Boden und an den Wänden und zählte sie, während ich mir schläfrig die Zähne putzte. Danach wusch ich mir das Gesicht und trug dezentes Make-Up auf. Nicht viel, nur ein bisschen Farbe ins Gesicht, damit ich nicht aussah wie eine Leiche – oder Schneewittchen. Xeonjun nannte mich so. Das erste Mal vor einem Jahr, als ich mein Studium begonnen hatte.

Die Mensa war damals voll gewesen, Studierende hatten über die neuesten Bands gesprochen und über Nächte, die zu lang gewesen waren, als ich den letzten Apfel kaufen wollte. Xeonjun war schneller gewesen.

»Oh. Hier, nimm du ihn, Schneewittchen.« Er hatte mir den Apfel gegeben und sich lächelnd verbeugt. Seitdem aßen wir gemeinsam zu Mittag, verbrachten unsere Kurse zusammen. Ich mochte seine lockere Art, während ich Zurückhaltung vorzog.

»Sun-Nyu?«, rief ich und ging über den Flur in das Ankleidezimmer. Ratlos stand ich vor unseren vier Schränken, wusste nicht, was ich anziehen sollte, also schritt ich schnell auf einen von ihnen zu. Ich wühlte darin umher und verlor beinahe die Geduld zwischen bunten und einfarbigen Oberteilen, langen und kurzen Röcken. Sun und ich teilten all unsere Anziehsachen, Hemden, Kleider, Latzhosen. Letztendlich entschied ich mich für eine schwarze High-Waist-Jeans, im Licht glitzerte ihr Stoff vereinzelt. Ein blaues Longsleeve mit überzogenen Schultern, Socken und schwarze Herbststiefel taten den Rest.

»Du wirst immer besser im Kombinieren von Kleidung.«

Ich drehte mich zu Sun um. Blonde Locken umspielten ihr Gesicht und fielen weich auf ihren Rücken. Ihr buntes Kleid mit einem unendlichen Kreismuster passte perfekt zu goldenen Herbsttagen. Sie zog einen Bucket-Hat aus der Schublade rechts neben sich und setzte ihn auf.

»So gut wie du werde ich niemals sein.« Ich stieß sie beim Verlassen des Ankleidezimmers mit der Schulter an.

»Nein im Ernst, blau steht dir«, beteuerte sie und ich lächelte. Blau war meine Lieblingsfarbe und Sun-Nyu wusste das nur zu gut, sie wollte mich wieder einmal glücklich machen.

Meine Schwester wusste, wie nervös ich war. Eine Eigenschaft, die wir uns nicht teilten, denn Sun war immer super offen und selbstbewusst für Neues. Für einen Start. Manchmal wünschte ich, man könnte die Eigenschaften zwischen Menschen teilen oder verschenken. Ich würde ihr etwas von meiner Ruhe abgeben und sie mir etwas von ihrer quirligen Art.

Ich packte meinen Rucksack und nahm eine Regenjacke von der Kleiderstange. Im September wusste man nie.

»Bereit?«

Sun trat neben mich und schulterte ihre Tasche. »Japp. Los

geht's.«

Wir verließen die Wohnung und machten uns auf den Weg zum Frühstück, das wir noch vor der Uni zu uns nehmen würden. Eine beruhigende Regelmäßigkeit, die wir uns im letzten Jahr angeeignet hatten.

Die Straßen waren an diesem Montagmorgen überfüllt. In der Bahn war es am schlimmsten, doch es war der schnellste Weg zum Campus. Dem Riesenmonstrum in der Tiefgarage traute ich ohnehin nicht. Die Titanic wird nicht sinken, hatte man gesagt – und sie war es doch. Also fuhren wir mit der Bahn.

Wir wohnten im Jung-gu Bezirk, einem zentralen Gebiet Daegus. Es grenzte an Nam-gu, in dem die Universität lag, und das kostete uns fünfundzwanzig Minuten Bahnfahrt. Daegu war eine dreckige, laute Stadt, und doch liebte ich es hier. Man musste nur wissen, wo die schönen Orte waren. Dann erkannte man die Magie, die hier lebte.

Nahe dem Campus stiegen wir aus und legten den Rest des Weges zu Fuß zurück. Was ich am schönsten an Daegu fand, waren die Farben. Wo man auch hinsah, gab es rote, blaue, oder grüne Anzeigen, Schilder und Fahnen. Bäume färbten sich sanft orangerot und der Herbst kündigte sich vorsichtig an, an jeder Straßenecke wurden die köstlichsten Gerichte und Süßspeisen verkauft und am liebsten wäre ich überall stehen geblieben, um mir etwas zu kaufen. Straßentänzer und Musiker standen in den Einkaufspassagen und gaben eine Show für die Schaulustigen, und das alles passierte in einem einzigen Fluss. Man trieb in Daegus Straßen nur so dahin, der Menschenmasse hinterher, nie allein.

Auf dem Campusgelände angekommen, steuerten wir unser Lieblingscafé an. Der Campus war riesig, mit weiten Grünflächen und modernen Studios, Fakultäten und Büros. Cafés, Restaurants und Essenswagen standen überall verteilt und boten den Studierenden eine Vielzahl an Möglichkeiten für ihre täglichen Mahlzeiten.

Ein Schild an einer Weggabelung warf uns die geschnörkelten Worte *Art and Movement University* entgegen. Mein Herz machte einen kleinen Satz. Aufgeregt las ich den Namen immer wieder, genau wie vor einem Jahr. Es erinnerte mich daran, wie sehr ich das hier noch immer wollte.

Ich genoss das Gefühl der letzten warmen Sonnenstrahlen auf der Haut, während mein Blick auf meinen Lieblingsort hier fiel. Das *Oblivion* war nicht groß, aber umwerfend eingerichtet. Lange Fensterfronten spendeten Licht, schwarze Stühle mit bunten Kissen luden zum Hinsetzen ein, goldene Lampenschirme hingen von der Decke und um die Tische herum standen Zimmerpflanzen.

Ich hatte es letztes Jahr, gleich am ersten Studientag entdeckt und mich augenblicklich verliebt. Sun-Nyu hatte damals gesagt, dieses Café wäre Liebe auf den Namen gewesen. Und ich konnte ihr nur zustimmen. *Oblivion* – der Zustand, in dem man nicht weiß, was um einen herum passiert. Wenn man das Café betrat, vergaß man die wirkliche Welt und nur noch die Wärme dort drin zählte.

Und süße Waffelfische.

»Sun! Ahri!«, quietschte es plötzlich hinter mir und ich drehte mich noch rechtzeitig zu ihr, um Seola aufzufangen, die mich stürmisch umarmte. Wir hatten uns die ganzen Semesterferien nicht gesehen und als sie mich jetzt an sich drückte, merkte ich, wie sehr man Freunde im Leben brauchte.

»Na, wie geht es euch Einsiedlern?«, fragte sie lachend und schob mich von sich. Ihr dunkles Haar hing ihr frech um das runde Kinn. An ihren Handgelenken klimperten unzählige Armreifen und ihre Nase zierte ein Piercing. »Du siehst wundervoll aus. So wundervoll!«, meinte Seola und fiel dann Sun-Nyu in die Arme. Ich glaubte, sie hatte es zu meiner Schwester gesagt. Oder zu uns beiden. Immerhin sahen wir beinahe gleich aus. Wenn wir zu dritt unterwegs waren, schlich sich manchmal der Gedanke in meinen Kopf, dass Sun und Seola die wirklichen Freundinnen waren. Ich war nur dabei, weil ich eben in Suns Leben war. Doch so schnell solche Gedanken aufblitzen, so schnell schob ich sie auch wieder beiseite.

»Kommt Xeonjun heute gar nicht?«, fragte ich und sah mich um, dachte an seine Nachricht von gestern Nacht.

»Er fährt mit dem Auto, also braucht er etwas länger. Der Verkehr ist mies«, erklärte Seola. In Daegu gab es ständig irgendwelche Unfälle oder Staus. Noch ein Grund, das öffentliche Straßennetz zu nutzen. Ich fragte nicht, warum sie nicht mit ihrem Freund gefahren war. Vermutlich hatten sie wieder gestritten.

»Also, was habt ihr in den Ferien so getrieben?«, fragte Seola und wir betraten die Außengastronomie des Cafés. Wir besetzten einen Tisch auf der Terrasse, bestellten Dalgona-Kaffees und Donuts.

»Sun und ich waren in Seoul auf einem Konzert. Und dann haben wir faul in der Wohnung gesessen und versucht, uns vor der Welt zu verstecken.«

Seola lachte und klatschte in die Hände. »Gott, wenn ihr wüsstet! Ich habe auch seit Tagen keinen Sport getrieben. Wenn meine Mama das erfährt, bin ich tot.«

»Ach, was! Das holst du schnell auf«, versicherte ich ihr.

»Deine Mom wohnt am anderen Ende des Landes, sie wird wohl kaum einen Auftragskiller schicken«, sagte Sun und Seola verzog das Gesicht.

»Da kennt ihr meine Mutter schlecht. Wenn sie erfährt, dass ich nicht vierundzwanzig Stunden, sieben Tage die Woche lerne oder trainiere, würde sie definitiv die Möglichkeit mit dem Auftragskiller in Betracht ziehen.«

Sun und ich lachten laut auf, die Blicke der Gäste waren uns egal. Fröhlichkeit kam vor komischen Blicken von anderen. Für mich immer.

»Hört mal auf, darüber zu lachen. Das ist kein Scherz!«, jammerte Seola, doch das half recht wenig gegen unsere Heiterkeit.

»Wie ist das jetzt eigentlich? Hast du ihr bereits von Xeonjun erzählt?«

»Siehst du hier einen Auftragskiller, Ahri?«

Ich drehte mich gespielt neugierig um. »Nein ...?«

»Dann hast du deine Antwort. Natürlich weiß sie nichts! Beziehung während des Studiums – eine Schande!«

Sun-Nyu seufzte und stützte den Kopf in die Hände. »Ich wäre froh über eine Beziehung.« Es wirkte, als umfing sie plötzlich eine Traurigkeit, so als hätte sich eine Wolke vor ihre Sonnenstrahlen geschoben.

»Hey, Süße, die wirst du haben. Du wirst jemanden finden. Oder warte, vielleicht findet auch er dich«, meinte Seola und streckte ihre Hand nach Suns aus. Sie drückte kurz zu.

»Am besten, ihr findet euch gegenseitig. Du zuerst – weißt du noch?« Daraufhin hob sie den Kopf und zuckte dann mit den Schultern.

»Eines Tages finde ich meinen Moon.«

Und egal, wie kindisch das klingen mochte, die Erinnerung an diesen Moment würde für immer in meinem Kopf leuchten.

»Weißt du was, Ahri? Später heirate ich einen Mann, der Moon heißt.«

»Warum?«

»Weil alles andere gar keinen Sinn ergibt, oder? Sonne und Mond. Ich passe doch zu keinem anderen.«

Die Gedanken einer Siebenjährigen, die noch keine Ahnung davon hatte, wie schnell ein Herz wegen der Liebe schlagen konnte.

»Irgendwann findest du ihn, oder er dich, vielleicht auch ihr euch«, sagte ich und sie lächelte.

Als unser Frühstück kam, planten wir einen Trip fürs Wochenende. Ans Meer, die letzten warmen Tage genießen – solange das Studium es zuließ. Freunde und Herbst, Wellen und Sonnenuntergänge beobachten. Schnelle Atemzüge, weil man lachen musste und sich daran verschluckte. Tanzen im Sand, wenn mich niemand sah, um für Augenblicke einfach Seon Ahri voller Gedanken zu sein.

Taemin

Du kannst leben gehen. Bitte.

Kopfpochen war die eine Sache heute Morgen. Keine Zeit die andere. Das erste Mal in meinem Leben hatte ich verschlafen, so richtig. Eine Erfahrung, die ich niemals hatte machen wollen, denn es fühlte sich mies an, durch die Wohnung zu hüpfen und sich dabei anzuziehen. Gleichzeitig die Tasche packen, eine Bananenmilch trinken, währenddessen auch noch den gestrigen Abend verdrängen.

Taemin, bitte. Es geht mir gut, geh leben.

Ich fühlte mich nicht lebendig, als ich in meinem Badezimmer stand. Mit der rechten Hand suchte ich nach einer passenden Bahnverbindung auf meinem Handy, mit links putzte ich die Zähne. Einen Blick in den Spiegel vermied ich dringlich. Ein zerstreuter junger Mann, schmale Augen, die von schlaflosen Nächten erzählten, und eine Frisur wie das Nest eines brütenden Vogels. Nichts weiter würde mir die Spiegelung zeigen, also sah ich einfach weiterhin auf meinen Handybildschirm und stöhnte auf, als ich die passende Bahn gefunden hatte.

Acht Minuten.

Gehetzt verließ ich mein Badezimmer, trank in der Küche die Bananenmilch aus, verschluckte mich beinahe, weil Banane gemischt mit Zahnpasta echt eklig schmeckte, und warf in meinem Kopf alle Gedanken übereinander. Auch wenn ich nicht mehr viel Zeit hatte, suchte ich nach meinen Kopfhörern, ich fand sie im letzten Raum meiner Wohnung.

Eine Nacht voller Musik und kreisenden Gedanken und meinem verrückten Herzen, das mich so viel zu viel fühlen ließ. Songs konnten es in manchen Nachtstunden heilen, ein paar Schläge fühlten sich dann richtig an. Ich griff nach meinen Kopfhörern und verband sie mit meinem Handy, um die Welt auszusperren. Playlist: *Gedankenkarussell*.

It's okay von der Sängerin *Kisum*, eine Melodie für müde Augenblicke und die Erinnerung, dass ich okay war.

So fing mein Tag an.

Wenn ich irgendwann umziehen sollte, würde ich nicht noch mal ganz nach oben in den zwölften Stock ziehen. Auf meiner Etage gab es nur drei Wohnungen, der Aufzug war verdammt langsam und die Bahn würde nicht auf mich warten. Also rannte ich von der Lobby meines Wohnhauses bis zur Haltestelle, im Takt von *Kisums* Stimme und ihrem Text, der sich in meinem Kopf festsetzte.

Warum ich traurige Songtexte so sehr verstand, lag nicht an meinem eigenen Leben. Nicht wirklich, nur ein bisschen. Nein, war die Antwort auf die Frage, ob mein Leben schwierig war. Ich hatte alles, was ich je gewollt hatte. Ich wohnte in einer eigenen Wohnung mitten in Daegu, ging sogar auf die *Art and Movement University*, hatte keine Geldprobleme. Alles, was viele Eltern für ihre Kinder wollten. Ein Studium an einer angesehenen Uni, ein eigenständiges Leben, ihrem Traum folgend. Viele Eltern waren nicht meine Eltern. Mam meldete sich seit langem nicht mehr. Sie war feige. Dad hasste mich für meinen Traum. Meine Schwester Linya war mein einziger Mut. Der Teil meiner Familie, der an mich glaubte. Mehr als ich selbst. Familie war schwierig. Ja, war sie immer. An manchen Tagen kam mir der Gedanke, dass es bei uns nicht schwierig war, sondern wir einfach gar nicht mehr waren. Jeder an einem anderen Ort, alle mit ihren Sorgen, Aufgaben, nur noch mit den Erinnerungen an den Zusammenhalt vor Jahren.

Du hast Köpfchen, Taemin. Doch keine Kraft, ein Tänzer zu werden.

Sie hatten nie an mich geglaubt. Weder Mam noch Dad.

Warum ich jetzt hier in der Bahn saß, auf dem Weg in mein zweites Studienjahr, lag ganz allein an Linya. Und ein winziges bisschen an meinem Herzen. Weil es seit langer Zeit am Tanzen hing und ich den Modern Dance nicht wegen einer Gar-nicht-Familie aufgeben wollte.

Ich hoffte, mit dieser Entscheidung und meinem Traum irgendwann wirklich ehrlich glücklich zu werden.

Als ich aus dem Zug ausstieg, tippte ich eine Nachricht an meine Schwester, passte mich automatisch der Geschwindigkeit der Menschenmasse am Bahnsteig an und schlängelte mich zu den Treppen durch. Das Bahnnetz Daegus verlief über der Stadt, nur manchmal gelangte es unter die Welt. Hauptsächlich waren die Schienen auf Brücken gebaut, dort oben thronte der Zug und wenn er schnell fuhr, verschwamm er in meinem Blick.

Auf der Rolltreppe nach unten zur Straße tippte ich weiter.

Ich: Wegen gestern. Tut mir leid. Ich will einfach, dass es dir gut geht, und zu sehen, wie du noch immer bei ihm bist und ich hier meine Leidenschaft lebe, ist manchmal zu viel. Ich habe nachts getanzt, Musik gehört und den Himmel nach Sternen abgesucht, um mir etwas für dich zu wünschen. Bis zum Mond, Linya. Und es tut mir wirklich leid, auch wenn diese Nachricht alles andere als eine gute Entschuldigung ist.

Mein Leben war nicht schwierig. Das war nicht gelogen. Aber das meiner Schwester war es. Und weil ich sie liebte, tat es mir weh, wenn sie stolperte. So war Liebe nun mal. Wir gaben so viel für andere, dass wir uns selbst dabei hintenanstellten.

Linya sagte mir oft, ich solle an mich selbst glauben. Und meinen Kopf freimachen, weil ihr kaputtes Herz nicht meines war. Sie war so reif mit ihren siebzehn Jahren. Linya sagte immer die richtigen Dinge und wenn mich jemand fragen würde, ob überhaupt ein Mensch auf diesem Planeten unsere Welt verstand, dann würde ich so was sagen wie: *Ja, meine Schwester, denn sie hat die größten Weltgedanken.*

Zwei Minuten vor Kursanfang erreichte ich den Campus. Ich war wohl nicht der Einzige, der verschlafen hatte, auch andere Studierende rannten in letzter Minute auf das Gebäude zu. Wodurch ich mich nicht wirklich besser fühlte, es war nur die

Bestätigung: Menschen brauchten grundsätzlich mehr Schlaf, als sie sich nahmen oder bekamen.
Art and Movement University.
Vor genau einem Jahr war ich mit schwitzigen Händen auf die Eingangstüren zugelaufen, den Blick nach rechts und links gewandt, in die Gesichter Unbekannter. Heute war es kaum anders. Kaum, weil ich hier und da jemanden aus meinem Jahrgang erkannte. Zum Beispiel den großen blonden Kerl, der nicht für das Tanzen gemacht war, aber sich dennoch so sehr anstrengte, dass er auch im zweiten Jahr studierte. Es war nur kaum wie vor einem Jahr, weil ich Xeonjun begegnete, als ich den Eingang erreichte.

»Taemin!«, rief er und schlug mir auf die Schulter. Xeonjuns Grinsen war breit, es konnte größer werden, niemals kleiner. Eine Person, die oft fröhlich wirkte, einen damit ansteckte. »Seit wann kommst du so spät?«, fragte er und betrat hinter mir das Universitätsgebäude.

»Seit ich verschlafe«, murmelte ich und sah ihn flüchtig von der Seite an. Sein Haar war über die Ferien gewachsen. Herbstbraun, als schiene die Sonne darauf, er hatte genauso goldbraune Augen und trug einen übergroßen weißen Pullover. Er blieb stehen und ich drehte mich zu ihm um. »Du ... was?«

»Ich habe verschlafen«, sagte ich noch einmal.

»Taemin und verschlafen in einem Satz. Ich muss das kurz verdauen.« Es klang, als würden wir uns gut kennen. Eigentlich redeten wir nur, wenn wir zusammen in der Mensa zu Mittag aßen oder wenn er in den Praxis-Stunden mit mir heimlich das Dehnen ausfallen ließ. Schon möglich, dass wir uns ungefähr kannten, tief reichte die Freundschaft allerdings nicht.

In letzter Sekunde betraten wir den Hörsaal. Während Xeonjun zu seiner Freundin Seola lief, setzte ich mich weiter vorne rechts an die Seite.

»Schneewittchen! Sag mal, hast du deinen Prinzen über die Ferien gefunden?«, rief Xeonjun jemandem zu. Ich drehte mich um und beobachtete, wie er ein dunkelhaariges Mädchen umarmte. Sie aß manchmal ebenfalls mit uns zu Mittag. Wie ich redete sie nicht viel.

Die Vorlesung begann und ich konnte nichts gegen meinen schweren Kopf unternehmen. Machtlos ließ ich ihn auf den Tisch fallen und holte ein, zwei Atemzüge Schlaf nach.

Kapitel 3

Vertrauen ist Tanzen und andersherum

Ahri

An Professor Sim und seinen Vorlesungen hatte sich nichts verändert. Keine Ahnung, warum ich überhaupt enttäuscht darüber war, ich hatte nicht erwartet, dass er sich über die Ferien verändert hätte. Ich stützte mein Kinn in die rechte Handfläche und starrte auf einen rot blinkenden Punkt über dem Whiteboard.

»Um die Bewegungsanalyse fortführen zu können, blicken wir erst einmal historisch auf die Abläufe. Später kehren wir zu der analytisch-kreativen Ausrichtung zurück ...«

Meine Augenlider wurden schwer, ich zuckte zusammen und richtete mich wieder auf. Auf keinen Fall durfte ich einschlafen, egal wie langweilig dieser Kurs auch war. Und das sagte ich, der so viel an ihrem Studium lag, die in jedem Kurs mitkommen und gut abschneiden wollte.

Sim machte es mir schwer. Um meine Lider nicht noch müder werden zu lassen, indem ich nach vorne starrte, konzentrierte ich mich auf andere Dinge als den Unterricht. Xeonjun und Seola vor mir tuschelten, flirteten miteinander. Ich fragte mich, wie sie noch in diesem Kurs sitzen konnten, der Professor musste Nerven aus

Stahl haben, um die beiden nicht rauszuschmeißen. Seit drei Monaten waren sie ein Paar. Oder waren es schon vier? Keiner der beiden erzählte von der Beziehung. Es war einfach so, nur darüber redeten wir nicht.

Gedankenverloren betrachtete ich durch die zwei hohen Fenster den Himmel. Manchmal hatte ich das Gefühl, die Luft wäre grau, ein bisschen zu dreckig, wie eine unsaubere Fensterscheibe, durch die man blickte. Hochhäuser und ein paar wenige Wolken, mehr bot die Aussicht nicht. Ich hätte gern die Menschen auf den Straßen beobachtet. Mir Geschichten zu ihnen ausgedacht. Von hier aus sah man sie nicht, also wandte ich den Blick wieder in den Hörsaal. Schräg vor mir an der Wandseite schlief ein Junge auf seinem Tisch. Wenn ich mich richtig erinnerte, hieß er Taemin – ein Freund von Xeonjun. Ich beneidete ihn, weil er so friedlich wirkte und nicht mal ein schlechtes Gewissen zu haben schien.

Nach einiger Zeit dachte ich an meinen Bruder. Obwohl mir das Sorgen bereitete und nicht wirklich zur Motivation des ersten Tages des neuen Semesters beitrug. Ich griff nach der Kette um meinen Hals. Silber, mit einem kleinen Anhänger aus blauem Stein, filigran, seit jenem Tag trug ich sie ununterbrochen. Vor nicht allzu langer Zeit hatte sie in einem Kästchen gelegen und ich hatte sie kritisch betrachtet. Siwon hatte nur gelächelt und mit den Schultern gezuckt. Ich glaubte, diese Geste machten wir beide immer, wenn wir zu viele Antworten im Kopf hatten und nicht wussten, welche davon laut auszusprechen am besten war.

»*Keine Ahnung. Vielleicht brauchst du sie irgendwann, vielleicht brauchen wir sie irgendwann. Um uns zu erinnern.*«

Bis heute verstand ich nicht, an was er sich erinnern wollte, aber ich trug sie für ihn. Weil er mir so unheimlich wichtig war und in letzter Zeit fehlte mir sein Lachen mehr denn je. Er studierte Medizin an einer anderen Universität in Daegu. Das Studium verlangte viel Zeit. Das sagte er zumindest immer. Und wenn er mit diesem Studium fertig war, würde er Papas Klinik in Seoul übernehmen.

Was dann?

Würde sein Lächeln dann jemals zurückkommen? Wie würde es sein, ihn nicht mal mehr in der gleichen Stadt zu wissen? Allein der Gedanke daran tat weh.

Papa hatte diesen Plan für Siwon geschaffen. Einmal hatte ich meinen Bruder gefragt, ob es überhaupt sein Traum war, Medizin zu studieren. Seine Antwort hatte sich für immer in mein Gedächtnis gegraben, niemals würde ich seinen gleichgültigen Blick vergessen.

»*Weißt du, manchmal, da liegt die Entscheidung nicht bei uns. So sehr wir es uns auch wünschen. Manchmal müssen wir das nehmen, was man uns zu tragen gibt, und nicht unseren Träumen hinterherjagen. Sonst zerbrechen nicht nur die, sondern auch wir.*«

Ich ließ die Kette um meinen Hals los und starrte wieder nach vorne auf den roten Punkt. Professor Sim schaltete auf die nächste Folie um und fuhr in seiner Vorlesung fort. Vielleicht würde ich meinem Bruder heute Nachmittag die gleiche Frage stellen, wenn ich ihn besuchte.

Vielleicht würde er diesmal mit der ganzen Wahrheit antworten.

»Vertrauen und Tanzen. Wie wichtig ist das füreinander?«, fragte Professorin Hwang in der letzten Stunde des Tages.

Wichtig. Vertrauen ist Tanzen und andersherum.

Eine Studentin mit lila Haaren gab die Antwort. Unsere Professorin für die praktischen Stunden nickte. Wir saßen in einem der drei Tanzstudios der Universität und lauschten ihrer Ansprache.

»Richtig. Das eine funktioniert ohne das andere nicht. Tanzen Sie allein, müssen Sie ihrem Körper und dem Gefühl vertrauen. Tanzen Sie gemeinsam, vertrauen Sie zusätzlich auch allen anderen«, erklärte Hwang und lächelte uns dann an. »Hauptmodul dieses Semesters wird der Partnertanz sein. Professor Sim und ich haben Zweiergruppen zusammengestellt und Sie werden jeweils ein Arbeitsgerät von uns bekommen.« Hwang hielt ein Tablet nach oben. »Die genaue Aufgabe steht hier. Lesen Sie sie genau durch und dann sprechen wir uns nächste Stunde für Fragen.«

Sie musterte die Runde. Blickte in die Gesichter junger Menschen, die alle den gleichen Traum verfolgten und doch ganz unterschiedlich zu fühlen schienen. Der blonde Junge neben mir schwitzte und zog die Nase kraus. Das lilahaarige Mädchen, das geantwortet hatte, wirkte aufgeregt. Beinahe freudig. Xeonjun auf meiner anderen Seite hatte die Stirn gerunzelt und kniff misstrauisch die Augen zusammen. Ich kaute auf meiner Lippe herum und fixierte den schwarzen Hallenboden, spielte mit den Schnüren meines weißen Sportpullovers.

Partnertanzen. Vertrauen. Zweiergruppen. Meine Gedanken kreisten nervös um diese Worte.

Aufspringen und schreien, dass ich noch nie mit jemandem getanzt hatte, wäre seltsam. Also blieb ich sitzen und schrie in Gedanken:

Ich vertraue nicht einmal mir selbst! Ich vertraue nicht einmal mir selbst! Ich vertraue nicht einmal mir selbst! Ich ...

»Schneewittchen?«, flüsterte Xeonjun und stieß mich leicht mit der Schulter an. Blinzelnd erwiderte ich seinen Blick. »Hast du Angst vor der Aufgabe?«

Ja. Steht es in meinen Augen?

»Ein bisschen. Mulmiges Gefühl«, sagte ich leise. Ein Lächeln schlich sich auf seine Lippen, weil Xeonjun immer lächelte. Für andere. Für andere tat er es immer und ich wurde die Frage nicht los, ob er es auch für sich selbst einmal tat. »Ich hab auch Angst. Aber zusammen bedeutet zweimal Mut. Bleiben wir optimistisch.«

Und zweimal Angst.

Ich sah das Wort *Unmöglich* vor Augen, buchstabierte es. Vorwärts, rückwärts und immer wieder. Fühlte mich nicht gewachsen für eine solche Aufgabe. Für Vertrauen. Für Zweiermut.

»Park Hyun und Choi Lua sind die Ersten. Und noch eine Sache: Fühlen Sie. Entwerfen Sie nicht einfach eine Choreografie, die technisch perfekt die Musik begleitet. Die zu Ihren Körpern passt. Und die schön anzusehen ist. Ich will, dass jeder und jede von Ihnen diesen Tanz fühlt und Sie ihn gemeinsam leben.« Hwang hielt Hyun eines der Tablets entgegen, er nahm es und setzte sich mit Lua etwas abseits auf den dunklen Boden.

»In acht Wochen wird es ein Vortanzen mit Juroren geben, sehen Sie es als Zwischenprüfung. Für den ein oder anderen können sich dadurch Träume erfüllen. Es ist eine Chance für Sie alle«, sagte Professorin Hwang und die gesamte Aufmerksamkeit richtete sich zu ihr nach vorne. Sie präsentierte uns, was alle wollten. Zumindest einige von uns.

»Nehmen Sie diese Chance und tanzen Sie mit ihr. Gut, also«, sie warf einen Blick auf ihre Liste, »Yoon Seola und Dang Xeonjun!«

Xeonjun lachte auf und nahm seine Freundin an der Hand, um ihr auf die Beine zu helfen. Als sie nach vorne gingen, drehte er sich um und zuckte mit den Schultern in meine Richtung, so als würde er sagen: *Tut mir leid, und du schaffst das, und zweimal mutig.*

Fassungslos beobachtete ich die beiden, wie sie ihr Tablet annahmen und sich damit in eine Ecke verzogen. Zwei Menschen, die sich ohnehin schon vertrauten. Die sich vielleicht sogar liebten.

Ich ließ meinen Blick wandern und wartete, dass mein Name aufgerufen wurde. Ich kannte die anderen Studierenden kaum. Hyun und Taemin. Zwei Namen, aber gesprochen hatte ich mit den beiden noch nie. Sie saßen nur manchmal mit Xeonjun in der Mensa. Hyun war bereits aufgerufen worden und Taemin ... war nicht da.

Du und jemand Fremdes. Du und jemand Fremdes. Du und ...

»Seon Ahri und Jeong Taemin«, las die Professorin vor und ich riss die Augen auf.

Du und Jeong Taemin.

Hektisch suchte ich die Halle nach ihm ab. Er war tatsächlich nicht da. Also stand ich allein auf und ging mit wackeligen Schritten zu Professorin Hwang nach vorne. Spürte die Blicke der anderen Studierenden im Rücken, obwohl sie vermutlich gar nicht zu mir sahen. Hwang lächelte freundlich. Sie war meine Lieblingsprofessorin, weil sie sich ehrlich für ihre Studierenden interessierte. Weil sie uns helfen wollte. Uns lehren wollte. Weil sie blaue Sportkleidung trug und mich an gute Farben denken ließ.

»Herr Jeong müsste bald hier sein. Ich habe ihn vorhin schon gesprochen«, informierte sie mich und reichte mir das Tablet. Ich nahm es entgegen und presste es an meine Brust, damit sie mein Fingerzittern nicht sah. Nervös stolperte mein Herz bei seinem Namen.

Du und Taemin.
Du und jemand Fremdes.

Es kam auf das Gleiche heraus. Denn sein Name sagte mir genauso viel wie der Gedanke an einen Fremden.

»Sie können auch oben nachsehen, er müsste an der Rezeption sein.«

»Das mache ich. Danke«, erwiderte ich schnell und verbeugte mich. Am Hallenrand ging ich in Richtung Ausgang. Xeonjun warf mir einen fragenden Blick zu, ich zuckte mit den Schultern. Weil ich keine Ahnung hatte.

Keine Ahnung, was auf mich zukam.

Keine Ahnung, wie Taemin war.

Keine Ahnung, wie ich mit jemandem zusammen tanzen sollte.

Draußen auf dem Gang atmete ich zweimal tief durch. Überlegte, ob ich ohne ihn die Aufgabe lesen sollte, um vorbereitet zu sein. Aber ich blieb fair. Ging nicht nach links oder rechts zu den Umkleiden, sondern stieg die Treppen nach oben in den Eingangsbereich des Studios. Hier hörte ich jemanden reden. Mit rasendem Herzen kam ich um die Ecke, Taemin tigerte neben der Rezeption umher, presste sich ein Handy ans Ohr. Seine Statur war hochgewachsen, mit schlanker Hüfte und den Beinen eines Tänzers. Er hatte blasse Haut und markante Gesichtszüge, eine tiefe Stimme, die in meinem Kopf nachhallte. Seine Augen waren schmal, seine Nase gerade, und er trug Blau.

Blau ist meine Endlosfarbe. Vielleicht ist das Tanzen mit ihm nicht unmöglich, sondern endlos.

Jeong Taemin blieb stehen, seine dunklen Haare hingen ihm wirr in die Stirn. »Ich muss jetzt zum Unterricht«, sagte er. »Wünsch mir Glück, dass der Tag nicht noch schlimmer wird als ...«

Ich trat einen Schritt näher zu ihm. Weil mich Blau anzog. Weil ich nicht lauschen wollte. Weil ich keine Ahnung hatte.

Seine Stimme verstummte.

Unsere braunen Blicke verhedderten sich.

Ich buchstabierte endlos, damit der Mut in meinem Herzen die Angstschläge überschlug.

Endlos. E.N.D.L.O.S. Soldne.

In meinem Kopf war sie Schneewittchen, einen anderen Namen hatte ich nicht. Xeonjun nannte sie nur wie die Märchenprinzessin, also war sie auch für mich Schneewittchen. Als ich sie entdeckte, hielt ich erstarrt inne und schaute zu ihr hinüber, das Braun ihrer Augen schien mich festzuhalten, ich konnte ihm nicht entkommen.

»Taemin, bist du noch da?«, fragte meine Schwester durch das Telefon und ich räusperte mich.

»Wir hören uns. Ich muss jetzt los, Linya.« Schnell legte ich auf und schob das Handy in meine hintere Hosentasche. »Suchst du jemanden?«, fragte ich Schneewittchen und sie senkte den Kopf. Presste sich ein Tablet an die Brust und wippte auf ihren Fußballen herum. Dann nickte sie.

»Ja, dich. Irgendwie, also, sozusagen … nein, nicht irgendwie.« Sie biss sich auf die Unterlippe. »Dich suche ich.«

Ihre Worte ließen mich ein klein bisschen grinsen. Erstaunt legte ich den Kopf schief und zeigte mit dem Finger auf meine Brust. »Bekomme ich eine ausführliche Erklärung, oder belassen wir es einfach bei der Tatsache, dass du mich sozusagen, irgendwie suchst?«

Ihr Gesichtsausdruck schien besorgt. »Ich, also … wir müssen tanzen.« Sie lächelte mir unsicher entgegen, versuchte es zumindest. »In diesem Semester sind wir Tanzpartner.«

Ich ließ ihren Blick nicht mehr los. Schneewittchen trat von ihrem rechten Bein auf das Linke. Ihre Beine steckten in dunklen Sporthosen und sie trug einen weißgrauen Pullover.

Sie hatte blasse Haut und rote Lippen, rosa Wangen und dunkle Haare. Ich betrachtete ihre langen Wimpern, die ich in Wirklichkeit über die Entfernung gar nicht sah. Die ich mir aber einbildete und …

»Du sagst nichts«, flüsterte sie. Stimmen verschwanden manchmal, wenn man sich unsicher fühlte. Langsam setzte ich mich in Bewegung. »Tut mir leid. Mein Kopf ist ziemlich voll gerade. Also, was? Tanzpartner? Und dann?«

Ihr Blick wurde kurz mitfühlend und wechselte dann in Verwirrung. »Und dann, keine Ahnung«, gestand sie. Sie hielt das Tablet hoch.

»Darauf steht alles zur Aufgabe. Wir müssen eine Choreografie entwerfen und sie vorführen. Hier.« Sie hielt mir das Gerät hin und ich ging die letzten Schritte bis zu ihr. Ihre Wangen wurden dunkelrosa, wie Sonnenaufgangswolken.

»Sollen wir in die Halle zurück und es uns gemeinsam ansehen?«

Sie nickte. Ich ignorierte das unsichere Gefühl, das bei den Worten *Tanzpartner* und *Choreografie entwerfen* in mir entstand. Ich verdrängte es, denn ich konnte mir nicht schon Sorgen machen, bevor es überhaupt angefangen hatte.

Wir gingen nebeneinander bis zu den Treppen. Dann blieb sie stehen. »Unten ist es ziemlich voll. Bleiben wir doch hier oben?«, fragte sie und ihre Worte hallten leise nach. Die Eingangshalle war leer und die Frau an der Rezeption verschwunden. Ich setzte zum Sprechen an, da sagte Schneewittchen: »Dein Kopf ist überfüllt. Wäre ein leerer Raum nicht besser?«

Unsere Geschichte begann in diesem Studio und wir hatten keine Ahnung davon. Wussten nicht, wie viel und alles und voll es werden würde. Vermischten nur zum ersten Mal das Braun unserer Augen, waren zusammen nervös und zusammen okay.

»Leerer Raum für vollen Kopf klingt gut.«

Ein Lächeln schlich sich in ihre Züge, gemeinsam gingen wir zu einer Sitzgruppe links der Treppen. Wir setzten uns auf die schwarze Couch und drehten uns einander zu. Sie sagte nichts, zupfte nervös an den Schnüren ihres Pullovers.

»Wie heißt du?«, fragte ich also. »Momentan kenne ich dich nur als Prinzessin.«

Sie riss die Augen auf und schlug sich die Finger vor den

Mund. »Wa... Was?«

Ich lachte kurz. »Na ja, du wirst Schneewittchen genannt. Mehr weiß ich nicht über dich.«

»Oh.« Sie ließ die Hand sinken. »Seon Ahri«, murmelte sie, sah mich dabei nicht an.

»Magst du deinen Namen nicht?«

Der Blick aus ihren braunen Augen fand meinen. »Doch«, sagte sie. »Nur ich mag es nicht, meinen Namen zu sagen. Klingt aus meinem Mund immer komisch.«

Ich fühlte ihre Worte. Ich fühlte ihre Worte so sehr.

»Kenne ich. Bin also froh, dass du meinen kennst.«

Sie kniff die Augen zusammen. Ihre Wangen wurden wieder farbig, schön. »Ich mag deinen Namen, Taemin.« Sie sagte es so sanft und leise, fast als wäre es nur meine Einbildung.

»Darf ich dich kennenlernen, Seon Ahri?«

»Warum fragst du das?«

»Fragt man das denn nicht?«

Sie zuckte mit den Schultern. »Das hat noch niemand bei mir. Die meisten Menschen machen es ohne Weiteres. Sie fragen nicht um Erlaubnis.«

»Wenn du es nicht willst, werde ich es nicht tun. Also frage ich.«

Als ein Lächeln an ihren Lippen zupfte, schlug mein Herz schneller.

»Und wie sieht dieses Kennenlernen aus?«

Diesmal zuckte ich mit den Schultern, wir wechselten uns damit ab. Warfen es uns wie einen Ball hin und her.

»Wann hast du Geburtstag? Blutgruppe? Sternzeichen?«

Ahri setzte sich in den Schneidersitz und schluckte, bevor sie antwortete. »Fünfter November. Ich bin zwanzig. Blutgruppe A und ich habe keine Ahnung, was du mit Sternzeichen meinst.« Kurz sah sie verwirrt aus, dann nickte sie zu mir. »Jetzt du.«

»Okay.« Ich spielte an dem Silberring um meinen Zeigefinger. »Geburtstag habe ich am siebzehnten April und ich bin zweiundzwanzig. Die Zahl bringt Glück, sagt man. Aber davon merke ich bis jetzt noch nichts.« Ich lächelte sie an. »Blutgruppe Null, die Menschen sagen, es wäre selten und besonders. Denke, das stimmt nicht. Und ich bin Sternzeichen Widder, nach dem westlichen Kalender. Der ist ziemlich interessant.«

»Was sagen die Menschen über den Widder?«

Ich fühlte nicht nur ihre Worte, sondern auch ihre Fragen. »Sie sagen, dieses Sternzeichen ist kämpferisch, mutig und idealistisch.«

Die Neugierde in Ahris Blick war diese Unterhaltung und alles an diesem Tag wert. »Und? Stimmt es?«

»Weiß nicht. Ich kann mich selbst kaum einschätzen.«

»Das verstehe ich gut. Da ist ziemlich viel Chaos, oder?« Sie zeigte auf ihren eigenen Kopf. Und ich nickte, sodass das Chaos in mir noch mehr herumwirbelte.

»Chaoskopf«, sagte ich.

»Was bin ich für ein Sternzeichen?« Sie kehrte zurück zum Thema.

»Fünfter November ist Skorpion. Die Menschen sagen, sie analysieren, sind willensstark und vergessen nichts.« Ich betrachtete sie mit schräg gelegtem Kopf. »Stimmt es?«

»Glaub schon. Ein bisschen, ja.«

Nach winzigen Sekunden, in denen wir uns nur musterten, zeigte ich auf das Tablet. »Sprechen wir über das Tanzen?«

»Ich …« Ahri rutschte unruhig hin und her und mied es, mich anzusehen. »Ich habe bis jetzt nur allein getanzt.«

Als ich etwas erwidern wollte, schoss ihr Blick zu mir, direkt zwischen meine Herzschläge und irgendwie einfach in meine Gedanken. Sie atmete unsicher auf, warf die Hände in die Luft. »Vielleicht kann ich gar nicht mit dir tanzen. Vielleicht bin ich dafür nicht gemacht. Vielleicht …« Ahri unterbrach sich selbst und ich sagte: »Weißt du, was das Schöne an dem Wort *vielleicht* ist?«

»Was denn?«

»Es hält alle Möglichkeiten offen. Alle. Du kannst mit diesem Wort so viel machen. Es drehen, wenden und noch mal sagen, oder ein neues daraus basteln.«

Sie starrte mich an.

»Ich habe auch nur allein getanzt.« Ich zuckte mit den Schultern und betrachtete den Boden. »Wir sollten es versuchen. Was, wenn wir dafür gemacht sind?«

»Taemin?«

Ich hob den Blick wieder. »Ja?«

Ahri biss sich auf die Lippe. »Warum tanzt du?«

Weil ich dann keine Angst habe.

»Weil ich kein Chef von irgendeiner Firma werden wollte.«

Ahri schien kurz darüber nachzudenken. Wir waren noch immer allein. Unten hörte man die Studierenden in der Halle reden, wahrscheinlich entwarfen sie schon erste Ideen für die Aufgabe. Sprachen nicht über Sternzeichen und Blutgruppen. Draußen wirbelten Blätter und Septemberwind um die Wette und hier drinnen lernten wir uns kennen.

»Warum tanzt du wirklich?«

Diese Frau war alles, was so ehrlich war. Mein Herz sprang, als ich an den Grund dachte. Warum ich tanzte. Warum mich mein Vater hasste. Warum Linya mir so sehr mit diesem Traum half.

»Willst du die ganz, ganz, ganz ehrliche Antwort?«

»Ja«, flüsterte sie.

»Wir kennen uns erst seit gerade, Ahri. Wäre es nicht komisch, dir das jetzt einfach so zu sagen?«

Sie strich sich fahrig eine Strähne aus dem Gesicht. Sie war nervös. Und es schien nicht leicht für sie, offen zu sein. Aber sie kämpfte mit sich und sie brachte die Worte über die Lippen. »Du wolltest mich doch kennenlernen. Ich dich auch, Taemin. Wenn wir zusammen tanzen wollen, müssen wir uns kennen. Vertrauen, hat Hwang gesagt. Vertrauen ist Tanzen und andersherum.«

Ich fühle deine Worte, Seon Ahri.

»Ich tanze, weil ich Angst habe. Wenn die Musik laut ist und ich mich in ein anderes Universum tanze, ist es okay.« Ich erwiderte ihren Blick nicht. Hörte nur ihren Atem.

»Der Grund sollte dir nicht peinlich sein, Taemin. Er ist sogar ziemlich schön.«

»Was ist dein Grund, Seon Ahri?«

»Ich tanze für eine Eisprinzessin. Die ganze Geschichte bekommst du wann anders.« Sie deutete auf die Uhrzeit, die das Tablet anzeigte. Die Stunde war gleich vorbei. »Wir haben uns überhaupt nicht hiermit beschäftigt. Wir haben keine Ahnung, was die Aufgabe ist«, murmelte sie und wollte das Tablet entsperren.

»Wir haben sicher genug Zeit, Ahri.« Ich überlegte schnell, sah aus dem Fenster und die Kieswege entlang. »Wir können uns in einem Campus-Café treffen und uns dann an die Aufgabe setzen.«

»Okay«, stimmte sie zu. »Okay.« Es zweimal zu sagen half. Man war dann mutiger. Sprach sich selbst zu.

»Okay«, sagte ich für sie ein drittes Mal und auch ein wenig für mich selbst. Ich diktierte ihr meine Nummer und sie speicherte sie in ihrem Handy ein. Sie stand langsam von der Couch auf und gab mir das Arbeitsgerät, damit ich es mitnehmen konnte. Sie fand, in meinen Händen wäre es besser aufgehoben und ich hinterfragte es nicht.

»Bis dann.« Ich winkte ihr und blieb noch sitzen. Sie ging zwei, drei Schritte rückwärts.

»Du solltest Tanzen, wenn dein Kopf voll ist«, sagte Ahri zum Abschied und winkte ebenfalls.

Also fuhr ich nach dieser letzten Stunde in meine Wohnung und tanzte, bis es sich nach einem anderen Universum anfühlte. Tanzte für meine Angst. Gegen den Chaoskopf. Dachte: *Ich fühle deine Worte. Ich fühle deine Worte, Seon Ahri.*

Kapitel 4

Zeitvergessen oder Zurückerinnern

Ahri

Was ist dein Grund, Seon Ahri?
Ich tanze für eine Eisprinzessin.

Siwon und ich waren allein im Wohnzimmer gewesen, hatten diesen Eiskunstlaufwettbewerb gesehen, mit Kinderaugen das glitzernde, glänzende Pärchen auf dem Bildschirm angestarrt. Sie waren perfekt gewesen.

Und dann war plötzlich unerwartet Werbung gelaufen, kurz nachdem die Frau fiel. Wie eine Eisblume, die entzweibrach, war ihr Körper auf der Eisbahn aufgeschlagen.

Steh auf, steh auf, steh auf.

Die Worte waren abwechselnd aus dem Mund meines Bruders und mir gekommen, während Joghurtwerbung lief. Zwei Kinder, die übermäßige Hoffnung in ihren Brustkörben trugen. Keine Ahnung, wer diese Frau gewesen war. Ich hatte sie nie wiedergesehen. Doch wegen ihr tanzte ich heute. Weil ich eines Nachts fest beschlossen hatte, für sie aufzustehen. Für sie zu tanzen.

Ich tanze für dich weiter, versprochen.

Gedanken eines kleinen Mädchens, das bis zu den Planeten

träumte und noch viel weiter.

Als ich heute nach der letzten Stunde auf dem Weg zu meinem Bruder war, dachte ich daran. An Taemins Frage. Und an die Tatsache, dass ich dieses Versprechen tatsächlich verwirklichte. Ich tanzte für die gefallene Eisblume. Tanzte weiter.

Eine Haltestelle zu früh stieg ich aus, schlenderte die Straße nahe des Sincheon River entlang und blickte ab und an von Wolke zu Wolke. Es war eine Angewohnheit von mir, immer ein bisschen früher auszusteigen, um die Welt noch ein Weilchen zu genießen.

Der Fluss strömte breit und wunderschön durch Jung-gu, unter Brücken hindurch, um Kurven und leckte an den Ufern. Er war dreckig, manchmal sauber, klar, trüb. Der Sincheon River erinnerte mich an das Leben. Mit all seinen Macken, grauen Stellen und doch glitzernd, wenn das Licht richtig fiel.

Die Sonne wanderte dem Horizont immer weiter entgegen. Noch würde es etwas dauern, bis der Tag mit ihr schwand und die Nacht hereinbrach. Es gab zwischen meinen Lieblingsorten auch Schattenseiten.

Daegu war laut und groß und dreckig. Die Stadt war kein sicherer Ort. Ständig musste man wachsam sein. Und trotzdem war es mein Zuhause. Ich glaubte, dass ein Ort, den man Zuhause nennen konnte, etwas unglaublich Wichtiges für den Menschen war. Für mich war es wichtig.

In mein Elternhaus war ich hineingeboren worden, jetzt lebte ich zusammen mit Sun-Nyu. Ein Zuhause, das ich mir selbst, ich ganz allein gesucht hatte, stand noch nicht auf meiner Liste mit grünen Häkchen. In meinem Elternhaus fühlte ich mich nicht mehr geborgen, denn das Haus war groß und meistens still, es war leer ohne Papa und es war noch stiller, wenn Mama nicht da war. Als nur Sun und ich im Wohnzimmer gesessen und uns K-Dramen angesehen hatten, oder uns mit irgendwelchen Videos über Mode und Tanz ablenkt hatten. Unser Elternhaus war vielmehr kalt als warm gewesen und wenn Siwon nach Hause gekommen war, blass und mit hängenden Schultern, so hatte ich mich noch einsamer gefühlt.

Obwohl wir dann zu dritt gewesen waren.
Zu dritt und vollständig.
Vor einem Jahr hatten wir Mama alleingelassen. Alleingelassen, weil Papa nie bei ihr war. Uns war allen bewusst, wie still es dann wirklich in diesem großen Haus sein würde. Voller Erinnerungen an glücklichere Tage, als wir noch alle beisammengesessen hatten. Mama war eine Frau, die mich gelehrt hatte, auf mein Herz zu hören, vor allem wenn es laut, laut schlug. Also war ich nicht geblieben, weil mein Herz nach etwas Neuem gepocht hatte. Auch Siwon und Sun waren diesem Pochen gefolgt. Wir alle hatten die Tränen in Mamas Augen gesehen. Sie waren nicht hinuntergelaufen, aber sie hatten geglitzert. Wie Tränen das eben so an sich hatten. Farblos und doch nicht zu übersehen. Egal, wie sehr wir uns das in manchen Momenten wünschten.

Ich überquerte die Straße und steuerte auf das Ende der Fußgängerzone zu. Vor dem kleinen Café standen runde Tische und dazu passende Stühle. Menschen aßen Kuchen und tranken Kaffee, sie lachten und genossen die letzten Sonnenstrahlen, während sie die Passanten beobachteten oder ihrem Partner verliebt in die Augen sahen. Ich mochte dieses Café, nicht weil es der Freundin meines Bruders gehörte, sondern weil es einfach einer der magischen Orte in Daegu war.

Ich blieb stehen und zog mein Handy hervor, wählte Siwons Nummer und wartete. Er nahm nicht ab, also versuchte ich es noch einmal, doch auch beim zweiten Mal klingelte es, ohne dass er ranging. Na prima. Also würde ich fragen müssen und mir war wirklich nicht danach, mit fremden Leuten zu reden. Ich hatte mich heute schon genug überwunden, wie ich fand.

Als er auch bei meinem dritten Anruf nicht reagierte, seufzte ich.

Café Zeitvergessen stand auf der gläsernen Eingangstür. Sie öffnete sich automatisch und mir stieg der Geruch von Süßem in die Nase. Vor mir tat sich die lange Theke auf, aus der mich Kuchen und Donuts, Hotteoks und Gyeongdan anlachten. Auch Mochis lagen hinter der Glasscheibe und augenblicklich lief mir das

Wasser im Mund zusammen, denn Eun-Mis Mochis waren die besten der Stadt.

Die Wände des Cafés waren aus Backstein, die Tische niedrig und dunkel. Runde, farbige Sitzkissen lagen auf dem Fußboden. In diesem Café saß man auf dem Boden, wie in vielen traditionellen, etwas älteren Lokalen. Und ich liebte es. Ich wünschte mir manchmal, die Cafés auf dem Campus würden sich auch so ausstatten, weil es gemütlicher war. Gemütlicher und vertrauter. Bunte Tischdecken und Trockenblumen machten den Raum unglaublich harmonisch, in den Blicken der Kundinnen und Kunden spiegelte sich diese wohlige Stimmung wider.

Ich trat an die Theke und wartete, bis ich die Aufmerksamkeit der kleinen Frau hatte, die sich mit der Kaffeemaschine zu streiten schien. Es war, als würde in diesem Moment die Maschine gewinnen, denn aus einem Schlauch spritzte Wasser. Die Schürze der Frau litt darunter und das Wasser schien heiß zu sein, denn sie verzog das Gesicht. Schnell überspielte sie es und lächelte mich an. Ich neigte kurz den Kopf, ehe ich zurücklächelte.

»Guten Tag. Ist Seon Siwon zu sprechen?«

Die Frau nickte. »Setzen Sie sich schon einmal. Ich gehe ihn gleich von oben holen.«

Ich bedankte mich höflich und steuerte einen Tisch weiter hinten am Fenster an. Von hier aus konnte ich die Menschen draußen beobachten, jene, die gemütlich durch die Fußgängerzone schlenderten, oder diejenigen, die sich halb rennend, halb gehend durch die Menge schlängelten. Junge, ältere, kleine und große. Ihre Vielfalt war an diesem Ort so unwahrscheinlich groß, manchmal konnte ich gar nicht glauben, dass es uns nicht doch doppelt gab. Und an manchen Tagen überlegte ich, was die Menschen für eine Geschichte mit sich brachten. Ein junger Mann ganz in schwarz, mit Silberketten um den Hals und einer Sonnenbrille auf der Nase, stand vor dem Eingang und beäugte die Speisekarte. Dann zog er sein Handy hervor, tippte etwas ein und gerade als ich wegsehen wollte, lächelte er. Sein Lächeln strahlte voller Schönheit, ließ das Schwarz um ihn leuchten. Genau bei solchen Menschen wollte ich herausfinden, was sie für eine Geschichte erzählen würden.

»Meinst du, er lächelt ehrlich? Oder weil weinen in der Öffentlichkeit wehtut und lächeln deshalb besser ist?«

Ich blickte auf und mein Bruder nahm gegenüber von mir Platz. Seine Mundwinkel zuckten, ein ganzes Lächeln war es jedoch nicht.

Ich kannte Siwon so unwahrscheinlich gut und trotzdem fühlte sich sein halbes Lächeln fremd an, es machte mich traurig, ihn so zu sehen. Weil wir uns so nahe waren, während unsere Herzen doch so weit voneinander entfernt schienen.

»Es sieht ehrlich aus«, antwortete ich. Der Mann hörte plötzlich auf zu lächeln und es war, als würden gleich Tränen sein Glück durchkreuzen. Er schob das Handy langsam zurück in seine Hosentasche, drehte sich um und schüttelte den Kopf. Dann zog er die Straße entlang weiter, seine Schultern waren eingefallen, genau wie seine Freude.

»Ehrlich, aber kurz«, sagte mein Bruder. Wir wandten unsere Blicke von der Straße ab und sie kreuzten sich. Siwons dunkle Haare waren wie immer gestylt, ein Ring steckte an seinem Zeigefinger. Er trug einen Cable-Knit-Sweater, den er bestimmt schon drei Jahre besaß. Das goldene Brillengestell auf seiner Nase glitzerte, er war neben Papa der Einzige in unserer Familie, der eine Sehschwäche hatte. Siwon achtete auf seinen Style, vielleicht war das eine seiner Gemeinsamkeiten mit Sun. Vielleicht brachte auch Eun-Mi ihn dazu, sich immer nach dem neuesten Trend zu kleiden, ich konnte es nicht sagen.

Mein Blick wanderte zu seinem Hals, um den die Silberkette hing, die uns beide verband. Es war immer das erste, was ich tat, wenn ich Siwon traf. Ich versicherte mich, dass er seine Kette noch trug. Ob er sein Versprechen hielt. Er trug sie.

Es war mir so wichtig geworden, obwohl ich mir sein Versprechen bis heute nicht erklären konnte. Vielleicht irgendwann. Und dann wäre ich stolz, dass wir die Ketten so lange getragen hatten.

Um uns zu erinnern.

Ich musterte seine dunklen Augen, die meinen so glichen, erwiderte den Blick meines Drillingsbruders und fand keine Antwort auf die Frage, seit wann es zwischen uns so war. Vielleicht hatten wir die Stille aus Mamas Haus mit uns genommen und jetzt stand sie zwischen uns. Ich vermisste sein lautes Lachen, seine warmen Witze. Vermisste seine Umarmungen. Offenbar mussten wir zuerst das Tief durchleben, bis wir endlich wieder dem Hoch entgegenblicken würden.

»Wie war das Tanzen heute?«

Eine einfache Frage. Sie tat mehr weh, als ich erwartet hatte.

»Gut«, antwortete ich. »Ich versuche zu fliegen.« Ich zog eine Grimasse, das Zucken um seinen Mund wurde stärker.

»Klingt komisch, na ja, du weißt schon, was ich meine.«

»Ich weiß es«, erwiderte er.

Ahri, dein Traum ist es zu tanzen, also folge ihm. Fang an zu fliegen, wie du es immer wolltest.

»Was ist mit dir? Ist alles okay?«

»Es geht mir gut. Ich komme klar, *Daydream*.«

Ich musste bei meinem Spitznamen schlucken, denn er erinnerte an die Zeiten, als wir ohneeinander nicht gekonnt hatten. Siwon hatte nie aufgehört, mich so zu nennen.

»Weswegen bist du noch gekommen? Nicht nur, um mich zu fragen, wie es mir geht, oder?«

»Mama hat angerufen. Sie meinte, du hast dich lange nicht bei ihr gemeldet.« Die Frage hinter meinem Satz verstand er auch ohne dass ich sie aussprach.

Was ist los? Warum meldest du dich nicht?

Er fuhr sich mit der Hand durch sein dunkles Haar und seufzte. Siwon wirkte müde. Und müde sein fühlte sich tagsüber nie gut an.

»Wir haben einfach viel zu tun, das Café ist voll und ich helfe manchmal aus. Und das Studium hat wieder angefangen.«

Ich wusste, dass er die Wahrheit sagte, aber es war nicht die ganze. Irgendwas beschäftigte ihn, nur würde er es mir nicht sagen, nicht heute.

»Also, vielleicht kannst du sie ja zurückrufen. Ich denke, sie

vermisst dich.«
Ich vermisse dich.
Siwon hob den Kopf und sein Gesichtsausdruck wurde traurig. Um ihm nicht standhalten zu müssen, betrachtete ich die digitale Anzeige auf dem Tisch und ging die heutige Auswahl an Essen und Getränken durch. Ich bestellte nichts, wollte nur seinem Blick ausweichen, den ich noch immer auf mir liegen spürte. Als er wieder sprach, merkte ich einmal mehr, wie gut wir einander durchschauen konnten: »Bist du hier, weil du dir Sorgen machst?«
Ich hob widerwillig den Kopf und legte die Hände auf dem Tisch ab. »Wir fragen uns manchmal, warum du nicht mehr zu Besuch kommst. Warum du nicht anrufst und wir uns irgendwie auseinanderleben. Wir ... ich mache mir Sorgen.« Mein Herz klopfte schneller, die Wahrheit bescherte mir immer schnelles Schlagen. Mein Bruder biss sich auf die Lippe, schüttelte kaum merklich den Kopf.
»Das brauchst du nicht. Wenn der Tag so voll ist, vergesse ich einfach, dass es da draußen Menschen gibt, denen ich wichtig bin.« Er lachte auf. Ein erster Stich in mein Herz.
Oh, Siwon. Oh, Siwon, Siwon.
»Wir planen einen Ausflug nach Ulsan ans Meer. Sun, Seola und ich. Vielleicht Xeonjun. Willst du mitkommen? Ein bisschen durchatmen?«, fragte ich aus einem Impuls heraus.
»Ahri, ich ...« Es war beinahe lustig, wie ich sehen konnte, dass er eine Ausrede in seinem Kopf formte. »Das Studium verlangt mir alles ab. Vielleicht ein andermal, ja?«
Kopfnicken und zweiter Herzstich.
Denn es tat weh, zu sehen, wie ich meinen Bruder immer mehr verlor, und einfach nicht wusste, wie ich ihm helfen sollte. Ein Drilling zu sein, war gleichermaßen Fluch und Segen. Letzteres, weil da immer jemand war. Zwei Menschen, mit denen du dein ganzes Leben teilst, seit Minute eins, Sekunde dreißig, Stunde zehn. Drei Leben, genauso viele Herzen, eine Liebe. Der Fluch: Ich kannte diese Menschen besser als irgendjemanden sonst. Manchmal besser als mich selbst. Und es gab Momente, da wollte

ich nicht wissen, ob sie logen oder innerlich weinten. Nur wusste man es immer. Das war schön und unendlich nervenaufreibend zugleich.

Weil ich mit seiner Absage gerechnet hatte, war es nicht ganz so schlimm zu akzeptieren. Unsere Leben teilten sich nicht mehr einen Weg. Man traf sich, sah sich, aber ging nicht mehr zusammen.

Ich zog mir meine Jacke wieder an und lächelte dann. »Sun lässt die schönsten Grüße ausrichten. Sie vermisst dich.«

Auch Siwons Blick wurde weicher und er lehnte sich auf seinem Stuhl nach vorne. Sun machte immer alles besser. Jede Situation, sie musste nicht einmal körperlich anwesend sein.

»Das tue ich auch. Geht es ihr gut?«

»Ja, sie ist glücklich.«

Mein Bruder lächelte und ich erwiderte es ehrlich, dann sagte ich: »Okay, also, du musst wahrscheinlich wieder an deine Uniaufgaben. Aber melde dich, ja?«

Wir erhoben uns und gingen durch das Café bis zur Theke. Ich bestellte zwei Mochis zum Mitnehmen, ein blaues und ein grünes, und folgte Siwon dann nach draußen. Die Sonne stand tief, die Luft war kühl. Es wurde Zeit, dass ich nach Hause kam und endlich Ruhe fand.

»Sei vorsichtig. Danke, dass du vorbeigeschaut hast.«

Ich sah ihn an und wusste, dass es ihm nicht gut ging. Schnell trat ich vor und schlang die Arme um ihn, so fest wie ich konnte. Eine Umarmung, die wir beide brauchten. Keine Sekunde später erwiderte er sie und ich spürte, wie er tief Luft holte.

Was kann ich für dich tun, Siwon?

»Nicht aufgeben, *Nightmare*.«

Er löste die Umarmung und sah mich blinzelnd an. Vielleicht, weil ich seinen Spitznamen so lange nicht verwendet hatte. Ob er sich auch an damals erinnerte? Als Englisch zu schwierig gewesen war, wir es dennoch immer und immer wieder versucht hatten. Weil Tag- und Albtraum das Einzige war, was Sinn ergeben hatte, was schön klang, was wir irgendwann richtig hatten aussprechen

können.
Daydream.
Nightmare.
»Du weißt, ich bin da. Zum Reden und so.«
»Weiß ich, *Daydream*.«
»Okay. Vergiss das einfach nicht.« Ich drückte ihn noch einmal, als hielte das mein Versprechen in seinen Gedanken.
»Und iss Karamellsüßigkeiten. Die machen glücklich, ich weiß es.«
Ich glaubte, er lächelte. Aber ich sah sein Gesicht in der Umarmung nicht. Also hoffte ich es.
»Du willst nur, dass deine Zähne besser sind als meine, wenn der nächste Zahnarzttermin ansteht«, sagte er und ich hörte ein bisschen den leichten Siwon heraus.
Ich brauchte mehr davon.
»Ja, vielleicht. Manches ändert sich nie.«
Wir lösten uns voneinander und ich dachte, wie blass sein Blick aus seinen braunen Augen schien. Ich wollte so sehr wieder Farbe in ihnen leuchten sehen.
»Guck nicht so, Ahri«, sagte er.
»Wie denn?« Meine Stimme klang überrascht.
»Als müsstest du mir helfen. Ich bin okay. So Phasen gibt's im Leben. In denen einfach alles nervig ist.«
Seine Phase dauerte schon über ein halbes Jahr an. Ich seufzte leise, die Kälte des Abends kroch mir unter die Jacke und ich fröstelte. Ich wollte zu Sun. Und mit ihr warten, bis Siwon wieder lachte und Witze riss. Ich ließ ihn umdrehen, ohne zu wissen, was mit ihm los war.
Eine Phase. Phasen waren nervig!
Winkend betrat er das Café und verschwand in einer der hinteren Türen. Vermutlich führte sie nach oben zu seiner Wohnung – dort gewesen war ich jedoch nie.
Tief atmete ich aus und machte mich auf meinen Heimweg. Währenddessen schrieb ich Sun eine Nachricht.

Ich: Es geht ihm nicht gut. Aber er vermisst uns.

Dritter Herzstich.

Kapitel 5

Judy ist trotz allem Polizistin geworden

Taemin

Es war später Nachmittag, als ich ein Klingeln an meiner Wohnungstür hörte. Verwirrt schlug ich die Augen auf, ich musste nach dem Tanzen wohl eingeschlafen sein. Mein müder Blick auf mein Handy verschaffte mir Klarheit und seufzend wälzte ich mich aus meinem Doppelbett.

Chiron: Hast du Zeit?

Ich: Seit wann fragst du so was?
Ich: Du kommst eh, wann es dir passt.

Chiron: Seit ich vor deiner Tür stehe und keiner aufmacht.

Mein bester Freund, Künstler, Nachbar, unbeliebt bei allen anderen Hausbewohnern, seit einem Jahr für mich unendlich wichtig. Ich stand auf, ging aus meinem Schlafzimmer den Flur entlang, durchquerte das offene Wohnzimmer und die angrenzende Küche und schloss die Tür auf.

Er stand lässig im Türrahmen und grinste.

Ich zog die Augenbrauen hoch und hielt ihm die Tür auf, damit er hereinkommen konnte.

»Du kannst die Schuhe anlassen.« Er würde sie sowieso nicht ausziehen, trotzdem sagte ich es jedes Mal aufs Neue. Chiron musterte mich. Er trug schwarze Jogginghosen, ein schwarzes Shirt, schwarze Ohrringe und schwarze Boots. Nur das rote Tuch um seinen Kopf verriet seine Liebe zu Farben. Man sah ihn kaum eine andere Farbe tragen als schwarz. Künstlerinnen und Künstler erkannte man wohl nicht anhand von äußerlichen Farben, wirkliche Malerinnen und Maler hielten ihre Farbspiele im Herzen, dachte ich. Farbreste an seinen Fingern leuchteten mir entgegen.

Wenn er malte, ging es ihm gut.

»Bist du krank?«, fragte Chiron.

»Nein. Wieso?« Ich schloss die Eingangstür wieder. Er ging voraus in mein Wohnzimmer und ließ sich auf die dunkle Couch fallen, streckte die Füße aus und verschränkte die Arme vor der Brust. »Du siehst müde aus.«

Ich blieb in dem offenen Raum stehen. Meine Wohnung war spartanisch eingerichtet. Eine Pflanze, ein Fernseher, die Couch und zwei Sessel im Wohnzimmer. Ein großes Wandbild von Linya. Mein Schlafzimmer sah genauso aus. Alles in gedeckten Grau- und Brauntönen.

»Der Tag war stressig«, murmelte ich. »Kaffee, Milch, Saft?« Ich steuerte die Küche an. Dabei wusste ich, er wollte Kaffee. Aber ich fragte ihn trotzdem.

»Ich will wissen, wieso dein Tag stressig war«, sagte er, ohne auf meine Frage zu antworten. Ich blieb stehen und kehrte zu ihm zurück. Setzte mich in den Ohrensessel ihm gegenüber und kniff mir an die Nasenwurzel.

»Die Kurzfassung: Ich habe verschlafen, gestern gab es einen Familienstreit, ich habe mir unzählige Gedanken gemacht und muss in diesem Semester Partnertanzen.«

Mein bester Freund sah mich ausdruckslos an, dann fuhr er sich durch seine grau gefärbten Haare und das rote Bandana verrutschte. Die Farbkleckse verschwommen bei dieser Bewegung vor meinen Augen und mischten sich neu zusammen. »Und du denkst jetzt, du bist dem nicht gewachsen?«, wollte er wissen und ich hasste, dass er mich so gut kannte. Eigentlich war ich ihm dankbar. Oder irgendwie so. Ach, was auch immer.

»Ich bin dem nicht gewachsen. Das weiß ich.«

Chiron schüttelte den Kopf und lehnte sich vor, der Blick aus seinen graubraunen Augen traktierte mich. »Warum machst du dich so klein, Taemin?«

Ich setzte zum Sprechen an, er kam mir zuvor. »Jeder verschläft mal und hat das schon jemanden umgebracht?« Er legte den Kopf schief. »Vermutlich. Lass uns von der Norm ausgehen. Verschlafen ist nichts Ungewöhnliches. Familienstreits zeigen nur, dass du ihnen noch wichtig bist. Und der Partnertanz«, an dieser Stelle zwinkerte er mir zu, »sei offen für Neues. Lebe, Taemin.«

Schon der zweite, der das zu mir sagte. Gestern meine Schwester, jetzt mein bester Freund.

»Ich lebe doch.«

»Seit ich dich kenne, habe ich dich noch nie mit einer Frau gesehen. Oder mit einem Mann. Oder mit sonst irgendwem. Du lebst nicht so, wie du es verdient hättest.«

Ich ließ den Kopf in den Nacken fallen und seufzte. »Dich habe ich.« Mein bester Freund lachte auf, während ich die Augen schloss und ihn leise etwas murmeln hörte. Dann sagte er lauter: »Ich zähle nicht. Ich bin ein Mann, der keine Liebe im Herzen hat.« Er lachte wieder. Es klang traurig.

Ich öffnete die Augen und sah zu ihm hinüber. Betrachtete seine markanten Gesichtszüge und die Einsamkeit in seinem Blick.

Du zählst. Natürlich zählst du.

»Hör auf, Unsinn zu reden, Chiron. Ich brauche keine neuen Freunde.« Ich wollte ihn mit einem Kissen bewerfen, aber ich hatte keine, denn ich mochte die weichen Dinger nicht.

»Such dir jemanden, der zählt«, sagte er, ohne auf meinen Einwand zu hören. Ich lehnte mich vor und nahm mir ein Marshmallow aus der offenen Packung, die auf dem Glastisch lag. Es schmeckte nach Gummi und Süßigkeit und nach offener Packung seit zwei Tagen. Mit dem Fuß schob ich die Verpackung zu ihm und er nahm sich auch welche heraus. »Es gibt übrigens einen Grund, wieso ich hier bin«, murmelte er und ich zog die Brauen hoch. »Ja, ich weiß. Ungewöhnlich.«

Das war es tatsächlich. Chiron kam und ging, wann es ihm passte. Meistens, wenn ihm langweilig war. Und das war ziemlich oft der Fall, also saß er die meiste Zeit bei mir herum – ohne Grund. Selten war ich in der Nachbarwohnung. Obwohl ich es dort liebte. Farbgeruch. Kaffeegeruch. Schwarz und grau. Leere und volle Leinwände und fast immer laute, laute Musik.

»Ich brauche eine Mitbewohnerin.«

»Sehe ich so aus wie ein Mädchen?«

»Ja, siehst du. Aber ich rede doch nicht von dir«, erklärte er und ich hatte den großen Drang, mir Kissen zu kaufen, nur um ihn damit bewerfen zu können.

»Warum plötzlich eine Mitbewohnerin?«

»Seit meine Ex raus ist, wird es langsam zu teuer.«

Chiron hatte sich vor ein paar Monaten von seiner Freundin getrennt und sie war ausgezogen. Wenn er jetzt tatsächlich nach einer Mitbewohnerin oder einem Mitbewohner suchte, war das ein erster richtiger Fortschritt für ihn.

»Ich kann was auf unsere Uniwebsite stellen«, bot ich an. Dort fand man oftmals Anzeigen für Untermieter oder Jobangebote für Studierende. Und da Chiron nicht studierte, konnte ich das für ihn übernehmen. Er nickte.

»Danke, echt! Ich schick dir die Daten später.«

»So schnell wie möglich?«

»Im nächsten Monat wäre gut.«

»Das wird bestimmt klappen. Und ich kann dir den Tipp nur zurückgeben: Such dir jemanden, der zählt.« Ich stand auf, um uns in der angrenzenden Küche etwas zu trinken zu holen.

»Und, wie ist sie so?«, rief er. Ich hantierte mit meiner Kaffeemaschine.

»Wer?«

»Deine Tanzpartnerin.«

Mein Herz stolperte.

»Also … ähm …« Während Milchschaum in die Tassen lief, drehte ich den Kopf in seine Richtung und betrachtete ihn über den Küchentresen hinweg. Gespannt wartete er auf meine Antwort. Ich lächelte unsicher. »Sie ist nett.«

Daraufhin lachte er laut. Konzentriert achtete ich auf das Brummen der Maschine und sah zu, wie der Kaffee in die Tasse voller Milchschaum floss.

»Nett sagt mir nicht viel, Taemin. Ich brauche Details.«

Ich stöhnte frustriert auf. Chiron und ich sprachen über vieles und hatten kaum Geheimnisse voreinander. Also würde ich ihm auch diese Geschichte erzählen müssen. Mit den Tassen kam ich zu ihm zurück und er stürzte sich mit großen Augen auf das Koffein.

»Sie ist mir ziemlich ähnlich«, sagte ich. »Also, glaube ich. Sie ist auch schüchtern und hat noch nie mit jemandem zusammen getanzt. Keine Ahnung. Hab sie heute erst kennengelernt.«

»Und du musst mit ihr tanzen, ja?«

»Mhm.«

»Warum siehst du so gestresst aus? Vielleicht läuft es gut und ihr verliebt euch.« Er zuckte mit den Schultern und ich hustete erschrocken.

»Wir sollten darüber reden, warum du gemalt hast. Ist heute ein guter Tag?«, fragte ich, um das Thema zu wechseln.

Wieder zog er seine linke Augenbraue hoch. Eines Tages hatte ich es vor einem Spiegel selbst versucht. Beide Augenbrauen waren nach oben gewandert, flatternde Wimpern, verdrehtes Auge, verzogenes Gesicht. Mehr nicht. Ich hatte eine weitere halbe Stunde im Badezimmer gestanden und es versucht, bis ich es bei zwei Augenbrauen belassen hatte. Manches lag einem nicht, das war mein Zuspruch an mich selbst gewesen.

»Ich habe schwarze Farbe auf eine Leinwand geschleudert und sie danach weggeworfen. An der Mülltonne stand ein nerviger

Mann und ich habe ihn vermutlich verärgert. Und mehr sage ich zu meinem guten Tag nicht.«

Manchmal überkam mich das Bedürfnis, ihn ganz fest in den Arm nehmen zu wollen und ihm zu sagen, dass er geliebt wurde. Aber dazu fehlte mir der Mut.

»Ruf mich an, wenn du Schwarz schleudern willst«, sagte ich einfach. Er nickte wissend. »Ich hasse dich, Taemin.«

Ich hasse dich, weil *Ich liebe dich* schwieriger zu formulieren war. Zu sagen. Irgendwie war es unmöglich. Für uns, nur für uns und deswegen war *Ich hasse dich* in Ordnung.

Man konnte es nicht immer richtig machen.

Oder das war einfach unser *Richtig*.

Später am Abend lag ich in meinem Bett und starrte auf Linyas und meinen Chat. Sie hatte weder angerufen, noch hatte sie geschrieben. Ich machte mir nur Sorgen, weil sie versprochen hatte, sich zu melden. Weil ich gern ihre Stimme hören würde. Aber sie meldete sich auch nach einer weiteren Stunde nicht, also schaute ich *Zoomania* auf meinem Computer. Ein Kinderfilm, der mich beruhigte. Mein Blick folgte den animierten Figuren, während die Nacht langsam einkehrte. Über eine App auf meinem Handy schaltete ich das Deckenlicht an, weil ich dann nicht so viel Angst hatte. Jede Nacht fühlte ich mich so einsam.

Im Film flüchteten Judy und Nick vor dem schwarzen Panther, ich schlief beinahe ein, schreckte hoch, als dieser laut brüllte. Schnell stellte ich die Lautstärke an meinem Computer herunter und öffnete den Chat von meiner Schwester und mir ein letztes Mal. Ich fing an zu tippen. Die Nachricht wurde nicht lang, aber sie sagte alles, was zu sagen war.

Ich: Judy aus Zoomania ist trotz allem Polizistin geworden. Du wirst trotz allem irgendwann von deinem Lieblingsfelsen ins Meer springen können, okay?

Noch bevor mich tiefe Schattenträume verfolgen konnten, antwortete sie.

Linya: Nick hat Judy geholfen, Polizistin zu werden. Fährst du eines Tages mit mir ans Meer? Und hältst meine Hand, wenn ich das erste Mal in meinem Leben in tiefes Wasser springe?

Kapitel 6

Herzschlaggemisch

Akri

Draußen regnete es und hörte einfach nicht auf. Ich fragte mich heute, ob die Welt auch manchmal das Gefühl hatte zu ertrinken. Regen war beruhigend, leise trommelte er gegen die Scheiben meines Fensters, beinahe wie der Rhythmus meines Lieblingssongs.

Zwei Tage waren vergangen, seit ich Siwon im *Zeitvergessen* besucht hatte. Sun stand schon eine Weile in der Küche und bereitete das Abendessen zu. Sun-Nyu konnte Sushi machen, als wäre sie als Sushi-Köchin geboren worden. Während sie kochte, versuchte ich seit einer Stunde, einen Aufsatz über Körper- und Bewegungskunst zu formulieren. Denn ich war nicht als Köchin geboren. Eher als Essende.

Wie verhält sich der Körper in der Position, welche ... bla bla bla. Ich mochte das Tanzen lieben, mochte mein Studium lieben, diesen Aufsatz liebte ich jedoch ganz und gar nicht. Vor allem, weil ich mich nicht konzentrieren konnte und mein Handy, das auf meinem Bett lag, mich auszulachen schien. Ich hasste dieses Ding. Seit geschlagenen zwanzig Minuten starrte ich jetzt also nach draußen in die graue Masse des Himmels und überlegte, was ich als Nächstes vorhatte. Aus der Küche erklang ein Scheppern, dann schrie Sun frustriert auf. Wenigstens hatten wir beide unsere Probleme und keine musste allein leiden. Heute Abend würde Mama wieder anrufen und fragen, wie das Studium war und ob wir etwas von Siwon gehört hätten. Bei letzterem Gedanken musste ich schlucken. Welche Mutter wollte schon hören, dass ihr Sohn still geworden war? Dass ihr Sohn überall blass war, wo zuvor Farben geleuchtet hatten? Wie sollte man ihr das erklären, um dann auf ihre Frage, was mit ihm wäre, keine Antwort zu haben? Wir würden es ihr nicht sagen, bis Siwon sein Lächeln wiedergefunden hatte, denn das war nur eine Frage der Zeit.

In den letzten Wochen nahmen meine Sorgen einen größeren Platz in meinem Kopf ein als sonst. Und mit jedem Mal, wenn Siwons Lächeln fehlte, wuchsen meine Gedanken um ihn mehr und mehr. Natürlich, Siwons Wohlergehen war mir unglaublich wichtig, aber zu viele Sorgen zur selben Zeit taten mir auch nicht gut.

Ich betrachtete die Bilder über meinem Schreibtisch. Die Postkarten und einzelnen Fotos. Eins der Bilder zeigte meinen Bruder und mich, wie wir hier in der damals neuen Wohnung standen und lächelten. Danach war Siwon zu seiner Freundin gezogen.

Mein Blick blieb an der Postkarte von Papa hängen. Sie zeigte Seoul bei Nacht. Ich hatte ihn schon ein Jahr nicht mehr gesehen, oder war es länger her? Es war okay. Ich kannte es nicht anders, also war es einfach normal.

Wenn Xeonjun über seine Eltern sprach, über seine liebenswürdige Mutter, die für ihn wie eine gute Freundin war. Eine Mutter, mit der er Geheimnisse und Träume teilte. Über seinen Vater, der gutherzig war und Nerven aus Stahl hatte, dann wusste ich, dass es bei uns einfach anders gelaufen war.

Immerhin hatte ich Sun und Siwon. Das war das schönste Geschenk, denn so viele Sorgen sie mir auch manchmal bereiteten, sie hatten den größten Platz in meinem Herzen.

Ich wandte den Blick von der Postkarte ab und starrte auf mein zerwühltes Bett. Dann nahm ich mein Handy und ließ mich wenig elegant auf die Matratze fallen. Kurz sah ich zur weißen Decke hinauf, die genauso viel Antwort gab wie ein Fragezeichen. Um mich abzulenken, las ich seine Nachrichten.

Siwon: Bin gerade im Park und beobachte die Menschen, so wie früher. Ein Mädchen sitzt hier ganz allein und ich frage mich, ob sie auf ihre Mama wartet. Oder weggelaufen ist. Ihre Augen glitzern, Ahri. Tränen oder Lebensfreude, was meinst du?

Und ich habe über deinen Besuch nachgedacht, es hat mir gutgetan, dich zu sehen. Das nächste Mal sage ich Bescheid und dann gehen wir zusammen in den Park, ja? Du fehlst hier.

Siwon: Vermisse euch. Macht euch keine Sorgen.

Und während ich die Nachrichten noch mal und noch mal las, verschwanden die Sorgen beinahe aus meinem Kopf.

Ich: Ja. Du fehlst auch.
Ich: PS: Lebensfreude, Siwon.

Nach dem Essen lagen Sun und ich mit vollen Bäuchen auf dem Wohnzimmerboden und starrten an die Decke. Von außen mochte es so aussehen, als hätten wir zu viel Sushi gegessen und es nicht mehr bis ganz auf die Couch geschafft. Doch in Wirklichkeit war es viel besser, auf dem Boden zu liegen, wenn man nachdenken wollte. Eine komische Angewohnheit von meiner Schwester und mir. Im Moment warteten wir auf Mamas Anruf und schwiegen deshalb, obwohl ich Sun so viel zu erzählen hatte. Draußen hallten Hupen und Sirenen durch die Stadt. Die Geräusche Daegus waren nicht unangenehm, im Gegenteil, sie ließen mich besser denken und vermittelten mir das Gefühl von Heimat.

Manchmal fragte ich mich, ob ich mich einsam fühlen würde, wäre ich an einem stillen Ort. Bei Miga war es still, denn Oma Miga wohnte außerhalb der Stadt. Vielleicht musste ich sie nach langer Zeit wieder besuchen, um die Stille dort zu erkunden.

Das Handy klingelte und Mama stellte die gleichen Fragen wie erwartet, sagte Ähnliches und ihre Stimme klang wie immer etwas traurig, als wir uns verabschiedeten. Ich hoffte so sehr, dass sie manchmal die Geräusche der Stadt hörte und sich daran erinnerte, dass sie nicht einsam zu sein brauchte.

»Meinst du, sie ist einsam?«, fragte Sun-Nyu leise in die Stille hinein und ich drehte den Kopf zu ihr.

»Einzelne Momente werden still sein«, murmelte ich und sie nickte. Dann starrten wir wieder gemeinsam an die Decke. »Siwon hat geschrieben, es scheint ihm besser zu gehen. Vielleicht war es nur eine Phase.«

Sun sagte darauf nichts, also setzte ich mich auf und sah zu meiner Schwester hinab. »Meinst du, ich mache mir zu viele Sorgen?«

Sie setzte sich ebenfalls auf und schüttelte den Kopf. Lächelnd antwortete sie: »Er wird das alles schon schaffen. Weißt du, Ahri, es ist nicht unsere Aufgabe, ihm hinterherzulaufen, er ist alt genug.«

»Hast ja recht.«

Wir schwiegen wieder. Nach stillen Momenten: »Sun?«

»Ja?«

»Wie schreibt man einen Jungen an und bittet ihn um ein Treffen?«

Meine Schwester saß aufrecht, starrte mich an.

Eins.

Zwei.

Dr...

»Wiederhol das noch mal!«

»Wie schr...«

»Wer ist er?«, unterbrach sie mich und ich legte meinen Arm über mein Gesicht, um meine Reaktion zu verdecken.

»Nur mein Tanzpartner für dieses Semester.«

»Das *nur* hat jetzt irgendwie wehgetan«, sagte sie. Ich schnaubte und sie stupste mich in die Seite. »Erzähl endlich, wie ist er so?«

Ich lugte hinter meinem Arm hervor und sah in ihre braunen Augen. Sie lächelte mir zu.

»Er ist nett.«

Sun stöhnte auf. »Ahri, nett? Das ist alles, was du zu sagen hast?«

»Ja?«

»Okay. Also ist er oberflächlich-nett, tiefgründig-nett, komisch-nett?«, fragte sie und ich legte den Arm wieder über meine Augen.

»Die letzten beiden.«

»Tiefgründig und komisch.«

Ich hörte ein Rascheln, als würde sie sich anders hinsetzen. »Hmmmm. Klingt nach dir.«

Und ich lachte. Wie ein Glucksen aus der Seele, leises Kichern, fröhliche Stimme. »Du bist komisch«, sagte ich – wie früher immer. Weil es zu uns gehörte.

»Du auch«, antwortete sie automatisch. »Ernsthaft, schreib ihm einfach ehrlich, was dir durch den Kopf geht. Ahri, du kannst doch nichts falsch machen!«

»Oh, ich finde, man kann sehr viel falsch machen.«

»Ja? Was denn?«

»Keine Ahnung, ich könnte komische Sachen schreiben, sodass es ihm unangenehm ist oder so was.«

Sun-Nyu nahm vorsichtig meinen Arm von meinem Gesicht und zog mich nach oben, hielt meine beiden Hände und drückte sie. »Du hast gesagt, er ist auch komisch. Also. Du. Machst. Nichts. Falsch!«, erinnerte sie mich eindringlich. »Ahri. Du. Machst. Nichts. Falsch.« Sun wiederholte es, bis ich es glaubte. Sie wollte es noch ein drittes Mal sagen, aber ich umarmte sie schnell. Drückte ihr Herz fest an meines. Wir wurden ein Herzschlaggemisch.

»Danke.«

»Immer«, erwiderte sie sofort und es bedeutete so viel.

Danach stand sie auf und wünschte mir eine gute Nacht, weil sie todmüde sei und morgen wichtige Kurse habe. Ich schenkte ihr ein Lächeln und ein halbes Winken. Sie schickte mir das andere halbe auf ihrem Weg aus dem Wohnzimmer zurück.

Ich blieb auf dem Teppich sitzen. Mit den Gedanken an morgen und an Taemin. Ich lauschte dem Leben draußen, den leisen und lauten Klängen Daegus, und zermarterte mir den Kopf darüber, wie meine Nachricht lauten sollte. Eher kurz und abweisend, oder länger und ausführlicher?

Schreib ihm einfach ehrlich, was dir durch den Kopf geht.

Mit einem Lächeln auf den Lippen öffnete ich Jeong Taemins und meinen Chat und schrieb die erste Nachricht.

Mein Herz klopfte wild und ich wusste nicht einmal warum.

Ich: Tanzen wir morgen?
Ich: Also, für die Teamarbeit.
Ich: Keine Ahnung, warum ich so viele Nachrichten schicke. Meine Gedanken sind kurz, also kurze Nachrichten.
Ich: Okay, tut mir leid. Ich habe morgen jedenfalls Zeit.
Ich: Nach dem Kurs.
Ich: Seon Ahri.

Sofort sperrte ich mein Handy und stand auf. Mein Herzschlag ging dreimal so schnell wie meine Beine, als ich mein Zimmer ansteuerte und ins angrenzende Badezimmer ging.

Mit einem seltsamen Gefühl in der Magengegend saß ich auf dem geschlossenen Toilettendeckel und ließ meine Zähne von der elektrischen Zahnbürste putzen. Bis ich eingekuschelt und zusammengerollt im Bett lag, hatte ich meine Gedanken auf stumm gestellt. Genau wie mein Handy. Doch ich musste es noch einmal anmachen, um den heutigen Tagebucheintrag zu schreiben. Auf dem Bildschirm leuchteten mir als Erstes seine Antworten entgegen.

Taemin: Hey, Seon Ahri.
Taemin: Für Gedankennachrichten sollte man sich nicht entschuldigen.
Taemin: Ja. Tanzen wir morgen.
Taemin: Also, für die Teamarbeit.
Taemin: Nach dem Kurs.
Taemin: Schlaf gut.
Taemin: PS: Ich glaube, wir sind dafür gemacht.

Die Lichterkettenplaneten leuchteten warm, als ich mich auf den Bauch drehte und mit einem dämlichen Grinsen die Tagebuch-App öffnete.

Tagebucheintrag: 05.09. – 22:09

Ich habe ein bisschen Angst, es herauszufinden, ob wir dafür gemacht sind. Fürs Tanzen und Mutigsein. Aber ich hatte auch Angst vor Heißluftballons und wollte doch Weltraumfahrerin werden.

Kapitel 7

Traumtänzer

Taemin

Der Wind vertrieb die bunten Blätter von den Bäumen, sodass sie traurig auf den grauen Straßen aufkamen und dort liegen blieben. Mein Körper fröstelte und ich ärgerte mich über meine Nachlässigkeit, den Wetterbericht heute Morgen nicht angeschaut zu haben. Während ich tief ein und ausatmete, schüttelte ich mich einmal, damit mir warm wurde.

Es war erstaunlich ruhig hier am Ende des Campus. Ich saß auf einer Bank und betrachtete das Straßennetz und all die Menschen, die mit Bus und Bahn, Auto und Motorrad an mir vorbeifuhren. Zu Fuß war jedoch fast niemand unterwegs. Entweder es lag an dem kalten Wind, oder aber es war die Urzeit und jeder hatte einer Beschäftigung nachzugehen. Die es nicht beinhaltete, auf dem Campus umherzulaufen. Ich war den ganzen Tag schon etwas aufgewühlt, deshalb hatte ich meine freie Stunde genutzt, um einen Spaziergang zu machen, weil es mich ablenkte. Gestern hatte ich mit meiner Schwester telefoniert, zu Hause war es wieder ruhig. Einigermaßen. Und ihr ging es gut. Ich glaubte ihr, hoffte einfach, es würde eine Zeit lang so bleiben. Ich wünschte es mir so sehr für sie.

Ich zog mein Handy aus meiner hinteren Hosentasche und schoss ein Foto von den herbstlichen Bäumen und der Straße im Hintergrund. Ich sendete es an Linya und schrieb dazu:

Ich: Hab einen wundervollen Tag, Heartbeat.

Prompt kam die Antwort und ich fragte mich, ob sie nicht gerade im Unterricht saß. Verwundert zog ich die Augenbrauen zusammen.

Linya: Was ist los?

Ich: Was soll los sein?

Linya: Du schreibst so was sonst nicht um diese Zeit.

Ich lachte auf, denn sie kannte mich so unwahrscheinlich gut, obwohl ich sie immer seltener zu Gesicht bekam. Schnell sah ich mich um, ob jemand mein lautes Lachen gehört hatte. Ein einsamer Kerl auf dem Campus, mit eingefrorenen Händen und schlechter Laune, die man im Umkreis von mehreren Kilometern spüren konnte. Und der trotzdem lachte, weil er die beste kleine Schwester auf Erden hatte. Andere hatten sicher auch beste kleine Schwestern.
Aber sie war meine Beste.

Ich: Weiß nicht. Irgendwas lässt mir keine Ruhe.

Meine Finger waren so taub, dass ich ewig brauchte, um die Nachrichten zu tippen. Linya hingegen schrieb ihre Antworten in Sekundenschnelle. Ich schob mir die Kapuze meines Hoodies über den Kopf und zog die Schultern hoch, verkroch mich vor dem Wetter und der Welt.

Linya: Ein Ich-bin-zu-klein-und-die-Welt-zu-groß-Moment?

Ich: Ich bin immer kleiner als die Welt.

Ich hatte ihr einmal diese Frage gestellt und seitdem verwendeten wir sie immer. Unser Slogan für schlechte Tage. Ich bin zu klein, die Welt zu groß. Diesmal tippte sie ewig, also fügte ich hinzu:

Ich: Ja. Gerade ist so ein Moment.

Linya: Taemin, hör auf deine Herzschläge. Jeder einzelne schlägt für deinen Traum und jeder zweite auch für deinen Mut.

Ich: Seit wann so poetisch?

Linya: Seit das Internet mein bester Freund und Helfer ist. Was auch immer, du weißt, was ich damit sagen will, oder?

Natürlich wusste ich es. Und es bedeutete mir viel. Manchmal fragte ich mich, ob es daran lag, dass ihr Leben jeden Augenblick stillstehen konnte. Oder ob ich einfach unreif war und sie deswegen so reif wirkte. Letzteres war ihre Theorie. Nicht meine.
Als das Handy in meiner Hand vibrierte, nahm ich den Anruf sofort an. Ich hörte ihren Atem und meine Sorgen wurden kleiner. So war es immer.
»*Heartbeat*?«
»Ja, ich dachte, ich ruf einfach mal an.«
»Natürlich! Geht es dir gut?« Ich fragte das jedes Mal. Und sie antwortete jedes Mal dasselbe. Ich glaubte, so vergewisserten wir uns, dass noch alles gut war.
»Mir geht es gut. Mein Herz schlägt.«

»Bist du heute nicht in der Schule?«
»Wir sind beim Arzt«, sagte sie leise.
Heute war einer dieser Tage für sie. Ich schickte ihr stumm Kraft. Sie brauchte es.
»Und was tun wir, wenn wir dort sind?«, fragte ich und hauchte meine freie Hand an. Die Kälte verschwand nicht.
Linya stöhnte genervt auf. »Wir stellen uns vor, wie die Zukunft sein wird. Mit einem gesunden Herzschlag und nie wieder Arztbesuchen.«
Ich hakte innerlich jeden Punkt ab, den sie aufzählte.
»Außer, ich habe ganz schlimm Grippe«, fügte sie spaßeshalber hinzu. Vielleicht würde es wirklich irgendwann so sein. So frei. Ich hoffte auf diesen Tag, für immer und schon immer.
»Ich bin stolz auf dich, *Heartbeat*.«
»Und ich auf dich.«
»Sind wir komische Geschwister?«
Linya blieb einige Atemzüge still. »Ich denke, alle Menschen sind komisch. Die einen so, die anderen so. Was wären wir ohne komische Momente?«
Ich wünschte, ich könnte telepathisch mit ihr kommunizieren. Dann würde sie mir in den richtigen Augenblicken die richtigen Gedanken in meinen Kopf flüstern. Das wäre schön.
»Wir wären komisch, wenn wir nicht komisch wären«, meinte ich und brachte sie damit zum Lachen. Das war es alles wert.
»Okay, wir sind gleich dran«, informierte sie mich und ich war traurig, Auflegen war nervig.
»Richte dem Arzt aus, er soll schnell ein Herz auftreiben.«
»Mache ich jedes Mal.«
»Und er hat noch keins gefunden!«
»Auf unserer Welt sind nicht so viele Herzen übrig, die ein neues Zuhause brauchen, Taemin.«
Ich seufzte. Manchmal würde ich ihr gern meins geben. »Ich weiß. Aber du hättest ein ganz starkes Herz verdient.«
»Vielleicht irgendwann.«
»Wir warten darauf, *Heartbeat*.«

»Ja. Bis zum Mond, Taemin.« Sie legte auf, bevor ich antworten konnte, also flüsterte ich die Worte, während ich ihr noch eine Nachricht schrieb: »Ich habe dich auch lieb, bis zum Mond und zurück, Linya. Dich und dein verdammt kaputtes, perfektes Herz.«

Ich: Danke, Heartbeat.

Sie schickte ein Herz-Emoji. Ich betrachtete es und musste schlucken, weil es so reglos auf dem Bildschirm prangte. Mehrmals am Tag rief ich mir ins Gedächtnis, dass ihr Herz schlug. Meine Schwester lebte und alles war gut.
Mit ihr. Mit uns. Es war okay.
Ich sperrte mein Handy, starrte einfach in die Welt. Irgendwann hatte ich all meine Gefühle so weit verdrängt, dass ich mich bereit fühlte, zurück zum Unigebäude zu gehen. Auf dem Weg dorthin fingen meine Gedanken langsam an, sich wieder zu drehen. Schnell, schneller. Sie waren ein Spiegel zu meinen Herzschlägen.
Gleich würden wir tanzen.
Tanzen. *Tanzen.* Meine Lieblingsbeschäftigung, die nun zu einer Herausforderung wurde. *Hör auf deine Herzschläge.*
Mein Herz schlug schnell. Was, wenn wir auch schnell tanzten?
Und vielleicht war das genau richtig.
Ach, keine Ahnung.

Xeonjun wärmte sich neben mir auf, während ich nur auf dem Boden des Studios saß und den Kopf in den Nacken gelegt nachdachte. Heute war das Treffen mit Ahri. Tanzen. Was auch immer. Außerdem hatten wir jetzt schon wieder einen Kurs zusammen.
Tanzen wir morgen? Keine Ahnung, warum ich so viele Nachrichten schicke.
Bis jetzt hatte ich es verdrängt, darin war ich ein Meister. An manchen Tagen liebte ich das Motto *In glücklicher Verdrängung leben.* Chiron hatte es nach seiner Trennung ins Leben gerufen

und wir benutzten diesen Satz wirklich zu oft. Doch jetzt, hier im Tanzstudio, blieb mir keine andere Wahl, als an sie zu denken.
Meine Gedanken sind kurz, also kurze Nachrichten.
Ich hatte nicht gelogen, ich mochte ihre Gedankennachrichten. Mit ihr zu sprechen war schön gewesen. Über Sternzeichen und Gründe, warum man tanzte und ... ich war nervös. Japp. Ich war nicht der coole Typ, der einfach zwinkerte und schief grinste. Nein, ich war ein Mann mit Herzbeben, stotternden Gedanken und ...
Ich bin selbstbewusst! Ich bin selbstbewusst!
Ich bin dafür gemacht.
Ein Herzschlag nach dem nächsten, flüsterte meine innere Stimme und ich rollte meinen Nacken zur Seite und nach vorne. Ein hohes Quietschen ertönte neben mir, als Seola lachend auf Xeonjun zulief und ihn beinahe über den Haufen rannte. Ihr schwarzer Bob schwang ihr ums Kinn, gerade rechtzeitig konnte Xeonjun sie auffangen. Ich schüttelte den Kopf über die beiden, während sie sich küssten, wandte dann den Blick ab und erstarrte.

Direkt vor mir stand Ahri. Die Haare zu Zöpfen geflochten, ihre Beine steckten in kurzen Sporthosen und ein Sportpullover vollendete ihr Outfit. Ich starrte sie an. In ihre großen Augen, an ihrem Körper herunter, schnell zurück zu ihren Augen. Ich wollte nicht unhöflich sein. Und dann grinste ich breit, weil ich locker sein wollte, obwohl ich es nicht war.

»Hey, Partnerin.«

Sie versuchte den Ausdruck zu erwidern. Wenn auch etwas vorsichtiger als ich. »Hey, Taemin«, sagte Ahri nur und setzte sich neben mich. Gleich darauf begann sie sich zu dehnen. Die Beine von sich gestreckt, griff sie mit den Fingern nach ihren Zehenspitzen. Ich räusperte mich.

»Wie war dein Tag bis jetzt?«

»Das Essen in der Kantine war schlimm, hat mir alles vermiest.« Sie musterte mich kurz über ihre Schulter hinweg. »Deiner?«

Ich fing noch immer nicht mit dem Dehnen an, sondern

beobachtete sie von der Seite. »Es war okay. Das Café *Oblivion* macht übrigens die besten Sandwiches. Solltest du mal ausprobieren.«

Sie verdrehte die Augen. Zumindest stellte ich mir das vor, denn ihren Kopf hatte sie auf ihre ausgestreckten Knie abgelegt. Das sah irgendwie schmerzhaft aus. Klar, ich war Tänzer, aber ehrlich gesagt, machte mir das Wort *Dehnen* schon schlechte Laune. »Das hat mir Xeonjun auch schon erzählt, nachdem Seola und ich ihn über die Mensa vollgeheult haben. Manchmal essen wir auch im *Oblivion*, aber wir dachten, das Bibimbap in der Mensa wäre gut.«

»Was ist mit mir?«, wollte Xeonjun wissen und löste sich von seiner Freundin.

»Du hast zu wenig Mitgefühl für Menschen, die schlecht gegessen haben«, sagte Ahri und lächelte ihn süßlich an.

Er imitierte ihren Ausdruck und erwiderte: »Es tut mir wirklich leid für euch. Ich habe super gegessen. Im *Oblivion* mit Taemin, es war sooooo ...« Seola hielt ihm den Mund zu. Schade eigentlich, ich hätte seine Antwort gern gehört.

»Danke, Seola!«, sagte Ahri und ich musterte sie. Diese Seite an ihr war neu. Selbstbewusster. Wenn sie Seola und Xeonjun um sich hatte, war sie entspannter und das gefiel mir unwahrscheinlich gut. Dieser Teil war auch hervorgeblitzt, als wir uns kennengelernt hatten. Aber nur selten. Und nicht wirklich greifbar.

Professorin Hwang betrat in dem Moment den Raum, als sich meine Gedanken wieder überschlagen wollten, und bremste sie somit.

Wir wechselten kein Wort mehr, konzentrierten uns auf die Figuren, die die Professorin vormachte, und tauchten gemeinsam und doch allein in die Magie des Tanzes ein. Ich erinnerte mich an letztes Jahr, als ich genau um diese Jahreszeit mein erstes Semester angetreten war. Als Professorin Hwang im Hörsaal stand und uns eine simple Definition des Modern- und Contemporary-Tanzes gegeben hatte.

»Wollen Sie wissen, warum ich diesen Tanz studiert habe und

nun selbst lehre?« Nickende Köpfe, große Augen. »*Modern Dance ist für mich ein anderes Wort für Freiheit. Es geht nicht darum, schön auszusehen, wie wir es vom Ballett kennen. Es geht auch nicht darum, oberflächliche Posen und konstruierte Tanzfiguren darzustellen. Das, was wir hier machen, bedeutet sich zu öffnen und all seine Gefühle in lebensnahen Ausdrücken zu vermitteln.«*

Wie schnell mein Herz geschlagen hatte, weil es realisierte, wie mein Traum langsam aber sicher in Erfüllung ging.

»*Jeder entwickelt seine eigenen Figuren, findet sein eigenes Tanzmuster. Bewegungen sehen dadurch teilweise auch hart, unkontrolliert und einfach aus. Doch, und das ist das Wichtigste: Sie sehen natürlich und ehrlich aus. Wenn Sie also Tänzer werden wollen, fühlen Sie und bringen Sie zum Ausdruck, was in ihrem Herzen schlägt.«*

Noch heute klangen die Worte in meinem Kopf nach. Und mit jeder weiteren Bewegung meines Körpers zog mein Herzschlag an und erinnerte mich daran, warum ich das Tanzen so sehr liebte.

Als ich am Ende der Stunde ruhig stehen blieb, schwer atmend, bemerkte ich, wie Ahri neben mir noch immer tanzte.

Wild. Ehrlich. Ganz und gar.

Es war, als präsentierte sie uns ihre Seele in Form des Tanzes. Ihr Körper gefesselt und verloren in den Bewegungen, die sie eigens erschuf, und es war mehr als wunderschön. Sie blieb mit den letzten Musikklängen stehen und drehte sich zu mir.

Eine Blicksekunde. Zwei, vier Blicksekunden.

Noch mal. Ich wollte sie noch einmal tanzen sehen.

»Und jetzt?« Ihre klare Stimme riss mich aus meinen Blicksekunden.

»Wir tanzen?«

»Okay?«

»Okay.«

Sie wippte auf den Fußballen und ihr Blick hielt meinen gefangen, ihre Augen waren schön. Braun, dunkel, hell und irgendwas dazwischen.

»Ich ... geh noch etwas trinken«, murmelte sie.

Ich nickte nur und sah ihr nach, als sie mit Seola im Schlepptau die Damenkabinen ansteuerte.

»Grauenhafte Aussicht«, sagte Xeonjun neben mir und klopfte auf meinen Rücken.

»Was?«

Er grinste mich an.

»Du mit einem Mädchen.«

Kapitel 8

illa illa

Taemin

Während ich auf dem Rücken liegend wartete, schaute ich an die Hallendecke und sang in meinem Kopf *First Love* von *BTS*. Niemand war mehr hier, nur ich und die Stille des Raumes. Ahri hatte das Studio für eine Stunde reserviert, damit wir mit der gestellten Aufgabe anfangen konnten.

Als ich ihre Schritte hörte, atmete ich einmal tief ein und aus. Dachte daran, was sie gesagt hatte. Ihr ging es genau wie mir, also würden wir es zusammen schaffen. Sie legte sich neben mich. Einfach so. Den Blick nach oben gerichtet, ich konnte sie neben mir atmen spüren, so nah war sie.

»Warum war dein Kopf vor drei Tagen so voll?«, wollte Ahri wissen.

»Weil das Leben nicht für jeden einen gepflasterten Weg hat. Glaub ich. Oder so was«, antwortete ich.

»Vermutlich hat das Leben gar keine geraden und glatten Straßen.«

»Ja, vermutlich.« Ich faltete die Hände auf meinem Bauch und winkelte ein Bein an, lauschte ihrem Atem. Weil es beruhigend war.

»Und wie geht es deinen Gedanken heute?«, erkundigte sie sich und ich konnte aus dem Augenwinkel verfolgen, wie sie ihren Kopf in meine Richtung drehte.

Mir entwich ein Lachen. Ich lernte, dass man wildes Herzklopfen haben konnte und es sich dennoch nicht nervös anfühlen musste, nicht hektisch. Dieses Gefühl war gut. »Meine Gedanken sind meistens Pudding«, erwiderte ich ehrlich.

»Kenne ich.«

»Pudding und ehrlich kurz?«

Sie gab einen zustimmenden Laut von sich, es klang süß.

»Wenn ich laut spreche, sind sie Wackelpudding. Wenn ich schreibe, sind sie ehrlich kurz.«

Gespräche wie diese führten dazu, dass wir uns besser kennenlernten. Wir wussten noch nicht, wie sehr unsere Herzen für Momente schmerzen würden, aber hätte es mir jemand gesagt, dann hätte ich vermutlich nichts anders gemacht. Denn dieses Kennenlernen war es wert.

»Was machst du neben dem Tanzen gern?«

Ahri stützte sich auf ihren Ellbogen und erwiderte meinen fragenden Blick von der Seite. Sie zuckte mit den Schultern. »Musik hören. Backen, obwohl ich nicht backen kann. Filme schauen, mit meiner Schwester abhängen. Dem Regen lauschen und in Daegu schöne Orte entdecken. Mich vor der Welt verstecken und Tagebuch schreiben.« Wehmütig blickte sie nach oben. »Weil Tagebücher die besten Zuhörer sind, jeder Mensch sollte ein Tagebuch für all die wirren Gedanken haben.«

Das klang genau richtig.

»Und du?«, wollte sie wissen.

Ich stützte mich auch nach oben und überlegte kurz, bevor ich antwortete. »Musik hören. Nicht backen, weil ich das nie gelernt habe. Filme schauen, mit meinem Nachbarn abhängen. Vor der Welt kann ich mich nicht verstecken, weil sie überall ist. Dem Regen lauschen ist beruhigend und gruselig zugleich, schöne Orte in Daegu suche ich an freien Tagen.«

Ihre Augen wurden groß. Groß und hellbraun und man könnte sich in ihnen verlieren. Irgendwie, oder so.

»Tagebuch schreibe ich nie. Ich glaube, ich wüsste gar nicht, was ich zuerst erzählen sollte.«

»Du hast dir alles gemerkt?«

»Kennst du das Spiel *Ich packe meinen Koffer*?«

»Ja?«

»Ich war immer der Beste darin.«

Ahri wirkte noch immer verwundert darüber, dass ich mir wirklich alles gemerkt hatte. Wenn mich Dinge interessierten, behielt ich sie lange in meinem Kopf.

»Du bist gut darin«, murmelte sie.

»In was denn?«

»Keine Ahnung. Einfach zu sein«, sagte Ahri leise und biss sich verlegen auf die Lippe. »Das klingt total komisch«, fügte sie hinzu.

»Tut es nicht, Ahri. Einfach zu sein ist für viele nicht so leicht, glaube ich.«

Sie wirkte ganz nachdenklich. Ich fragte mich, ob sie an jemanden dachte. So wie ich an meinen Nachbarn dachte. Der immer einfach so war, wie er eben war und vor anderen doch niemals einfach er selbst sein konnte. Na ja, das war keine Geschichte für jetzt.

»Ist es für dich schwierig? Einfach zu sein?« Ich musste und wollte es wissen, von ihr. Also fragte ich sie direkt.

Ahri setzte sich ganz auf und zog ihre Beine in einen Schneidersitz. Ihre Zöpfe hingen ihr über die Schultern und sie spielte mit ihnen, fuhr die geflochtenen Stellen entlang. »Es ist nur schwer für mich, ich selbst zu sein. Aber einfach zu sein ist okay. Denke ich.«

Ich lächelte ihr ein bisschen zu und es schien, als verschwinde ein Stückchen Unsicherheit aus ihrem Blick. Ich verstand sie, konnte mir vorstellen, wie es ihr ging.

»Einfach sein ist okay. Einfach man selbst zu sein, ist noch mal etwas anderes?«

»Ja. Genau so.«

»Da bist du nicht allein.«
»Ist trotzdem manchmal schwierig«, sagte sie.
»Und das ist okay.«
Ahri starrte mich an. Und ich starrte zurück. Ihre Wangen wurden rosa. Ich wandte den Blick nicht ab, bis sie aufstand und ihre Hände nach meinen ausstreckte. Es überraschte mich.
»Tanzen?«
»Ja.«
Ich stand mit ihrer Hilfe auf und kramte mein Handy aus der Sporthosentasche.
Tanzen, Tanzen, Tanzen. Ahri, Ahri, Ahri.
Worte vermischten sich in meinem Kopf, wurden zu neuen.
Tanzahri.
»Hast du einen Musikwunsch?«
Sie schien zu überlegen, zuckte mit den Schultern, überlegte weiter.
»*illa illa*«, antwortete sie schließlich. Ich gab es in die Suchleiste ein. »Von *B.I.*«
Ich klickte das Lied an und legte das Handy auf den Hallenboden, sagte ihr nicht, dass ich selbst schon zu diesem Lied getanzt hatte. Heute sollte es unser erster Tanz sein, unser erstes Lied, unser erstes *illa illa*.
»Wir haben kein Konzept«, murmelte sie.
»Brauchen wir nicht. Tanzen und Vertrauen. Mehr noch nicht.«
Ich hoffte, so würde es einfach sein.
Wir setzten uns Rücken an Rücken. Mit der Musik drückten wir uns aneinander, stark und schnell, standen gemeinsam auf.
Der Song vibrierte auf meiner Haut.
Ich umgriff ihr Handgelenk, wirbelte sie zu mir herum, ihr Blick im Flug zerrissen und dem Schmerz des Sängers angepasst. Wir atmeten schnell. Ihre schlanken Finger auf meiner Brust, stieß sie mich von sich, mit harten Bewegungen machte ich zwei seitliche Sprünge. Kam zurück zu ihr, hielt sie an der Taille, Ahri fiel, ich hielt sie. Wir wollten nicht fliegen, also fielen wir zusammen. Herzschläge vermischten sich im Fall, wir kamen liegend auf.

Sie rollte sich ab, ich sah ihr hinterher.

Ich hörte die Stimme meines ersten Tanzlehrers, ich hatte ihn gehasst, für diese Worte aber bewundert.

Erzähl eine Geschichte, wenn du tanzt. Nur dann berührst du die Menschen mit deinen Bewegungen. Wenn sie zwischen Fliegen und Fallen eine Erzählung finden, kannst du bis zu ihren Seelen dringen.

Wir sahen uns an. Und sie lächelte. Sie lächelte, lächelte, sie lächelte mich einfach an.

illa, illa, illa, illa, illa.

Mit jedem *illa illa* krochen wir aufeinander zu, näher und näher, bis die Stimme des Sängers sich mit dem Rauschen meiner Ohren verband.

Wir atmeten zusammen. Der Song endete.

»Oh, das war … das war …«, flüsterte Ahri vor mir und ich starrte ihre Lippen an.

Ich holte tief Luft. »War das okay?«

Sie blinzelte und nickte dann. »War doch ganz gut für den Anfang, oder?«, fragte sie unsicher.

In meinem Kopf drehte und drehte es sich. Gedanken, Gefühle, Tanzen, Stehenbleiben. Wochen später würde ich mich fragen, was passiert wäre, hätte ich in diesem Moment weiter auf ihre Lippen gestarrt. Wäre unsere Geschichte dann anders verlaufen? Wären weniger Tränen geflossen?

Aber an diesem Nachmittag löste ich meinen Blick und rollte mich auf den Rücken.

»Hattest du noch einen zweiten Traum?«, fragte sie neben mir. Verwirrende Fragen waren unser Ding.

Ich sagte die Wahrheit: »Ich wollte nur Tänzer werden.«

»Einfach Tänzer?«

»Ein ehrlicher. Ein guter«, gestand ich ihr und zog die Knie an.

»Dann hast du deinen Traum erfüllt«, murmelte Ahri. Wir tauschten unergründliche Blicke, manchmal waren sie verschwommen wie verwackelte Fotos, ein andermal gestochen scharf wie durch ein Mikroskop. »Du bist ein Traumtänzer, Taemin.« Sie flüsterte es, vielleicht weil laute Stimmen manchmal zu viel Mut brauchten. Mein Herz schlug schnell, oder wirr, irgendwie anders als sonst.

»Das klingt schön, weißt du?«

Ihre Wangen wurden farbig, wie ein wunderschöner Sonnenuntergang. Sie zuckte mit den Schultern. »Nur ehrlich.«

Dann redeten wir weiter über alles und mehr. Über ihre Lieblingsfarbe, schmutzige Busse und Wetteransagen, die man vergaß zu checken. Ihre Worte wirbelten in meinem Kopf, die ganze Zeit. Hatte ich es tatsächlich geschafft? Nach all den Jahren, in denen Dad versucht hatte, mich zu seinem Nachfolger zu machen? War ich endlich auf meinem eigenen Weg angekommen?

Ja, dachte ich. Ja, war ich.

Denn ich tanzte. Ehrlich. Und gut. Und ich war einfach.

Kapitel 9

Teeherzschläge

Ahri

»Sei du selbst. Und hab Spaß, Süße!«, sagte Sun-Nyu am nächsten Nachmittag und legte auf, bevor ihr nächstes Seminar losging.

Ich atmete tief durch und beobachtete das *Oblivion* aus der Ferne. Eine Wiese mit Bäumen, an die sich Studierende mit dem Rücken anlehnten, zusammen quatschten und dort Pause machten, lag noch zwischen mir und dem Café. Gleich würde ich dort Taemin wiedersehen. Der Grund, warum ich nervös war. Ich beschwor mein Herz, langsamer zu schlagen, gestern hatte ich es auch geschafft.

Taemin und ich und die Tanzhalle.

Und die Musik.

Mit ihm zu reden war gar nicht so schwer. Über seinen Musikgeschmack. Alles querbeet. Und seine Pudding-Gedanken. Aber jetzt fühlte ich mich klein und mein Selbstbewusstsein sank mit jedem weiteren Schritt.

Sei du selbst.

Ich wollte offen und ehrlich sein. Und das würde ich jetzt auch verdammt noch mal hinbekommen. Ein letztes Mal atmete ich tief ein und war so was von bereit, als hinter mir jemand leise sagte: »Hast du etwas Interessantes entdeckt, oder ist es schön, hier einfach herumzustehen?«

Mein Herz setzte einen Schlag aus und raste dann los.

Seine Haarspitzen hingen ihm bis zu den Augen in die Stirn. Ein leichtes Lächeln lag auf seinen Lippen, er hatte sich hinter mich gestellt und sah zum *Oblivion*.

Sei du selbst.

Ich sagte nichts und Stille breitete sich zwischen uns aus, die alles andere als angenehm war. Nach einer Weile trat er neben mich und ich erwiderte seinen Blick. Braune Augen unter langen Wimpern. Dann verschränkte er die Arme vor der Brust und fragte: »Wie nervös bist du, Ahri?« Forschend sah Taemin mich an und ich blinzelte mehrmals. Seine Stimme war nicht herablassend, eher liebevoll, und das verwirrte mich. Er wusste, dass mir dieses Treffen schwerfiel und suchte nach einer Möglichkeit, es mir leichter zu machen. Und genau weil er das tat, fühlte ich mich schon ein bisschen selbstbewusster.

Ehrlich sein. Ahri, die das Lachen und Freisein liebte, tanzte und sich blind fallen lassen wollte. Ich sollte auch Taemin gegenüber diese Ahri sein.

»Nur ein bisschen. Aber das ist normal.«

Das hier war nichts im Vergleich zu gestern. Ich war innerlich beinahe explodiert, weil er seine Hände auf meine Hüften gelegt hatte, weil er mit mir getanzt hatte, weil er mir erzählt hatte, einfach zu sein wäre okay. Und jetzt stand er hier und lächelte mir aufmunternd zu.

Himmel, wer war er? Dass er mich genau verstand?

Ich versuchte sein Lächeln zu erwidern und nickte in Richtung des Cafés. »Also?«

»Wir nehmen einen Fensterplatz«, sagte ich, während ich losging und auf das *Oblivion* zuhielt. Taemin kam mir hinterher und steckte seine Hände in die Hosentaschen. Sun würde mich vermutlich dafür schlagen, dass ich diese Hose nicht genauer betrachtete. Mit all ihren Taschen und dem guten Sitz an Taemins Hüfte und …

Ich schluckte und stolperte fast über meine eigenen Füße. In meinem Kopf schmunzelte meine Drillingsschwester über mich und schnell ordnete ich meine Gedanken.

»Fensterplatz klingt übrigens gut. Und weißt du was?«

»Was denn?«

»Ich bin auch nervös.«

»Du bist …?« Ich drehte mich zu ihm und zog erstaunt die Augenbrauen hoch. Wartete, dass er lachte und den Witz auflöste, aber er blieb ernst. »Kannst du mir beibringen, wie man das versteckt?«, fragte ich und konzentrierte mich auf den Weg, um nicht zu stolpern.

»Ich bin ziemlich schlecht im Verstecken.«

»Das ist jetzt gelogen.«

Taemin schüttelte den Kopf. »Wie ehrlich soll ich sein, Ahri?«

Ich wusste nicht, was das mit uns war. Es war einfach. So unendlich leicht. »So ehrlich, wie du sein willst.«

»Meine Nervosität also? Hmmm, mein Herz schlägt dreimal so schnell wie meine Beine laufen«, sagte er und ich riss die Augen auf, als er losrannte. Ich lachte auf, weil es süß war und ich nicht anders konnte. Dabei hielt ich mir die Hand vor den Mund und meine Wangen wurden warm. Ich hoffte, sie waren nicht knallrot. Himbeerrosa war okay. Dagegen konnte ich sowieso nichts machen.

»Ich wusste gar nicht, dass Herzen so schnell schlagen können«, gestand ich, als ich bei ihm angekommen war. Er hielt die Tür zum Café auf.

»Ich auch nicht, Ahri.«

Er ließ mir den Vortritt und folgte mir in den Duft aus Süßem und Kaffee.

Entwerfen Sie in den nächsten Wochen eine eigene Choreografie, die zwei Menschen tanzen können. Die Liederwahl

ist Ihnen frei überlassen, auch welche Tanzmuster Sie wählen. Es geht um Vertrauen, darum, zu fühlen! Jede Woche schicken Sie einen Arbeitsbericht an Professorin Hwang und sollten Sie Fragen haben, wenden Sie sich an Professor Sim oder Professorin Hwang. Viel Erfolg!

Die Laptops zwischen uns und jeder ein Getränk neben sich, machten wir uns an die gestellte Aufgabe. Es waren heute nicht viele Menschen im *Oblivion*, also war es dementsprechend ruhig und wir wurden nur zweimal von der Bedienung unterbrochen. Meine Nervosität hatte sich gelegt, seit wir Platz genommen hatten und wir weiter locker miteinander redeten. Taemin machte es mir leicht, schien interessiert an allem, was ich erzählte. Auch wenn es nur um meine Lieblingsjahreszeit ging. Goldener Herbst. Also jetzt. Ich hoffte, ich machte es ihm nicht zu schwer.

»Hast du eine Idee? Für ein Konzept? Ein Thema?«, fragte ich und sah ihn über meinen Bildschirmrand hinweg an. Er saß mit aufgestütztem Kopf vor mir, musterte mich langsam. Sein dunkles Haar wellte sich an der Stirn leicht, seine genauso dunklen Augen glänzten im Schein der Lampe über uns. Mir fielen seine Hände auf, die er unter seinem Kinn gefaltet hatte, und ich betrachtete die Ringe um seine schlanken Finger. An Zeigefinger und Daumen. Einer der Ringe war graviert, nur erkennen konnte ich die Schrift nicht. Wäre es ein Bild auf meinem Handy gewesen, hätte ich jetzt herangezoomt, um zu sehen, was auf den Ringen geschrieben stand. Vielleicht würde ich es eines Tages unauffällig herausfinden können.

Taemin räusperte sich und setzte sich aufrechter hin. »Wir könnten etwas suchen, das den Menschen Hoffnung gibt. Freiheit, Glück in die Bewegungen einbauen.«

Das klang schön, aber es fehlte noch an ...

»Du findest es nicht passend.«

Konnte er Gedankenlesen?

»Es stand dir ins Gesicht geschrieben.«

Ich öffnete den Mund und schloss ihn wieder. Dann klappte

ich meinen Laptop zu. »Wie machst du das?«

»Was?« Er lehnte sich etwas nach vorne, fixierte mich mit seinem Blick. Hielt mich damit wie gefangen.

»Du wusstest gerade genau, was ich denke.«

Er grinste frech.

»Bin ich ein offenes Buch?«, fragte ich und lehnte mich mit verschränkten Armen an die Stuhllehne. Die Unsicherheit in mir hielt sich zurück, wenn ich etwas wissen wollte. In diesem Moment kam die wirkliche Ahri heraus. »Oder ein Film, der rückwärts abspielt und alle Geheimnisse sofort lüftet?«

»Ganz und gar nicht. Eher das Gegenteil.«

»Oh. Und warum wusstest du, dass ich deinen Vorschlag noch nicht passend finde?«, fragte ich etwas verwirrt und interessiert zugleich, während er meine zurückgelehnte Pose nachahmte. Er tat so, als müsse er sehr lange überlegen, dann sagte er ganz ernst: »Hättest du meinen Vorschlag gut gefunden, dann hättest du mit Freude reagiert. Begeisterung. Das hast du aber nicht. Du hast nachdenklich genickt.«

Er war gut. Im Beobachten und deuten.

Es gefiel mir.

Ein bisschen.

Ich setzte mich wieder auf die vorderste Kante meines Stuhls, so konnte ich mich besser konzentrieren. Auf ihn. Nein, auf die Aufgabe. Und ihn. Ach, was auch immer.

»Okay, also ... also vielleicht ...« Ich sprach nicht zu Ende, weil ich mir nicht sicher war, ob er meinen Vorschlag lächerlich fand, oder komisch, oder eben alles andere als gut.

»Vielleicht?«, fragte er und sein ehrlicher Blick und das Lächeln brachten mich schließlich dazu, ihm meinen Vorschlag mitzuteilen.

»Also, vielleicht könnten wir den Menschen eine Geschichte erzählen. Vielleicht etwas Trauriges, das zu etwas Wunderschönem wird? Natürlich können wir deine genannte Hoffnung mit einbauen.« Ich sprach schnell, meine Worte purzelten übereinander. Taemin saß nur da, noch immer die Arme vor der Brust verschränkt, und hörte mir aufmerksam zu.

»Es gefällt mir. Ein Anfang«, sagte er schließlich und ich atmete erleichtert durch, klappte meinen Computer wieder auf und tippte die Idee in das Dokument ein. Dann trank ich einen Schluck meines Tees. Dass ich mir dabei die Zunge und mindestens den halben Rachen verbrannte, ignorierte ich. Taemin fokussierte meine Teeschale und runzelte die Stirn, verzog ein wenig sein Gesicht.

»Taemin? Ist alles okay? Ich ...«

Er hob den Kopf. »Ich weiß nicht, wie man so was trinken kann.« Okay, ich hatte definitiv mit etwas anderem gerechnet. Als ich mein Getränk betrachtete, beschloss ich, die ehrliche Ahri zu sein.

»Du magst keinen Tee? Das ist Seogwang-Tee! Der beste überhaupt. Du solltest ihn definitiv probieren.« Meine Begeisterung strömte durch das ganze Café. Und sie brachte Taemin zum Lächeln.

»Heißes Wasser ist einfach nicht so meins«, sagte er und vernichtete meine gesamte Hoffnung.

Ich schob die Unterlippe vor. »Heißes Wasser. Das tut meinem Teeherzen weh, Taemin.« Ich bemühte mich, nicht zu lachen. Es fiel mir in diesem Moment so unendlich leicht, mit ihm zu scherzen.

»Was ist denn dieser Seogwang-Tee?«, wollte er wissen und tat so, als wäre er interessiert. Es war eine Sache, die ich heute von ihm lernte. Er war kein guter Schauspieler, was ich insgeheim ein bisschen mochte. Es machte ihn ehrlich.

»Taemin, es schmerzt immer mehr. Ich stocke dein Teewissen jetzt auf. Dieses heiße Wasser«, ich zeigte auf meine Schale, »ist grüner Tee. Er hat eine hochintensive, weiche und zartfruchtige Note.«

Sein Lachen unterbrach meinen Redefluss.

»Nein, ich habe die Packungsanleitung nicht studiert, das weiß man als Teeliebhaber einfach.«

»Ich werde ihn probieren.« Seine Lüge war offensichtlich. Ich hob meine Tasse an die Lippen und trank genüsslich einen Schluck Tee.

»Genieß du weiter deine kalte Milch.«

Seine Augen wurden riesig. »Die ist heiß!«, protestierte er und ich stellte meine Tasse ab. Starrte sein Kaffeeglas an, das er schon halb ausgetrunken hatte.

»Du trinkst heißen Dalgona-Kaffee?«

Taemin nickte energisch.

»Ich dachte schon, du hast keinen Getränkegeschmack.«

»Du trinkst ihn auch heiß?«

»Natürlich. Wer will denn kalten Kaffee?«

Wir lachten und vergaßen unsere Aufgabe, das Studium und das Tanzen. Ich hatte wichtige Themen noch nie einfach so vergessen, wenn sie anstanden. Aber die Stunde verflog im Nichts und als wir noch immer keine sinnvolle Choreografie für die Aufgabe entworfen hatten, rief Sun an.

»Wo bist du denn? Ich warte seit einer halben Stunde!«

Mein Blick fand die digitale Anzeige über der Theke. 17:33 Uhr.

O Mist! Um achtzehn Uhr musste ich bei den Songs Babysitten. »Ich arbeite heute Abend doch! Warte nicht auf mich.«

Sie schnaubte und sagte mit übertrieben emotionaler Stimme: »Warum sagst du das erst jetzt? Legen wir bitte kurz eine Schweigeminute für die verlorene halbe Stunde meines Lebens ein. Danke.«

Ich lachte und legte schnell auf, bevor sie richtig losjammern konnte. Denn darin war sie äußerst begabt.

Taemin saß da, beide Brauen nach oben gezogen und sein Blick ging von mir zu meinem Handy und wieder zurück.

Ich verzog das Gesicht. »Meine Schwester. Sun-Nyu. Sie wartet seit einer halben Stunde auf mich, obwohl ich nicht nach Hause fahre.«

Er hatte alles gehört. Mein Herz schlug etwas zu schnell, als er breit lächelte.

»Ja, Schwestern. Nervig, trotzdem liebt man sie sehr.« Seine Stimme hatte sich bei diesen Worten verändert. *Schwestern.* Fast liebevoll. Ich glaubte, er bemerkte es gar nicht.

»Ist Sun-Nyu deine einzige Schwester?«, fragte er, während ich mein Zeug zusammenpackte und in meinem Rucksack verstaute.

»Meine einzige Schwester, ja. Ich habe noch einen Bruder.« Ich trank den Rest meines Tees. Auch wenn ich wusste, welche Reaktion kommen würde, sagte ich trotzdem: »Wir sind Drillinge.«

Taemins Augen wurden groß, gleich darauf schmal. Irgendwas zwischen weit und eng, er wirkte interessiert. So war es immer. Die Menschen liebten Drillinge. Oder auch Zwillinge. Einfach alles, was mehr als eins war. Zwei, drei, vier Kinder in einem Bauch. Zwei, drei, vier neue Seelen auf einmal auf der Welt. Über so was konnte man doch gut reden, so was war interessant. Die Menschen fragten, ob man die Gedanken der Geschwister lesen könnte und ob man immer alles gleich dachte oder machte. Solche Fragen war ich gewohnt, besonders von früher. Als wir noch bei Mama und Papa gelebt hatten.

Anstatt eine dieser Fragen zu stellen, murmelte Taemin: »Muss schön sein, das Leben zu dritt zu beginnen.«

Ich hielt inne und hatte das Bedürfnis, mein Handy zu nehmen und diesen Satz aufzuschreiben. Irgendwie und irgendwo hatte er mich damit getroffen. Ich schenkte ihm einen besonderen Platz in meinen Erinnerungen, für lange Zeit. Mir fielen keine Worte ein. Also nickte ich, weil es immer eine Lösung war.

»Und du? Hast du Geschwister?«

»Linya. Sie ist siebzehn und lebt noch bei unseren Eltern«, erzählte er. Hörte sich eher nach *Ich sehe sie nicht oft* an.

»Ich glaube, ich möchte mehr über Linya erfahren. Sie scheint dir wichtig zu sein.«

Wieder dieser liebevolle Ausdruck. »Das ist sie. Sie würde dich mögen.«

»Erzählst du mir nächstes Mal von ihr? Ich muss jetzt los, sonst komme ich zu spät zur Arbeit.« Ich stand auf und nahm meine Jacke von der Stuhllehne.

»Wo arbeitest du?«, fragte er und packte seinen Computer ebenfalls ein.

»Bei einer Familie hier in Jung-gu. Sie haben ein kleines Mädchen und ich passe manchmal auf sie auf.«

»Kann ich dich noch begleiten?«

Ich fing an, seine Fragen einfach hinzunehmen. Irgendwo hatten sie alle ihren Sinn und brachten mein Herz dazu, schneller zu schlagen.

»Wenn es kein Umweg für dich ist.«

Er stand auf. »Ist es nicht.«

Das war schön zu hören, keine Ahnung warum. War halt so.

Wir bezahlten vorne an der Kasse. Er lud mich ein. Ich lächelte vorsichtig, meine Wangen wurden warm, wahrscheinlich waren sie himbeerrosa. Und dann gingen wir hinaus in den kalten Septemberabend und schlenderten Schulter an Schulter in Richtung meiner Arbeitsstelle.

Taemin fragte mich, ob ich einen zweiten Traum hatte, als wir eine Fußgängerzone entlangliefen und die Sonne golden den Abend begrüßte.

»Es wird komisch klingen«, antwortete ich und er grinste schief.

»Welcher Traum ist nicht komisch, Ahri?«

»Okay, also … ich wollte Astronautin werden. Hoch zu den Himmelskörpern und neue Kosmen entdecken. Tja, wie du siehst, bin ich hiergeblieben und deswegen ist das Tanzen jetzt mein einziger Traum.«

Wir blieben an einem Straßenübergang stehen und warteten, bis sich bei Grün alles wieder in Bewegung setzte. Ich wartete auch darauf, dass er mich fragte, warum es mein Traum gewesen war. Was einen dazu brachte, Weltraumfahrerin werden zu wollen. Doch seine Frage lautete ganz anders und sie setzte sich zwischen meinen schnellen Herzschlägen fest.

»Was ist dein Lieblingsplanet, Seon Ahri?«

»Der Eris. Er wurde 2005 entdeckt, meine Oma hat mir damals von ihm erzählt.«

Sein Blick lag intensiv auf mich gerichtet, er kniff die Augen zusammen. Als interessiere ihn dieses Thema.

»Und?«, fragte er. »Was macht ihn so besonders?«

Ich hob den Kopf nach oben in Richtung Wolkenfetzenhimmel und stellte mir alles dahinter vor. »Er wurde mit noch keiner Raumsonde erforscht. Vielleicht macht ihn das besonders, weil er so unerforscht ist und alle Vorstellungen für mich offenlässt. Manchmal stelle ich mir vor, wie ich doch ins All reise. Und Planeten entdecke.«

Er blieb stehen und umfasste mein Handgelenk, ich schluckte nervös und dachte an so was, das in K-Dramen immer gesagt wurde. Dass ich in seinen braunen Blick schlüpfen wollte, darin ertrinken und so. Ich mochte Taemins Augen, weil es dort immer Herbst war. Stellte ich mir vor.

»Ahri?«

»Was denn?« Meine Stimme zitterte leicht. Da standen wir und er hielt mein Handgelenk, Menschen zogen an uns vorbei und die Welt drehte sich, während wir stillstanden. Orange leuchteten meine Haarspitzen in der untergehenden Sonne und der Mann vor mir lächelte ebenso schön, wie dieses Licht flimmerte.

»Ich bewundere dich«, sagte er leise und auch seine Stimme zitterte ein wenig.

»Weswegen?«

»Dir stand das ganze Universum offen. Alles.« Er folgte den Wolken am Himmel und ich fragte mich, wie seine Vorstellung des Weltalls war. »Dir stand das Universum offen und du hast dich doch für die Erde entschieden.«

Ein ehrliches, so ehrliches Lächeln schlich sich auf meine Lippen. Er ließ mein Handgelenk wieder los und ich stieß leicht mit der Schulter gegen seine.

»Weißt du was? Mir steht noch immer das ganze Universum offen. Alles da oben. Es ist in meinem Kopf und in meiner Fantasie.«

»Bist du deshalb Tänzerin geworden? Und nicht Astronautin?«

Du verstehst mich. Du verstehst mich. Du verstehst mich.

»Ja. Der Traum ist zwar zerplatzt, aber nicht die Vorstellung.«

Wir gingen bis zu dem Haus, in dem die Songs wohnten. Es lag auf einer Anhöhe und wir mussten eine breite Treppe den Hügel hinauf nehmen. Auf der obersten Treppenstufe stellte ich mich mit ausgebreiteten Armen dem Sonnenuntergang entgegen und atmete die Herbstluft in meine fröstelnde Lunge. Die Wolken flimmerten orange, rosa und ein bisschen sonnengelb, es sah fast surreal aus. Taemin lachte neben mir tonlos und breitete genau wie ich seine Arme aus.

Zusammen waren wir tiefgründig-komisch und dabei fühlte ich mich genau richtig.

Kapitel 10

Kindergedanken sind alles Einfache

Taemin

Es war Dienstag und ich fühlte mich zu voll. Da waren zu viele Gefühle und Gedanken und Menschen, die mir im Kopf herumschwirrten.

Als Chiron klingelte, war ich unendlich froh über die Ablenkung.

»Ey, Mann! Keine Begrüßung?«, fragte er, als ich ihm öffnete, und kam mir hinterher in die Küche.

»Kannst die Schuhe anlassen«, sagte ich wie immer.

Er antwortete nicht. Auch wie immer.

»Es riecht komisch, Taemin. Irgendwas liegt in der Luft.«

Ich drehte mich erstaunt zu ihm um. Auch als ich an der Luft roch, kam mir nichts ungewöhnlich vor.

»Doch, doch. Ich rieche es.«

»Nach was riecht es denn?«, fragte ich und machte mir tatsächlich Sorgen um seine Nase.

»Nach schlechter Laune.«

Ich wollte die Augen verdrehen, wollte noch miesere Laune bekommen, irgendwie ging das nicht. Ich musste lachen.

»Deine Witze werden von Tag zu Tag schlechter, Chiron.«

Er grinste, schlenderte zur Couch und blieb davor stehen. Ich betrachtete ihn genauer und sah seine hängenden Schultern. Als er den Kopf zu mir drehte, fielen ihm lose graue Strähnen ins Gesicht und unter seinen Augen waren tiefe Ringe.

»Einer der schlechten Tage?«

Sein Grinsen konnte mich nicht trügen.

»Gibt schlechtere«, murmelte er und ich atmete laut aus. Es tat mir leid für ihn, ich wusste nicht, wie ich ihm helfen konnte. Ich wühlte in einer der zwei Einkaufstüten zu meinen Füßen und nahm eine frisch gekaufte Packung Schokoladenkuchen heraus. Weil ich wusste, dass Chiron die kleinen Kuchen mit Marshmallow-Füllung liebte. Ich ging zu ihm und setzte mich in den Sessel, während er auf der Couch Platz nahm. Unsere Lieblingsplätze. Ich warf ihm die Packung zu und er fing sie gekonnt auf.

»Hast du keine Karamell-Ahorn-Mais-Cracker?«, fragte er und ich zog die Augenbrauen nach oben. Diese Snacks hatten den bescheuertsten und längsten Namen überhaupt und schmeckten auch so.

»Dein Ernst?«

»Die mag ich viel lieber.«

»Lügner.«

Wenn ich auch nur an die Maiskekse mit Karamell und Ahornsirup dachte, wurde mir schlecht.

»Hättest du welche gehabt, hätte ich sie allein essen können. Jetzt muss ich mit dir teilen.«

Ich lehnte mich vor und schnappte mir die Packung mit den Küchlein. Als ich in eines hineinbiss und sich die süße Füllung in meinem Mund verbreitete, wusste ich wieder, warum ich keine Diäten machte. Auch wenn ich als Tänzer von meinen Trainern oder Trainerinnen schon oft eingebläut bekommen hatte, mich gesund zu ernähren.

»Wie sieht's hier eigentlich aus?«, fragte Chiron mit vollem Mund. Er zeigte auf den Papierkram, den Ordner, die Stifte, die auf Tisch und Boden lagen. Das Studium vernachlässigte ich

momentan etwas.
»Glückliche Verdrängung.«
Chiron verstand. »Übrigens, danke für die Snacks«, bedankte er sich und schob sich seinen dritten Kuchen in den Mund. Ich hatte ihm ein paar wenige Dinge mitgebracht, als ich vorhin einkaufen gewesen war. Weil Snacks gegen schlechte Tage halfen.
»Kein Ding.« Und das war es wirklich nicht.
»Wie ist es eigentlich mit deinem Mädchen?«
»Meinem ... was?« Ich verschluckte mich an einem Bissen Kuchen. Jetzt steckte ein Kuchenbrei in meinem Hals, der mich heftig husten ließ.
»Himmel. Ich wollte dich nicht erschrecken«, merkte Chiron an und lachte dunkel.
Als meine Kehle wieder frei war, fragte ich: »Um was ging es noch mal?«
»Um dein Mädchen. Weibliches Lebewesen, schönes Lächeln, leuchtende Augen, klingelt da was?«
»Woher weißt du, dass Ahri ein schönes Lächeln hat?« Ich bereute die Frage keine Sekunde später. Chiron klatschte in die Hände und die Snack-Packung landete auf der Couch.
»Du bist ein mieser Schauspieler, Taemin!«
»Da sind wir schon zu zweit.«
Er hielt kurz inne und nickte dann. »Der Punkt geht an dich. Erzähl mir von Ahri, wenn dir danach ist. Ich bin gut im Zuhören.«
»Geht klar. Wenn du mir von deinen schlechten Tagen erzählst.«
»Von den guten nicht?«
»Nein. Da komme ich immer vor.« Ich lachte über meinen schlechten Witz, während Chiron augenverdrehend nach Kissen suchte, um sie auf mich zu werfen.
»Wir gehen jetzt los und kaufen dir Kissen. Das ist nicht auszuhalten.«
»Auf keinen Fall!«
»Auf *jeden* Fall. Hoch mit dir. Irgendwas müssen wir heute

noch unternehmen.« Er stand auf. Als er halb durch den Raum auf die Haustür zugesteuert war, schien er es sich anders zu überlegen, kehrte schnell um, warf sich erneut auf die Couch und angelte nach der Fernbedienung. »Lass uns Serie schauen«, brummte er leise und ich grinste.

So kannte ich ihn.

Wir schalteten *YooHoo: Retter in der Not* an, weil es die beste koreanische Kinderserie war und wir uns jedes Mal vor Lachen kaum einkriegten. Zwei junge Männer, eine Kinderserie. Wir waren seltsam. Trotzdem, die besten Nachmittage waren eindeutig jene, an denen Chiron und ich auf dem Sofa saßen, Kinderserien schauten und Süßes aßen.

Und unsere Gedanken auf stumm stellten.

Ahri

Song Naomi brachte mich jedes Mal zum Lächeln. Und jedes Mal war ich ihr so unendlich dankbar. Es war Dienstag und ihre Eltern waren auf irgendeiner Gala, also brachte ich das kleine Mädchen ins Bett. Ich wusch ihr das Gesicht und entfernte Ketchup-Reste, zog ihr einen frischen Schlafanzug an und lauschte ihren Geschichten.

»Zebras sind meine Lieblingstiere, Ahri. Sie sehen aus wie gemischte Pferde und Esel und haben Streifen wie Straßen. Schön, oder?«

Meine Mundwinkel hoben sich schon wieder. Ihre Kindergedanken waren alles Einfache, ich könnte ihr stundenlang zuhören und würde mich danach leichter fühlen.

»Und hast du schon mal ein echtes Zebra gesehen?«, wollte ich wissen und kämmte ihre langen Haare. Naomi war erst kürzlich fünf Jahre alt geworden, sie war ziemlich klein für ihr Alter. Aber ihre Träume waren riesig groß und darauf kam es im Leben wohl an. Aus dunkelbraunen Augen blickte sie zu mir hoch, ihr Gesichtsausdruck wurde traurig.

»Nein. Habe ich nicht. Nur im Fernsehen.«

»Dann kommt das auf deine Traumliste? Ein Zebra sehen?«

Sie klatschte in die Hände und sprang von dem Hocker, auf dem sie gestanden hatte. Mit patschenden Schritten rannte sie aus dem Bad und in ihr Kinderzimmer, dort hörte ich es rascheln.

»Komm schnell!«, rief sie und ich folgte ihr. Naomis Zimmer war grün. Man fand hier überall etwas Hellgrünes, Dunkelgrünes, Gelbgrünes, Allesgrünes. Ihre Bettdecke, der Baldachin darüber, eine Zimmerpflanze, der Sitzsack und auf dem weißen Kleiderschrank stand mit aufgeklebten Buchstaben ihr Name. Naomi saß schon in ihrem Bett und klopfte neben sich, also setzte ich mich zu ihr auf die Bettkante und nahm das Notizbuch an.

Ich schlug es auf und all ihre Träume leuchteten mir entgegen.

Mama zum Lächeln bringen.
Schokopudding machen, weil Papa ihn so liebt.
Jae zum Geburtstag einladen, auch wenn er ein Junge ist und die anderen Mädchen ihn blöd finden.
Zoowärterin werden.
Ans Meer fahren und schwimmen lernen.

Ich sammelte sie, für Naomi. Sie selbst konnte noch nicht lesen und schreiben und deswegen übernahm ich das für sie. Denn sie wollte sich unbedingt jeden Traum merken, um sich später daran erinnern zu können. Und wie konnte ich ihr diesen Wunsch nicht erfüllen?

»Los! Ein. Wunderschönes. Zebra ...« diktierte sie mir und ich setzte den Stift auf das Papier. »Von. Ganz. Nah. Sehen.« Naomi ließ ihre Beine vom Bettrand baumeln und betrachtete meine Buchstaben, dann lächelte sie breit. »Danke, Ahri.«

»Sehr gern.« Ich klappte das Notizbuch zu und legte es zurück in die Schublade ihres Nachttischs.

»So, und jetzt ab unter die Decke.« Ich hielt ihre Bettdecke hoch, damit sie sich darunter kuscheln konnte, dann steckte ich sie um sie herum fest. Naomi rieb ihre Wange an den Teddybären und sah mich aus schläfrigen Augen an.

»Wenn du das nächste Mal da bist«, murmelte sie und ich setzte mich noch mal an den Bettrand, »dann können wir ein grünes Häkchen malen. Weil ich Jae wirklich zu meinem Geburtstag eingeladen habe.«

»Das ist toll«, erwiderte ich. »Und hat er sich darüber gefreut?«

Sie nickte und strich sich die Haare aus dem Gesicht. Ich nahm ihre kleine Hand in meine und drückte sie leicht. Dann stand ich auf und löschte das große Deckenlicht, nur noch die Aufklebesterne an ihrer Decke leuchteten auf sie hinunter.

»Gute Nacht, Naomi. Träum was Großartiges.«

»Ahri?«, fragte sie in die Dunkelheit.

Ich blieb an der Zimmertür stehen. »Was denn?«

»Hast du auch einen Freund, den du magst? Den die anderen Mädchen nicht mögen?«

Mein Herz pochte wild, weil ich tatsächlich an einen Mann dachte. Die Türklinke in der Hand, antwortete ich: »Ja. Aber ich weiß nicht, ob er mich auch mag.«

Sie richtete sich auf. »Warum fragst du ihn nicht?«

»Weil das ziemlich viel Mut braucht.«

Naomi ließ sich zurück in ihre Kissen fallen und zeigte mit dem Finger von Stern zu Stern. »Hast du auch eine Traumliste? So wie ich?«

»Nein.«

»Du solltest eine haben. Und dann den Jungen fragen, ob er dich auch mag. Wenn ja, dann könnt ihr zusammen ein Eis essen gehen. Jae hat auch mit mir Eis gegessen, an meinem Geburtstag ...«

Ihre Worte wurden leiser und müder und irgendwann hörte ich nichts mehr, wahrscheinlich war sie eingeschlafen. Ich wartete im Wohnzimmer bis ihre Eltern wiederkamen. Wartete und sprach in Gedanken mit mir selbst.

Traumliste – wegen Naomi:

Taemin fragen, was sein Herz sagt.
Taemin fragen, was sein liebstes Sternzeichen ist.
Taemin fragen, ob er ein Mädchen mag.
Taemin fragen, warum sich die Welt dreht und wir auf ihr trotzdem stillstehen können.

Kapitel 11

Seifenblasen & Chatverläufe

Akri

Sun war nicht da, als Mama am nächsten Abend anrief.

»Hallo, Mädchen. Geht es euch gut?«, meldete sich unsere Mutter und ich ließ mich rücklings auf mein Bett fallen.

»Ich bin's nur. Sun ist nicht da.«

»Oh. Wo ist deine Schwester?«, fragte sie und ich wusste, ihr war nicht wohl dabei, dass Sun ohne mich unterwegs war. Am liebsten wäre es ihr, wenn wir immer beieinander wären. Und mit *immer* meinte ich jede Minute unserer Lebenszeit. Später fragte ich mich, ob wir zu viel miteinander unternommen hatten. Ob wir uns auf unsere eigenen Wege hätten begeben sollen.

»Sie ist draußen. Ein bisschen Luft schnappen.« Meine Stimme war leiser als beabsichtigt und kam deshalb unsicher bei Mama an. Auf dieses Detail stürzte sie sich wie ein Raubvogel.

»Ist dir unwohl dabei?«

Ich setzte mich auf und rieb mir mit der freien Hand über das Gesicht. Keine Ahnung warum, aber es war anstrengend, darüber mit Mama zu reden. Über Sun und mich und wie es uns ging.

»Nein, Mama. Alles ist gut, sie kommt bestimmt bald zurück.

Und dann schickt sie dir eine Sprachnachricht, ja?«

Mama seufzte und es klang, als setze sie sich irgendwohin. Wahrscheinlich auf die große weiße Couch im Wohnzimmer. Ob sie kalt war? Die viel zu große Couch in unserem viel zu einsamen Elternhaus?

»Wie geht es dir, Mama?«, fragte ich plötzlich aus einem Instinkt heraus und hielt gespannt den Atem in meiner Brust. Eine Lüge, ich hoffte, sie würde lügen. Weil es dann nicht ganz so wehtat.

»Es geht mir gut. Ja, wirklich.« Sie atmete laut aus. »Mein Tagesablauf ist viel entspannter, seit ich von zu Hause aus arbeite und ich kann mir mehr Zeit für mich nehmen«, sagte sie und erfüllte mir damit meinen Wunsch. Sie log. Die Wahrheit war: Sie vermisste uns. Vermisste Papa. So wie ich sie vermisste, sie und ihre festen Umarmungen, ihre aufmunternden Worte und auch jene Mahnungen, die mich ans Lernen und Weitermachen erinnerten.

Es tat trotzdem weh. Lügen war nicht die Lösung.

Weil ich es wissen musste, stellte ich die nächste Frage und hoffte diesmal auf eine Wahrheit. »Kommt Papa mal wieder aus Seoul?«

Ich hörte, wie sie kurz innehielt und dann schneller atmete. Ich hätte diese Frage nicht stellen müssen, aber ich konnte es nicht ewig ignorieren.

»Ja, bestimmt. Ich gebe euch Bescheid, dann könnt ihr auch zu Besuch kommen.«

Ich stimmte zu, auch wenn ich wusste, dass es noch ewig bis zu diesem Tage dauern würde. Ich hörte es ihrer Stimme an.

»Okay, also dann ...« Ich wollte das Gespräch beenden, doch sie sagte noch etwas und ich musste schlucken.

»Passt du auf die beiden auf?«

Ich kniff die Augen zusammen, und als ich sie wieder öffnete, nahm ich das Handy vom Ohr und stellte auf Lautsprecher. Wenn ihre Stimme nicht so nah war, vermisste ich sie nicht ganz so sehr. Redete ich mir ein.

»Ich ... wir schaffen das zu dritt.«

»Du warst schon immer die Ruhige, Ahri«, erzählte sie plötzlich. Ich wollte ihre Hand halten. »Der Drilling, der die anderen im Vordergrund strahlen lässt und sich leise von hinten in die Herzen schleicht.« Mama lachte auf, vielleicht waren da alte Erinnerungen in ihrem Kopf, die aufflammten und sich nun auch auf meine Gedanken übertrugen. »Pass auf, dass ihnen nichts passiert, während sie losgelöst sind.«

Ich wusste nicht, was ich dazu sagen sollte. Warum kam sie jetzt damit?

Weil sie einsam auf der kalten Couch sitzt.

»Umarm sie einmal für mich, ja? Und pass auf ihre lachenden Gesichter auf. Versprichst du es, Ahri?«

»Ich verspreche es.«

»Und pass auch auf dein Lächeln auf. Ich hab dich lieb.«

»Ich dich auch, Mama.«

Was sie da von mir verlangte, mochte für den ein oder anderen harmlos sein. Ein paar Floskeln von der Mutter, die nichts zu bedeuten hatten. Aber als ich ihr versprach, auf Siwon und Sun achtzugeben und sie sich dankend verabschiedete, wusste ich nicht, wie hinfällig dieses Versprechen irgendwann sein würde. Doch in diesem Moment legte ich auf und genoss die Stille. Die Stille Daegus.

Das hieß, ich hörte Autos und die Bahn. Vernahm Flugzeuge und Hupen. Ich hörte so viele Geräusche der Stadt. Und doch war es für mich irgendwie ruhig. Ich nannte es die Stille Daegus.

Das klang verdreht und wahrscheinlich würden die meisten Menschen mich komisch ansehen, doch für mich ergab es Sinn.

Ich nahm das Handy vom Bett und checkte meine Nachrichten. Zwei von Seola und eine von Sun.

Seola: Machen wir dieses Wochenende den Trip ans Meer?

Der Trip! Beinahe hatte ich ihn vergessen. Wie gut es uns tun würde, die Meeresluft zu riechen, den Kopf freizumachen. Im

Sand zu tanzen. Wir waren nicht oft am Meer, obwohl wir es so nah bei uns hatten. Eine halbe Stunde in die nächste Stadt und man war am Strand des japanischen Meeres. Ich vermisste es, meine Füße in das kalte Wasser zu halten. Vermisste, wie sich das Lachen meiner Freunde und Familie dort anhörte, vermisste es, am Meer zu atmen. Vielleicht brauchte ich diesen Wochenendausflug mehr, als ich angenommen hatte. Jetzt, da ich darüber nachdachte, sehnte ich das nächste Wochenende näher und näher herbei.

Eine halbe Woche durchalten, dann würden wir alle zwei wundervolle Tage am Meer und der frischen Luft verbringen. Zusammen. Freunde. Wir alle brauchten es dringend zwischen den stressigen Unitagen.

Aufgeregt tippte ich eine Antwort an Seola:

Ich: Super gern. Ich bespreche mich mit Sun. Erstelle doch am besten eine Gruppe auf KakaoTalk und wir planen dort weiter.

Mit dem Handy in der Hand tigerte ich in meinem Zimmer umher und nahm meiner Schwester eine Sprachnachricht auf.

Ich: »Mama hat angerufen, schick ihr doch kurz eine Sprachnachricht und sag, dass alles gut bei dir ist. Und Seola fragt, ob der Trip nächstes Wochenende noch steht? Ich habe zugesagt. Was wollte ich noch sagen? Ähhh ... Ach sooo, kannst du noch einkaufen gehen? Ich brauche unbedingt meine Salbe. Meine Muskeln schmerzen vom Tanzen wie Hölle. Bis später.«

Ich schickte die Sprachnachricht ab setzte mich aufs Bett, damit meine Füße nicht noch kälter wurden. Nahm mein Handy zur Hand und öffnete Taemins neue Nachrichten.

Taemin: Hwang hat uns geschrieben, hast du es schon

gelesen? Unser Bericht ist gut ausgearbeitet. Es gefällt ihr.
Taemin: Wir sind doch dafür gemacht.

Ich hatte es tatsächlich noch nicht gelesen, also schaute ich in mein Postfach und las ihre Rückmeldung. Es tat gut, in mir breitete sich ein Gefühl von Zufriedenheit aus und die anfängliche Angst vor dem Projekt verschwand mehr und mehr.

Als Sun ich und ich später in ihrem Zimmer vor dem Laptop saßen und die neuesten K-Pop-Musikvideos schauten, schrieb er noch mal.
Und es war so willkürlich, dass ich schmunzeln musste.

Taemin: Manchmal wäre ich gern ein Held, vielleicht wäre dann das Leben ein bisschen normaler.
Taemin: So wie in den ganzen Filmen.

Ich: Warum muss man dazu ein Held sein?
Ich: Für ein normales Leben.
Ich: Und generell.

Taemin: Helden sind toll. Deswegen.

Die Beine angezogen, den Blick auf meinen Handybildschirm gerichtet anstatt auf das Video, das Sun gerade anklickte, schrieb ich ihm einfach meine Gedanken. Ich filterte sie nicht, wie ich es sonst bei neuen Menschen tat, ich schrieb meine ehrliche Meinung.

Ich: Ich finde, wir alle sind Helden.
Ich: Jeder für sich selbst.
Ich: Weil wir einfach versuchen zu leben, allein deshalb.
Ich: Oder nicht?

Taemin: Egal, wie viel man gibt?
Taemin: Weil man es versucht, ist es schon eine Heldentat?

Ich: Ja, ich denke, so irgendwie.

Taemin: Ich mag deine Ansichten.

Ich: Danke, Taemin.
Ich: Ich mag deine Gedankennachrichten.
Ich: Ehrlich kurz.

Taemin: Für was jetzt genau?
Taemin: Ich schreibe sie nur wegen dir.
Taemin: Wegen dir sind sie schön.

Meine Wangen wurden sicherlich wieder himbeerrosa und ich hoffte, Sun würde nichts bemerken. Aber ihr Blick klebte bei den Jungs auf dem Bildschirm, einer zwinkerte in die Kamera und meine Schwester hielt sich grinsend die Hand vor den Mund.

Ich: Danke, weil du versuchst mich zu verstehen.
Ich: Auch weiterhin ehrlich kurze Nachrichten?

Ich hob noch einmal kurz den Blick und verfolgte die Tänzer auf dem Computer. Die Musik war wild und ich fragte mich, ob es Absicht war, dass man in den tiefen Tönen Wut und in den hohen Tönen Schmerz wahrnahm. Keine Ahnung, womöglich gab es dafür gar keine passende Antwort. Jeder musste selbst wissen, was er in dem Song hörte und wie er fühlte.

Taemin: Du verstehst mich auch.
Taemin: Ja. Versprochen.
Taemin: Ich geh jetzt tanzen, bis später.

Ich: Vergiss deine Seele nicht.
Ich: Wenn sie mit deinem Körper tanzt, dann ist es perfekt.

Ich legte mein Handy beiseite und starrte auf den Computer. Kurz war es still, dann hielten wir es beide nicht mehr aus und lachten. Meine Schwester und ich lachten einfach.
»Wie toll ist er?«, fragte sie und setzte sich im Schneidersitz mir gegenüber. Sie hatte wohl doch bemerkt, wie ich ihm mit einem verbissenen Lächeln geschrieben hatte. Ich sah in ihre dunklen Augen, dann an die gelbgestrichene Wand hinter ihr. Ich zuckte mit den Schultern.
»Keine Ahnung. Ich kenne ihn fast nicht und doch fühlt es sich an, als wäre er ein guter Freund, wenn wir reden. Es ... es ...«
»Es fühlt sich gut an?«
Ich nickte und Sun-Nyu lächelte mich strahlend an. Ihre Augen wurden ganz schmal und sie legte ihre Hände an ihre Wangen. Sie machte ein so süßes Gesicht, dass ich nicht anders konnte, als ein kleines Kissen nach ihr zu werfen.
»Ich habe Angst, dass er wie eine Seifenblase ist und platzt. Dass mir dann all seine Geheimnisse und seine privaten Probleme entgegenfliegen. Dass ich mich täusche. In guten Freunden kann man sich oft täuschen, Sun.«
»Oh, Ahri! Ich verstehe dich gut, aber wir alle haben doch Angst, den falschen Personen zu vertrauen. Ihnen unser Leben zu zeigen, nur damit alles in Trümmern liegt, wenn sie unser Vertrauen brechen. Ich habe Angst davor, du, viele Menschen da draußen. Wenn du Angst hast, ihn kennenzulernen, dann könnt ihr nicht miteinander tanzen. Gib ihm eine Chance, ein Freund für dich zu werden. Und falls er dein Vertrauen bricht, dann bin ich da. Ich verspreche es. Ich werde ihn mir vorknöpfen, weil er dich beim Tanzen hat fallenlassen.«
»Ich liebe dich, Sun«, murmelte ich leise in die Ruhe des Zimmers und sie lächelte mich an. Ich krabbelte auf der Matratze bis

zu meiner Schwester und schlang die Arme um sie. Ich dankte ihr still für all ihre Worte, für ihre Liebe, für diese Umarmung.

»Danke, dass du meine Hoffnung bist.« Ich vergrub mein Gesicht in ihren blonden Haaren und sie drückte mich noch ein bisschen fester.

»Für dich immer. Ich liebe dich auch, Ahri.«

Und so saßen wir zusammen auf ihrem Bett, umarmten uns und dankten dem nächtlichen Himmel, dass wir einander hatten.

Taemin

Meine Wohnung hatte einen Raum, der leer stand. Als ich eingezogen war, hatte ich einfach nicht gewusst, wozu er dienen sollte, denn ich hatte bereits ein Badezimmer, Schlafzimmer und den großen Wohnbereich inklusive Küche. Das letzte Zimmer am Ende des Flurs hatte damals einfach keine Funktion gefunden. Aber das war genau richtig gewesen, denn jetzt war es mein liebstes Zimmer. Mal abgesehen von der Küche, in der es jede Menge gutes Essen und Süßigkeiten gab.

Ich schaltete die Deckenbeleuchtung ein. Eine der langen Wandseiten bestand aus einem Spiegel. Ich hatte ihn von Mamas Geburtstagsgeld bezahlt. Und von dem Geld, das sie mir jeden Monat schickte.

Ich legte mich in die Mitte des Zimmers und genoss die Wärme der Fußbodenheizung. So lag ich dort einfach, die Augen geschlossen und atmete mit den Geräuschen der Stadt. Immer bewegt, nie still. Ich fragte mich, was meine Familie und meine Freunde wohl gerade taten. Was trieb Linya und wie ging es Chiron? Ich dachte so oft über andere nach, dabei vergaß ich manchmal mich selbst. So war ich einfach. Ich würde immer meine Familie und meine Freunde über mein Wohl stellen. Ich hatte es so gelernt und würde diese Eigenschaft auch weiter bei mir tragen. Es war sowohl Fluch wie Segen. Denn die Fähigkeit zu besitzen, einzustecken, damit es anderen besser ging, war mutig und stark. Dennoch war es für einen selbst, für die Seele nicht lobenswert. Ein Ausgleich wäre schön, aber wer hatte den schon in seinem Leben?

Ich jedenfalls nicht.

Bevor meine Gedanken noch wilder werden konnten, packte ich meine Kopfhörer und setzte sie auf. Nachdem ich mein Handy mit ihnen verbunden hatte und die übliche Playlist abrief, stand ich auf.

Over You von *Leo*.

Ich warf meine Arme nach vorne, ließ sie in gekrümmter Haltung langsam wieder fallen. Mit den nächsten Tönen und der beginnenden Melodie knickte ich ein und landete fast elegant auf meinen Knien. Die Musik in meinen Ohren wurde lauter. Wurde wilder und mein Herz zog mit. Ich sammelte all meine Gefühle in meiner Brust. Ballte die Hände zu Fäusten, bewegte meinen Körper kniend zu der singenden Stimme und als sie laut und immer lauter sang, so schrie ich innerlich mit ihr meine Gefühle heraus. In heftigen Bewegungsabläufen sprang ich durch den Raum, flog und bevor ich fallen konnte, fing ich mich selbst in schwungvollen, gewählten Bewegungen auf.

Vergiss deine Seele nicht.

Wenn sie mit deinem Körper tanzt, dann ist es perfekt.

Ahris Nachrichten leuchteten in meinem Kopf auf und ich wurde ruhiger. Ließ mich von den Klängen, den Schlägen und dem Rhythmus einnehmen, entwickelte ganz neue Muster und Formen. Ich vereinnahmte den ganzen Raum und wenn ich einen Blick in den Spiegel erhaschte, so sah ich einen Jungen, der mit der dunklen Nacht kämpfte.

Und verlor. Er verlor gegen die Schatten, verlor sich selbst im Tanz und seinen wilden Bewegungen, verlor den Halt zum Boden.

Nach dem nächsten Sprung rollte ich mich ab und blieb mit den letzten Tönen auf dem Boden liegen. Mein Atem ging schwer, ich hörte ihn nicht, denn das nächste Lied setzte ein und übertönte alles andere. Es tat gut. So unwahrscheinlich gut, seinem Herzen zu folgen. Und ich wusste, wie wenig Menschen die Chance dazu hatten. Wie viele von ihnen einen Teil ihres Herzens auf dem Lebensweg verloren, wie viele noch immer die Scherben zusammensammelten. Wie viele ihren zerbrochenen Träumen hinterherjagten. Es tat mir für all jene weh, die nicht einfach tanzen und fliegen konnten, wenn ihnen danach war.

Ich setzte die Kopfhörer ab und stand auf. Trat an eines der beiden Fenster und spähte hinaus. Es machte mich müde, der schnellen und lauten Stadt dabei zuzusehen, wie sie lebte und beschloss, ins Bett zu gehen. Schnell warf ich noch einen Blick zum Himmel. Der Mond war nicht zu sehen. Keine Sterne. Wie so oft. Jede Nacht hoffte ich, sie zu sehen, weil ich mich dann in der Dunkelheit nicht so einsam fühlte. Seufzend trat ich von dem Fenster weg und hob im Rausgehen das Handy vom Boden auf.

Ich: Gute Nacht, Heartbeat. Mein Tag war verwirrend. Aber ich habe eben getanzt und das hat mich etwas geordnet. Glaube ich. Irgendwie. Okay, ich hab dich einfach lieb.

Kurz bevor ich die Augen schloss, kam ihre Antwort und sorgte dafür, dass ich die ganze Nacht unruhig schlief und den morgigen Tag nicht in der Universität erschien.

Linya: Papa ist nach Hause gekommen. Telefonieren wir morgen? Mach dir keine Sorgen und ruf mich nicht jetzt schon an! Mein Herz hält das alles aus. Es schlägt, Taemin.

Kapitel 12

Freundschaft muss nicht perfekt sein

Akri

»Ihr habt überhaupt keinen Geschmack, Ladys«, verkündete Xeonjun und tunkte seinen süßen Donut in seine salzige Doenjang-Jjigae-Suppe. Eine gesunde Sojabohnen-Suppe, die weder gesund aussah, noch für das Dippen eines Schokoladen-Donuts gedacht war. Ich musste mich zwingen, nicht angewidert den Blick abzuwenden.

Seola und Sun lachten und gaben würgende Geräusche von sich. Wir hatten uns für die Mittagspause einen Platz auf der Terrasse des *Oblivion* gesucht, noch ließ es das Wetter zu, der goldene Herbst strahlte um uns herum.

Ich sah über den Tisch hinweg zu meiner Schwester, die Xeonjun und Seola glücklich anlächelte. Sie schenkte jedem ein Lächeln, der es brauchte. Gab den beiden Hoffnung für eine gemeinsame Zukunft, glaubte an unsere Freunde und deren Träume. Ich legte meine Essstäbchen beiseite und trank von meinem warmen Dalgona-Kaffee. Normalerweise trank man ihn kalt, schließlich war es ein Eiskaffee, aber ich mochte keine kalten Getränke. Wasser war okay, alles andere sollte besser warm sein. Also trank ich den Dalgona warm und das Eis wurde durch Sahne ersetzt. Einfach himmlisch. Und was noch himmlisch war, lag vor mir, bereit, verschlungen zu werden. Ich starrte den Waffelfisch auf meinem Teller an und mir lief das Wasser im Mund zusammen. Bungeoppang-Gebäck war neben den Mochis das Beste überhaupt! Der süße Waffelteig in Form eines Fisches, mit Honig übergossen, ließ sich echt immer ...

»Über was denkst du nach, Ahri?« Seola legte den Kopf zur Seite.

»Immer in Gedanken und so oft am Träumen, unser Schneewittchen«, meinte Xeonjun und ich stieß ihm meinen Ellbogen leicht in die Seite.

»Hey!«, rief Xeonjun aus. Er rutschte mit seinem Stuhl übertrieben ängstlich von mir ab und das brachte uns zum Lachen. So war das mit Freunden. Etwas ganz Simples konnte zur größten Freude werden, man musste nur zusammen lachen können.

»Sagt mal, wie ist das mit unserem Ausflug?«, fragte Sun.

»Am Freitagabend würde mir besser passen. Davor muss ich Mama noch helfen«, informierte uns Xeonjun und wir nickten.

»Wir fahren also am Freitagabend mit dem Zug runter nach Ulsan und übernachten im Hotel. Gleich am Meer«. Suns Augen leuchteten.

Besagte Stadt war nur eine halbe Stunde mit dem Zug von uns entfernt, mit dem Auto bräuchten wir ein wenig länger. Das Zentrum Ulsans lag nicht direkt am Meer, es würde uns ungefähr zehn Minuten kosten, um zum Wasser zu gelangen. Und wenn wir dort waren, wollte ich unbedingt in den Ulsan Grand Park, denn dort leuchtete alles. Dieser Ort war so riesig und voll versteckter Magie. Ich hatte ihn zumindest so in Erinnerung. Vor einem Jahr waren Sun, Siwon und ich dort gewesen. Und es war wunderschön gewesen. Ich hoffte, es würde auch diesmal so sein.

»Lieber ein Hotel in der Stadt, nicht am Strand.«

»Was willst du denn in der Stadt?«, riefen Sun und ich gleichzeitig und Seola zuckte lächelnd die Schultern.

»Da ist man näher an allem dran. Und kann mit dem Bus

schnell zum Meer fahren.«

Ich ließ meine Schwester die Debatte führen, lehnte mich zurück und blickte zur Seite, als Xeonjun leicht mit seinem Fuß gegen meinen stupste. Er hatte sich wieder näher zu mir gesetzt und nickte mir zu.

»Was ist mit Siwon? Wird er mitkommen?«

Ich seufzte und wahrscheinlich war ihm das schon Antwort genug. Trotzdem schüttelte ich den Kopf. »Eher nicht. Er hat momentan wirklich viel zu tun. Aber sicher das nächste Mal.«

Xeonjuns Ausdruck wurde verständnisvoll und er musterte mich ernst. Seine Augen hatten die gleiche Farbe wie sein goldbraunes Haar. Unter seinem Schlüsselbein hatte er ein Tattoo, eine feine Acht. Einmal hatte ich ihn gefragt, was es bedeutete, und seine Antwort schwebte noch immer in meinen Gedanken.

Ich finde es schön, dass sich manche Momente wie Unendlichkeit anfühlen können. Und ich viele solcher Augenblicke erleben will.

»Was ist eigentlich mit Taemin. Kommt er mit?«, fragte Xeonjun plötzlich und ich schluckte krampfhaft einen Bissen Bungeoppang hinunter.

»Taemin?« Seola wirkte verwirrt und ich blickte zu Sun. Doch sie lehnte sich nur zurück und nickte mir aufmunternd zu. Diesen Kampf musste ich ohne sie bestreiten.

»Wie kommst du darauf?«, fragte ich und Xeonjun lachte laut. Er schwenkte sein Glas und fast wäre das Wasser hinausgeschwappt, doch er brachte es wieder unter Kontrolle.

»Er ist doch dein Freund. Und auch einer von mir. Sollten wir ihn nicht fragen?«

»Taemin ist dein Freund?«, rief Seola und ich stützte den Kopf in die Hände. Xeonjun würde büßen. Und Himmel, das würde lustig werden.

»Er ist mein Tanzpartner. Mehr nicht.«

Sie legte wie so oft den Kopf schief, anscheinend eine Angewohnheit von ihr, die mir erst jetzt wirklich auffiel. Ihr Blick wanderte an mir hinab, blieb auf Höhe meiner Brüste hängen.

Weiter runter konnte sie nicht sehen, da der Tisch ihr die Sicht versperrte. Dann sagte sie: »Äußerlich passt ihr wunderbar zusammen. Hach, Ahri, es macht mich glücklich.«

»Dass ich mit ihm tanze?«

Sie schlug auf den Tisch und Sun zuckte zusammen. Darüber mussten die beiden kichern und ich war froh über die Ablenkung. Doch gleich lag die Aufmerksam wieder bei mir.

»Dass du jemanden datest. Und noch dazu Taemin! Ich habe mich schon immer gefragt, was in seinem Kopf vorgeht. Er wirkt so interessant.«

Xeonjun zog die Augenbrauen hoch und verschränkte die Arme vor der Brust. Seola wurde rot und sah ihren Freund über den Tisch hinweg an, Sun und ich wechselten einen unsicheren Blick. Zwischen Seola und Xeonjun konnte es schnell eskalieren.

»Wie dem auch sei, Ahri kann sich ja überlegen, ob sie ihn fragt«, mischte sich Sun ein und ich wurde nervös. Warum war ich nervös? Weil es um mich und Taemin ging und um Fragen, die ich nicht beantworten wollte. Und auch nicht konnte. Ich musste fliehen. Also klemmte ich Geld zur Rechnung und nickte den anderen zu. Schnell stopfte mir den Rest meines Fisches in den Mund und genoss die Süße auf der Zunge.

»Wir sehen uns gleich, ich muss vor unserem Kurs noch etwas besorgen«, nuschelte ich kauend, nahm meinen Rucksack und stand auf. Was besorgen. Ich glaubte mir das nicht mal selbst.

»Sei mutig, Schneewittchen! Wird Zeit, dass du einen Prinzen bekommst«, rief Xeonjun.

Während ich mit einem halben Grinsen auf den Lippen vom Café wegschlenderte, wehten mir die Stimmen meiner Freunde hinterher. Und das machte mich noch ein bisschen nervöser.

»Erzähl uns alles, Sun-Nyu! Was läuft da zwischen den beiden?«

»Ich weiß nichts, außerdem fängt mein Kurs gleich an.«

»Du weißt alles von deiner Drillingsschwester. Ich werde es schon noch herausfinden. Ich bin schließlich Seola. Und du bist schlecht im Geheimnisse behalten!«

»Gar nicht wahr!«

Seola und Xeonjun stritten, während wir auf den Stundenbeginn warteten. Ich saß neben ihnen auf dem Hallenboden und fühlte mich unwohl, weil sie über Vertrauen und Geheimnisse diskutierten. Wir tanzten heute im großen Studio. Dunkler Holzboden, hohe Wände, die oben in Fensterfronten endeten und die das Nachmittagslicht auf uns hinabfallen ließen. An den Seiten rechts und links führten Tribünen nach oben und zwei große Bildschirme hingen an den anderen zwei Wandseiten. Die Halle war in Braun-Orangetönen gehalten und vor einem Jahr war es mein Herbstsaal gewesen. Mein Mutsaal. Mein erstes richtiges Tanzstudio.

Neben mir wurden die Stimmen lauter. Seola trug kurze Sportkleidung, ihr schwarzer Nagellack passte zu ihren Haaren. Die Männer warfen ihr Blicke zu und es kam vor, dass sie auffällig zurücksah. Ich wusste, dass es Xeonjun auffiel, weil er ihr an manchen Tagen traurig hinterherblickte. Und sie es nicht bemerkte. Er stöhnte frustriert auf und ich beschloss, sie alleinzulassen, damit sie sich weiter für Dinge beschuldigen konnten, die einfach keinen Sinn ergaben.

Ich hielt Ausschau nach Taemin. Er war selten zu spät und ich hatte ihn heute noch gar nicht gesehen. In den anderen Kursen war er auch nicht gewesen. Ich lief auf den Ausgang zu. Als ich den Raum verlassen wollte, trat Professorin Hwang durch die Doppeltür. Mist. Ich verbeugte mich vor ihr und kämpfte um eine feste Stimme. »Tut mir leid, ich muss noch kurz etwas Wichtiges erledigen. Ich bin gleich zurück.«

»Natürlich.«

Ich wollte an ihr vorbei, doch sie sagte: »Ach, und Frau Seon! Haben Sie noch kurz eine Minute?«

Ich schluckte und nickte. Gab es ein Problem, hatte ich etwas nicht richtig gemacht? O Gott, meine Beine zitterten. Etwas nicht zu wissen und darauf warten zu müssen, war schlimm für mich.

»Ich weiß, dass Ihnen eine Partnerarbeit schwerfällt. Sie sind seit einem Jahr in meinem Kurs und ich kenne meine Studierenden. Sie tanzen lieber allein«, sagte Hwang ohne um den heißen Brei zu reden, und traf damit genau die Wahrheit. Ich blinzelte einmal. Wir gingen beiseite, denn zwei Tänzer betraten das Studio. Die Professorin ließ sich nicht beirren und sprach sofort weiter: »Herr Jeong ist Ihnen sehr ähnlich. Zumindest in der Art des Tanzens. Auch er tanzt lieber allein. Ich habe Sie deshalb zusammen in ein Team gesteckt.«

Jetzt wurde ich neugierig. Ich verschränkte die Arme hinter dem Rücken und hielt ihrem Blick stand.

»Die Aufgabe fällt Ihnen beiden schwer, und weil das so ist, könnten Sie es besser machen als alle anderen. Wenn Sie es wollen.«

Ich nickte und machte irgendwas mit meinem Gesicht, so genau wusste ich es nicht. Eine interessierte oder verständnisvolle Grimasse, so etwas in der Art.

»Was ich sagen will, Jeong Taemin und Sie verstehen einander, was das Tanzen angeht. Nutzen Sie diese Chance.«

Wir verstehen uns auch in allen anderen Dingen. Irgendwie.

Ich nickte immer wieder, wusste aber nicht, was ich ihr antworten sollte. Ich wusste nicht, was ich darüber dachte. Nur dass sie recht hatte. »Wir werden es versuchen«, brachte ich hervor und die Professorin lächelte.

»Ihre letzte Abgabe war gut. Die Idee Ihres Musters ist die beste der Gruppe, wie ich es auch in der Mail geschrieben hatte. Die Ausarbeitung die schlechteste«, führte Hwang aus und ich fragte mich, wie lang eine Minute sein konnte. Es war seltsam, weil mich ihre Bewertung nicht so sehr störte. Vor ein paar Wochen wäre ich innerlich vermutlich zusammengebrochen, weil die schlechteste Ausarbeitung eine große Niederlage für mich gewesen wäre. Doch jetzt dachte ich an die Treffen mit Taemin, daran, wie viel Spaß es mit ihm machte, wie ich in unserem Projekt aufgehen konnte, obwohl ich doch so viel Angst davor gehabt hatte.

»Trauen Sie sich mehr. Probieren Sie sich aus und bringen es nicht nur auf Papier.« Die Professorin versuchte mich zu stärken und ich war ihr dankbar für diese Worte. An Hwang fand ich etwas, das die anderen Professorinnen und Professoren meiner Kurse und Seminare nicht hatten. Sie war persönlicher. Nicht wie Sim langweilig und unpersönlich. Sie interessierte sich tatsächlich für ihre Studierenden und wollte das Beste aus jedem herausholen. Sie sah in jedem ein Talent, manchmal war es nur zu gut versteckt und musste aufgedeckt werden.

»Ich danke Ihnen, Professor Hwang. Ich werde Ihre Worte auch an Taemin weitergeben«, sagte ich und verbeugte mich. Auch sie neigte den Kopf, dann lächelte sie. Ich erwiderte die Geste.

Als sie in den Raum schritt und um Aufmerksamkeit bat, lief ich schnellen Schrittes in die Umkleiden und suchte die Ziffer meines Spinds. Ich zog mein Handy aus der Tasche und setzte mich auf die Bank vor dem Spind. Dabei bemühte ich mich, ruhig zu atmen und wählte seine Nummer. Einfach nicht zu genau darüber nachdenken. Ein paarmal ertönte das Freizeichen, dann nahm er ab.

»Ja? Hallo?«

»Taemin?«

Kurz blieb es still, dann wieder seine dunkle Stimme. Sie klang gehetzt. »Ahri? Was gibt's?«

»Du bist nicht ... geht es dir gut?«, platzte es aus mir heraus und Taemins Atem war fast lauter als meine Stimme. Es klang als hätte er eine Panikattacke, aber das konnte ich mir kaum vorstellen.

Wer geht bei einer Panikattacke an sein Handy?

»Alles okay. Bin mit Migräne zu Hause. Sollte bald besser sein.«

Oh. Ich zog an einem Faden, der an meiner Sporthose hing und wusste nicht recht, was ich sagen sollte.

»Wenn man was für dich tun kann, sag Bescheid. Du kannst mich immer anrufen. Ich muss wieder zum Unterricht. Wir hören oder sehen uns.«

Er atmete laut auf. »Tschüss.«

Und weg war er. Ich runzelte die Stirn und verstaute mein Handy wieder in der Tasche. Das Gespräch war so seltsam gewesen, dass ich gar nicht wusste, wie ich darüber denken sollte.

Frei.

Dieses Wort leuchtete auf den Bildschirmen und erinnerte uns in dieser Stunde daran, ohne Vorgaben zu tanzen. Wann immer mein Blick das Wort fand, überkam mich ein Gefühl der Ruhe. Etwas weiter hinten auf der Tanzfläche hatte mich von den anderen abgeschirmt und folgte der Melodie. Das Lied, das Professorin Hwang ausgesucht hatte, schallte durch den Raum. Es war laut, aber nicht unangenehm.

Mein Körper reagierte ganz von allein auf die Musik, krümmte sich bei den schweren, dunkleren Tönen und sprang, wann immer es laut, hell, klar und fröhlich wurde. Doch so leicht es auch aussehen musste, eine der Seitwärtsdrehungen in der Luft vermasselte ich ein ums andere Mal. Also stellte ich mich immer wieder in die richtige Position, sprang, drehte mich und kam von Mal zu Mal besser auf. Das Abrollen mit der Schulter gelang mir, nur eleganter könnte es sein. Wieder und wieder sprang ich, fiel ich und versuchte es erneut. Bis ich den Sprung gut konnte und ihn nur noch ab und an vergeigte. Ich baute ihn öfter in meinen Tanz ein, um ihn so weiter zu üben, doch auch andere Figuren fanden einen Platz in meinem Muster. Bei Modern Dance warf man Hände und Füße von sich, man ließ locker, fiel in sich zusammen. Es sah abstrakt aus, fast unnatürlich. Und dabei hatte man eine außerordentliche Körperspannung, die man niemals einfach aufgab. Eines der wichtigsten Dinge: Körperspannung aufrechterhalten und doch locker tanzen.

Je länger ich in die Musik eintauchte, je mehr ich tanzte, mich auf dem Boden rollte, langsam wieder aufstand und schnelle Schritte ging, desto freier fühlte ich mich.

Frei.

Es war, als schwebte ich, als tanzte ich an meinem Lieblingsort und nicht in der Studienhalle der Universität. Ich wollte mich vollends fallen lassen. In den Bewegungen, in die Musik und das Gefühl, das sich in meiner Brust aufbaute.

Genau in dem Moment, in dem ich sprang und die Landung perfekt wurde, in diesem Augenblick wusste ich, wer ich wirklich war. Und das machte mich frei.

Die Musik verklang und ich blieb auf dem Boden liegen, den Blick an die gewölbte Decke gerichtet. Ein hellbrauner Haarschopf und ein grinsendes Gesicht schoben sich in mein Blickfeld. Ich ergriff die ausgestreckte Hand und wollte mich von Xeonjun auf die Beine ziehen lassen, doch ich war die Einzige, die zog und so landete er neben mir auf dem Boden.

»Na, heute schon einen roten Apfel gegessen, Schneewittchen?«, fragte er und hielt mir einen grüngelben entgegen. Ich fragte erst gar nicht, woher er den plötzlich hatte, sondern griff einfach danach.

»Der ist gar nicht rot«, sprach ich das Offensichtliche aus. Xeonjun zuckte mit den Schultern.

»Deswegen ist er auch nicht vergiftet. Du kannst ihn also sorglos essen.« Er grinste. Ich schüttelte wie so oft den Kopf über seine Art, nicht auf schlechte Weise. Ich warf ihm den Apfel wieder zu und er fing ihn reflexartig auf.

»Ich kann gerade nichts essen, muss erst mal Pause machen.«

»Oh, Ahri! Darauf hatte ich heimlich gehofft.« Er biss herzhaft in den Apfel, das Geräusch klang irgendwie beruhigend.

Wir legten uns auf den Rücken und starrten in die Luft, während um uns herum die Kommilitonen ihre Sachen packten und zu den Umkleiden liefen. Manche tanzten noch, andere sprachen mit der Professorin. Xeonjun aß weiter seinen nicht roten Apfel und ich fragte mich, wie Menschen im Liegen essen konnten. Ich hatte jedes Mal Angst, mich zu verschlucken. Natürlich war das Unsinn, der Gedanke kam mir trotzdem immer wieder, wenn ich es tat.

»Deine Bewegungen werden besser«, sagte Xeonjun irgendwann und ich drehte den Kopf in seine Richtung. Er hatte die Augen geschlossen.

»Danke. Hast du dich frei gefühlt? Beim Tanzen?« Ich zwang mich, nicht auf die zwei Bildschirme zu sehen, auf denen noch immer das Wort prangte. Xeonjun öffnete die Augen und blinzelte zweimal.

»Wahrheit oder Lüge?«

»Lüge.«

Sein Lächeln wirkte falsch. Ich lächelte ehrlich zurück.

»Ja, ich habe mich frei gefühlt.«

Es tat mir leid für ihn und auch ein bisschen weh. Was hatte ihn daran gehindert, frei und leicht zu sein, als er tanzte?

»Was ist mit dir, Ahri?«

»Wahrheit oder Lüge?«

»Wahrheit.«

»Ja, ich habe mich frei gefühlt.« Ich wandte den Blick ab, wollte seine Reaktion nicht sehen, obwohl es dafür keinen wirklichen Grund gab. Unsere Antworten waren die gleichen und doch bedeuteten sie etwas vollkommen Unterschiedliches. Ich setzte mich auf und stützte mich nach hinten auf meine Hände. Xeonjun verschränkte die Arme hinter seinem Kopf.

»Wie läuft es mit Seola?« Automatisch sah ich mich nach ihr um, doch ich fand sie nirgends.

»Sie ist schon zu den Umkleiden.«

Also hörte ich auf zu suchen.

»Es ist nicht immer einfach ...« Er brach ab und schloss wieder die Augen.

»Aber du willst sie nicht verlieren und kämpfst deswegen für die Beziehung?«

Er lachte leise, schlug die Augenlider auf und setzte sich neben mich. »Ja, so irgendwie ist es.«

Ich stupste ihn mit dem Ellbogen leicht in die Seite und lächelte.

»Hey, ihr bekommt das doch hin! Glaub mal ein bisschen an euch. An dich. Du bedeutest ihr viel«, sagte ich und er nahm es einfach an, ohne etwas darauf zu erwidern. Dann lächelte er zurück und diesmal war es so viel echter als noch wenige Minuten zuvor.

»Danke, Schneewittchen.«

Mit Xeonjun hatte ich nicht viele ernste Gespräche geführt. Meistens riss er Witze, nur manchmal sprach er über seine Familie und wie viel sie ihm bedeutete. Dann wurde es ernst. Ein andermal hatte ich ihm von Siwon erzählt, dass mein Bruder still geworden war, und er hatte mich ein wenig aufbauen können. Weil er wusste, wie viel Familie wert war. Ich war ihm dankbar. Für diese leichte Freundschaft.

Auf dem Weg zu den Umkleiden dachte ich an das kurze Gespräch mit Hwang zurück.

Trauen Sie sich mehr.

Ich musste mit Taemin reden. Und ich musste in Erfahrung bringen, warum er sich heute so seltsam angehört hatte.

Ich ging den Flur entlang zu der vorletzten Damenumkleide und trat in den leeren Raum. Niemand war mehr da. Xeonjun und ich hatten wohl zu lange getrödelt. Zielstrebig bog ich in die Reihe ein, in der mein Spind stand und schrie auf, als sich eine Gestalt in dem Gang zu mir umdrehte. Ich presste mir die Hand auf das Herz.

»Gott, Seola! Was machst du noch hier?« Erschrocken setzte mich auf die Bank vor den Spinden.

»Huch. Sorry, wollte dich nicht erschrecken.« Sie lachte. »Na, ich warte auf dich. Dachte, du könntest noch etwas Gesellschaft gebrauchen.«

Diese Seite liebte ich an ihr. Dann hatte ich das Gefühl, hier eine echte Freundin zu haben.

»Das hättest du nicht ...«

»Habe ich aber. Erzähl! Was hat Hwang am Anfang der Stunde gewollt?«, fragte sie und ihre Augen wurden groß. Ich zuckte mit den Schultern und schälte mich aus meinen Sportklamotten.

»Sie hat versucht, mir Mut zu machen.« Ich stand auf und sprang mit einem Bein auf der Stelle, um den anderen Fuß aus der Sporthose zu ziehen.

»Und hat sie es geschafft? Ich finde ... was machst du da, Ahri?«,

Ich hielt in meiner Hüpfbewegung inne und sah von ihr zu meiner Hose, die ich halb über mein Bein gezogen hatte und die zudem noch verdreht war. »Ich ziehe mich um.« Es klang eher nach einer Frage.

»Ja, das sehe ich. Also hat es etwas gebracht?«

»Was?«

»Das Gespräch.«

»Ach so. Ein bisschen. Ich muss noch darüber nachdenken. Hast du dich mit Xeonjun ...«

»Nein, wir reden nicht darüber.«

Endlich schaffte ich es, die Hose auszuziehen. Warum waren die auch immer so verdammt eng? Ich würde mir eine neue, lockerere kaufen müssen. Vielleicht würde ich meine Schwester nach einer fragen, sie hatte bestimmt eine optimale Hose auf Lager, die noch dazu modisch war. Danach zog ich meine Bluse in Rosé-Farben über. »Irgendwann musst du darüber sprech...«

»Willst du nicht duschen?«

»Mach ich zu Hause. Dir geht's doch nicht gut mit diesem Streit zwischen euch«, sagte ich und schlüpfte in meine Stiefel. Als ich alles zusammengepackt hatte, schulterte ich meinen Rucksack und meine Sporttasche und hielt Seola die Hand entgegen.

»Komm, lass uns gehen.«

Sie ergriff sie. »Wenn ich darüber reden will, kann ich dann zu dir kommen?«

Hand in Hand verließen wir die Umkleide.

»Natürlich! Das weißt du doch. Du kannst mich anrufen oder wir treffen uns. Dass du so was überhaupt fragst«, fügte ich hinzu und es entlockte ihr ein kleines Grinsen.

»Weißt du, Xeonjun ist so einfach. Und ich habe das Gefühl, er hat so jemand Schwieriges wie mich nicht verdient.« Sie sprach leise, weil wir das Uni-Gebäude verließen und vor uns zwei Kerle liefen. Ein milder Wind wehte und begrüßte meine erhitzte Haut.

»Oh, Seola! Du bist nicht schwierig!«

Sie seufzte. »Irgendwie doch. Ich muss die Beziehung vor meiner Mutter verheimlichen, ich bin schnell reizbar und ich ...« Sie brach ab und ließ die Schultern hängen.

»Das sind doch alles Dinge, die du ihm sagen kannst! Redet mehr miteinander«, schlug ich vor und fühlte mich irgendwo auch ein bisschen blöd, weil ich ihr Ratschläge gab. »Ach, was rede ich schon? Ich hatte nie eine Beziehung.« Ich lachte und Seola zog ihre Schultern wieder nach oben.

»Dafür bist du in solchen Sachen aber ziemlich gut.«

Ich schmunzelte über ihren Schmollmund. Es waren Probleme, die wir gemeinsam beheben konnten, oder ich konnte sie so weit stärken, dass sie es allein schaffte. Und das war wichtig in einer Freundschaft. Nicht perfekt, aber echt.

»Was war das jetzt eigentlich mit Taemin?«, fragte sie und ich stöhnte innerlich. Gab es denn kein anderes Gesprächsthema mehr, wenn es um mich ging? Xeonjun würde dafür büßen, dass er Zunder in Seolas Flamme geworfen hatte, was Taemin und mich betraf. Wir schlenderten über die sauber angelegten Campuswege, auf denen teils schon die bunten Blätter des Herbstes lagen, und genossen den milden Wind auf unseren Wangen.

»Sag schon. Du weißt, wie neugierig ich bin!« Seolas Stimmung hob sich in Sekundenschnelle. *Wenn es sonst nichts ist*, dachte ich und zuckte mit den Schultern.

»Wir sind Tanzpartner, Seola. Mehr ist da noch nicht.« Mit dieser Wortwahl beging ich einen sehr, sehr großen Fehler. Sie stürzte sich wie ein Geier darauf.

»*Noch*? Also kann da mehr kommen?«

Aus meiner Kehle stieg ein Lachen hervor und mein Herz fühlte sich ein bisschen freier an. Während ich den Kopf über meine Freundin schüttelte, zog ich sie weiter zu einer Bank, an der ich mich mit Sun treffen wollte.

»Keine Ahnung, was noch kommt. Lassen wir uns überraschen.« Wir setzten uns auf die Bank, die eine perfekt gewölbte Lehne für meinen angestrengten Rücken hatte. Das Abrollen hatte Spuren hinterlassen. »Ich mag keine Überraschungen.«
»Ich schon«, log ich und Seola glaubte mir kein Wort.
»Überraschungen? Wo? Was?« Meine Schwester kam an der Bank an, mit drei Taschen im Gepäck. Bevor ich sie fragen konnte, was das alles war, setzte sie sich neben uns. »Ich mag Überraschungen. Egal, über was ihr geredet habt, es wird gut.« Sie sagte es mit dem größten Lächeln auf den Lippen und ihre Augen strahlten uns von der Seite an.
Ich hoffe, du hast recht, Sun.

Kapitel 13

Vielleicht ein bisschen Lila-blau

Taemin

Ahris besorgte Stimme hallte in meinem Schädel wider und gesellte sich zu meinen Kopfschmerzen. Ich schloss die Augen und ließ mich auf den Boden sinken. Mal wieder lag ich in meinem leeren Raum, er war das perfekte Gegenstück zu meinem Innersten. Ruhig und still, während in mir alles laut und chaotisch war. Heute hatte ich noch nichts gegessen, hatte mir nur eine Jogginghose und einen Pullover übergeworfen, meine Haare waren fettig und meine Kehle trocken. Vielleicht sollte ich etwas trinken.

Ich hasste es, dass ich diese Situation so an mich heranließ, nur konnte ich nichts dagegen machen, weil es um Linya ging. Die Nachricht meiner Schwester hatte mich die ganze Nacht wach liegen lassen, jetzt war es bereits Nachmittag und wir hatten noch immer nicht geredet.

Eine zweite Nachricht war heute Vormittag gekommen.

Er ist wie immer wütend. Später habe ich Zeit und rufe dich an.

Ich war fertig mit diesen Situationen. Mit ihm. Mit all diesem Mist, den er uns antat, den er mir antat. Ich wollte einfach normal sein, akzeptiert werden, wie meine Schwester mich akzeptierte.

Mein Vater war kein Mann, der sich um das ehrliche Wohl seiner Kinder sorgte. Um seine Familie. Er war nicht aus Liebe mit Mam zusammen. Ich wusste es, weil ich schon als kleiner Junge gern und genau beobachtet hatte. Und weil ich viel zu Hause hatte sein müssen, wusste ich, wie ungern sie sich berührten. Wie sie lieber Abstand nahmen und ein Lächeln nur gespielt war, da lag keine Wärme in ihren Blicken. Ich hatte mich daran gewöhnt. Ich wusste, manchmal war es besser, etwas dagegen zu unternehmen, als sich daran zu gewöhnen. Bisher hatte ich nur nicht den Mut gefunden. Und Mam auch nicht. Obwohl es ihr genauso schlecht ging wie mir – als ich noch zu Hause gelebt hatte.

Ich angelte blind nach meinem Handy, das ich nach dem Gespräch mit Ahri auf den Boden neben mich geworfen hatte, und ließ es mit meinem Fingerabdruck entsperren.

»Spiele *Gedankenkarussell*«, sagte ich erschöpft. Mein Handy öffnete die Musik-App und spielte die Playlist ab. Sie brachte alles in mir zum Schweigen, weil sie lebendig und wild war. Eine Frau sang erst leise, dann wurde sie lauter und in der Mitte des Liedes schrie sie all ihre Gefühle zusammen mit der Melodie in die Welt. Ich konnte Schmerz und Wut in ihrer Stimme hören, diese Emotionen hüllten mich ein und verleiteten mich dazu, genauso zu fühlen.

Es erinnerte mich an das Tanzen. Die Musik und der Tanz. Zwei Dinge, die füreinander bestimmt waren. Das eine konnte nicht ohne das andere, zumindest war es für mich so. Ich konnte nicht tanzen ohne die Musik, ich konnte nicht Musik hören, ohne Bewegungen und Muster zu formen. Selbst wenn es nur in meinem Kopf war. Hin und wieder hatte ich das Gefühl, ich müsse der Musik danken, weil sie mich so oft begleitete. Was würde ich ohne sie tun? Was würden meine Gedanken dann machen? Sie wären zu laut, zu viel, niemals leise. Musik bedeutete mir manchmal alles und mehr. Sie war die Melodie meines Lebens und ich wollte mir nicht einmal vorstellen, wie es wäre, wenn es sie nicht mehr gäbe.

Ich lag noch weitere Minuten auf dem Boden, während sich das Gespräch mit Ahri in meinen Kopf drängte.

Ich war unhöflich gewesen.

Ich hatte gelogen.

Zwei Dinge, die ich von mir nicht kannte. Ich würde sie später anrufen und mich entschuldigen. Gerade als ich aufstehen wollte, um in die Küche zu gehen, rief meine Schwester an und mein Herz setzte aus. Ich drückte fünfmal auf das grüne Annehmen-Symbol und meine Stimme überschlug sich beinahe.

»Linya? Geht es dir gut? Wo bist du? Was ...«

Ich hörte einen tiefen Seufzer von ihr und hielt mir mein Handy vor das Gesicht. Erst jetzt merkte ich, dass sie einen Videoanruf gestartet hatte und ihr Bild wurde langsam schärfer, während die Pixel verschwanden. Ich schaltete meine Kamera frei und betrachtete dann meine Schwester. Ihre rotbraunen Locken fielen ihr über die Schultern, sie trug ihren grünen Lieblingspullover, ihre Augenringe waren nicht zu übersehen.

»Entspann dich, Taemin. Mir geht's gut.« Sie log, nur damit mein Herz nicht mehr so schnell schlug. Wann war sie so erwachsen geworden? Ihre großen Augen wirkten durch die Kamera noch größer und ich hätte sie in diesem Moment so gern in den Arm genommen. Ich hielt dieses Gefühl zurück, weil wir beide wussten: Es ging nicht.

»Wie geht es dir wirklich, *Heartbeat*? Was ist passiert?«

Linya lächelte über meine Aussprache. Ich war nicht schlecht in Englisch. Ich war sogar einer der besten Schüler in diesem Englischkurs vor zwei Jahren gewesen. Es fiel mir schwer, das H, E und A mit dem T zu sprechen. Wenigstens brachte es sie zum Lächeln.

»Papa ist nach Hause gekommen. Er hat sich nicht angekündigt.«

Ich konnte sogar durch das Video erkennen, dass sie schlucken musste. Es tat mir weh für sie. Sie sprach tapfer weiter, wie immer.

»Mam und ich haben einfach nur einen Film gesehen und er ist ausgerastet, Taemin. Du kennst das. Er ließ sich nicht beruhigen und mein Herz hat angefangen zu protestieren und es ist … eskaliert«, sagte sie leise und jetzt war ich an der Reihe, schwer zu schlucken.

»Schlägt es noch?«, vergewisserte ich mich, obwohl es sinnlos war. Sie saß vor mir, natürlich schlug es noch. Die Frage war es eben schon gewohnt.

»Es schlägt, Taemin. Es schlägt immer für mich.« Ihre Stimme war ein einziges Flüstern und ich hielt es fast nicht aus, hier so weit weg von ihr zu sitzen. Wir wussten, dass es schneller mit dem Schlagen aufhören konnte, als wir wollten. Immer war ein verdammt falsches Wort in Zusammenhang mit Linyas Herz.

Ich betrachtete ihre Augen, die ungewöhnlich hellen Iriden, und wünschte, ihr alle Sorgen abnehmen zu können.

»Wo bist du eigentlich gerade?« Ich versuchte hinter ihr etwas auszumachen. Etwas Schwarzes zeichnete sich ab, mehr konnte ich nicht erkennen.

»In der Tiefgarage. Ich habe gesagt, ich hätte etwas im Auto vergessen.«

»Du hast da Empfang?«

Sie zuckte mit der Schulter und wandte sich einmal um. Ihr Handy wackelte und ich erhaschte einen Blick auf die Autos hinter ihr. »Sieht aus, als hätte ich den hier unten.«

Ich war froh darum, wollte gar nicht zu genau hinterfragen, seit wann man unter der Erde Empfang hatte. Die Welt wusste wohl, wie dringend wir telefonieren mussten.

»Wie lange bleibt er?«

Linya sah wieder durch die Kamera zu mir. Noch einmal zog sie die Schultern hoch und runter. »Nicht lange. Er hat bald eine Geschäftsreise in Japan. Oder so. Es wird bald wieder alles in Ordnung sein, Taemin«, versprach sie und ich wollte es so gern glauben. Also nickte ich.

»Versuch einfach zu machen, was er sagt. Ich will nicht, dass er wütend wird.« Meine Stimme war rau und kehlig, es fiel mir so schwer, sie darum zu bitten. Es war feige, dennoch besser für alle.

»Ich pass schon auf mich auf«, murmelte sie und die Verbindung wurde schwächer, sodass ich ihr Gesicht nur noch verzerrt wahrnehmen konnte.

»Linya, bitte. Wenn er wieder ausrastet, komme ich nach Hause.«

Sie schüttelte sofort den Kopf. »Nein. Nein, du darfst nicht hierherkommen, Taemin. Ich komme klar, mir geht's gut.«

Ich hasste diese Lüge so sehr. Sie tat weh und schmeckte bitter. Ich wollte doch nur, dass es ihr gut ging. Aber manchmal gingen auch die größten Wünsche nicht in Erfüllung.

»Wie sehr hasst er mich?«, fragte ich unvermittelt.

»Taemin ...«

»Sag bitte die Wahrheit, Linya.«

Ihr Blick ging zu Boden. »Er wollte uns zu seinen Nachkommen machen, Taemin. Und sieh uns an. Du ein Tänzer, ein Träumer. Ich ein Fehler mit bebendem Herzen.« Die Verbindung war jetzt besser, denn sie sah mich direkt an und ich hielt die Luft in meiner Lunge. »Er hasst nicht uns, Taemin. Er hasst sich selbst. Sich und sein Leben. Wir können nichts dafür.«

Sie war mein kaputtes, perfektes Glücksmädchen.

»Linya, wegen dir ...« Ich unterbrach mich und zog eine Grimasse, weil meine Augen brannten. »Wegen dir lebe ich meinen Traum und wegen dir habe ich mich von zu Hause gelöst. Du weißt das, oder?«

Ihr Lächeln wurde schön und breit. »Ich weiß und ich will scheiße noch mal, dass du es durchziehst.« Sie schlug sich die schmale Hand vor den Mund. »Sonst fluche ich nicht, sorry.«

Und meine Tränen wurden zu Glück. Ein winziges bisschen zumindest.

»Linya? Du ziehst es scheiße noch mal auch durch. Okay? Bis es wieder kräftig schlägt.«

Ihr Nicken war zaghaft, trotzdem, es war da. »Ja. Wegen dir. Wegen dir hoffe ich jeden Tag auf ein übrig gebliebenes Herz für mich.«

Wie ich sie vermisste. Wie ich sie einfach nur vermisste.

»Musst du wieder ins Krankenhaus?«
»Morgen. Kontrolltermin, nichts Spannendes.«
Wie immer taten wir so, als wäre das alles okay für uns. Als ginge es uns gut.
Irgendwo war es ja auch so.
Irgendwie waren wir okay, so, wie wir waren.
»Ich muss wieder nach oben. Wir reden die Tage noch mal. Mach dir nicht so viele Sorgen, Taemin.«
Ich schloss kurz die Augen und nickte schwach. »Geht klar, *Heartbeat*.«
Sie winkte und das Bild stockte kurz. »Ach, und wasch dich! Du siehst furchtbar aus. So will ich dich nicht einmal virtuell knuddeln«, rief sie und rollte scherzend die Augen.
»Würdest du doch«, gab ich zurück und versuchte ehrlich zu grinsen. »Bis zum Mond, Linya?«
»Und zurück«, antwortete sie und legte auf.
Eine Viertelstunde lag ich kerzengerade auf dem Boden und erlaubte mir, sie zu vermissen. Ganz und mit allem, was ich hatte. Dann beschloss ich, stark zu sein und es einfach auszuhalten.
Mit wankendem Schritt stand ich auf und verließ meinen Tanzraum, schlurfte in die Küche und nahm eine Flasche Wasser aus dem Kühlschrank. Mit großen Schlucken trank ich und hörte erst auf, als sich mein Bauch bereits wie ein Schwimmbad anfühlte.
Die nächsten zehn Minuten redete ich mir ein, dass zu Hause alles gut sei. Unser Vater würde bald wieder weg sein, meine Schwester hatte gelächelt und ich hatte sie gesehen. Ich hatte gelernt, mich selbst wieder auf die Schienen zu setzen, wenn ich aus der Bahn fiel. Und jetzt die nächste Hürde. Eine nach der nächsten.
Mein Blick suchte die Uhrzeit und ich wählte Ahris Nummer. Der Unterricht war vorbei und vielleicht hatte ich Glück und sie ging ran. Ich wartete. Niemand hob ab. Ich seufzte und wollte auflegen, als ihre gedämpfte Stimme durch den Hörer hallte.
»Ja? Taemin?«
Ich schluckte. »Hey, Ahri. Hast du kurz ein paar Minuten?« Es

knisterte bei ihr, dann war ihre Stimme lauter zu vernehmen.

»Klar. Was gibt's denn, geht es dir gut?« Sie wiederholte die Frage, die sie auch schon bei unserem vorherigen Telefonat gestellt hatte. Ich war ihr dankbar dafür, denn sie brachte Sorge für mich auf, obwohl ich sie in der Tanzstunde allein gelassen hatte. Die Stunde wäre wichtig für uns zum Üben gewesen.

»Es geht mir besser, danke. Ich ... ich wollte mich entschuldigen«, sagte ich kurz angebunden und merkte gleich darauf, wie mies diese Entschuldigung klang.

»Ist schon ...«

»Es tut mir leid, dass ich nicht Bescheid gesagt habe. Das war nicht fair von mir.« Ich lief in meinem Wohnzimmer auf und ab. Ich war so schlecht in solchen Dingen, das konnte nicht normal sein.

»Ist schon okay, Taemin. Manchmal geht es einem einfach nicht so gut, du musst dich dafür nicht entschuldigen.« Ahris Stimme zitterte ein bisschen, so wie jedes Mal, wenn sie nervös war. Wenn ich ehrlich war, beruhigte mich ihre Stimme. Oder so.

»Okay, also kann ich es wiedergutmachen?« Kurz blieb ich stehen.

»Du hast es doch schon wiedergutgemacht«, erklärte sie mir und ich setzte mein auf und ab tigern fort. Ich versuchte zu lächeln, aber es funktionierte noch nicht wirklich.

»Können wir uns am Freitag nach der Uni treffen? Wir können weiter über die Aufgabe sprechen und ich kann mich ehrlich entschuldigen«, schlug ich in einem Atemzug vor und holte dann tief Luft, sodass es bei ihr rauschen musste. Atmen war manchmal schwer.

»Ich habe bis siebzehn Uhr Zeit. Reicht das?« Sie klang hoffnungsvoll. Bildete ich mir das ein? Oder war es wirklich so, ich konnte es in diesem Moment nicht wissen. Ich lächelte. Diesmal ehrlich. Ich war auch hoffnungsvoll.

»Wir haben zwei Stunden. Genug Zeit, um uns besser kennenzulernen.« Ich wunderte mich einmal mehr, wie selbstbewusst ich klingen konnte. Chiron wäre stolz auf mich. Er würde mir zuzwinkern und wie ein Vater nicken. Ich verdrehte die Augen bei dieser komischen Vorstellung. Ahri räusperte sich am anderen Ende. Es klang verlegen und vermutlich presste sie sich ihre freie Hand an die Wange.

»Wir können es ja einfach herausfinden. Ob die Zeit reicht, meine ich«, fügte sie leiser hinzu und ich blieb wieder stehen. Anstatt meiner Beine lief jetzt mein Herz viel zu schnell. Diese Situation war völliges Neuland für mich und ich wusste nicht, warum es sich so richtig anfühlte.

Glaub mal an dich selbst.

Ich musste an mich glauben, an das, was ich konnte, weil diese Aufgabe so wichtig war.

»Ist es okay, wenn ich dich am Freitag abholen komme und wir gehen in ein Café? Oder so was.« Ich kniff die Augen zusammen, hörte sie laut atmen.

»Okay«, sagte sie einfach. »Ich schicke dir später meine Adresse.«

Mir fiel ein Stein vom Herzen. Genau wie vor zweieinhalb Wochen, als wir zu Partnerin und Partner gemacht worden waren. Es war einfach mit ihr. Auch wenn sie oft schüchtern und nervös war und ich unsicher. Irgendwie war es trotzdem einfach.

Und ich schätzte das sehr.

»Danke, Ahri.«

»Nichts zu danken.«

»Also dann ...«

»Warte, Taemin!« rief sie plötzlich und ich war kurz überrascht über ihre laute, volle Stimme.

»Ja, was denn?«

»Ich hatte ein Gespräch mit Hwang«, erzählte sie und ich zog die Brauen hoch.

»Wirklich? Ging es um uns?« Warum sonst sollte sie mir davon erzählen? Sie machte ein bejahendes Geräusch.

»Wir haben die beste Idee. Und die schlechteste Ausarbeitung.«

Ich ließ für den Moment die Schultern fallen. Schnell zog ich sie wieder nach oben, ich würde meinen eben neu gefassten Mut jetzt nicht fallenlassen. »Wir ändern das, okay?«

Sie sagte darauf nichts.

»Ahri?«

»Ja. Ja, sie meinte, wir sollen uns mehr trauen.«

Ich dachte über diese Worte nach. Zwei Sekunden verstrichen, dann drei weitere. Langsam rieb ich mir mit dem Daumen über das Kinn. Ich wollte nicht, dass das Gespräch mit der Professorin sie beunruhigte. Und ich verfluchte mich einmal mehr dafür, dass ich nicht dort gewesen war.

»Dann ist es am Freitag Zeit für einen Mutausbruch.« Damit entlockte ich ihr ein Lachen, das ansteckend war.

»Ahri?« Im Hintergrund erklang eine gedämpfte Stimme. Mein Lachen ebbte ab, genau wie ihres.

»Ich komme gleich!«, rief Ahri zurück.

»Deine Schwester?«

»Ja. Mal wieder.« Die leichte Ironie in ihrer Stimme erinnerte mich an das letzte Mal, als sie uns unterbrochen hatte.

»Mit wem telefonierst du da überhaupt?«, rief eine zweite Frauenstimme. Sie klang stark nach Xeonjuns Freundin Seola. Waren sie zu dritt unterwegs und ich hatte sie aufgehalten?

»Okay, also dann, bis Freitag.«

Ich wollte auflegen, als ein »Danke, Taemin« durch den Hörer hallte.

»Du musst mir am Freitag erklären, für was genau«, murmelte ich.

Sie holte tief Luft, oder lachte sie auf? Ich konnte es nicht deuten.

»Ich werde zu nervös sein. So gut kennst du mich doch schon.« In diesem Moment war sie so unwahrscheinlich ehrlich zu mir, dass ich nicht wusste, was ich darauf antworten sollte. Mein Hirn und mein Mund arbeiteten jedoch von ganz allein und beendeten das Gespräch für mich.

»Ich sagte doch: Mutausbruch!«

»Ja, vielleicht hast du recht. Bis dann!«

»Bis Freitag, Ahri.«

Es war früher Abend und die Sonne wanderte dem Horizont entgegen, bald würde sie ihn erreichen und die Welt dem Mond überlassen. Teile des Himmels wurden von den Hochhäusern verdeckt, aber ein wenig konnte man doch erkennen.

Ich lehnte im Wohnzimmer an dem großen Fenster und betrachtete das Leben. Nach wenigen Minuten stieß ich mich von der Fensterbank ab und lief in mein Schlafzimmer, das Fenster dort lag genau gegenüber der Tür. Mich empfing ein leuchtender Himmel. Farben strahlten, die schwachen letzten Sonnenstrahlen glitzerten mit den feinen Wolken um die Wette. Ich wusste nicht, wie ich dieses Szenario beschreiben sollte. Chiron hätte die Farben perfekt aufgezählt und anschließend hätte er diese Szene ebenso perfekt gemalt. Ich fragte mich manchmal, was es doch für ein Phänomen war, dass wir Menschen die Kolorite des Lebens alle unterschiedlich wahrnahmen. Ich blickte in den Himmel und machte dort unendlich viele Nuancen aus. Irgendwas zwischen hell und heller. Wie würde ein anderer dieses Farbenspiel beschreiben?

Automatisch nahm ich mein Handy aus der Tasche meiner Jogginghose und öffnete Ahris und meinen Chat. Ich tippte, und kurz verweilte mein Daumen über dem Senden-Button, dann schickte ich meine Nachricht.

Ich: Hey, Seon Ahri.
Ich: Hast du gerade freien Blick auf den Himmel?

Ich musste keine Minute auf ihre Antwort warten.

Ahri: Ja, habe ich.
Ahri: Ein bisschen.

Ich: Wie sieht er bei dir aus?

Ahri: Er leuchtet.
Ahri: Mit ganz vielen Farben.
Ahri: Hellgelb, ein feines Orange.
Ahri: Vielleicht ein bisschen Lila-blau.

Ich lächelte auf mein Handy hinab. Dann wandte ich meinen Blick wieder dem Himmel zu und hatte das Gefühl, ihn nun viel besser sehen zu können.

Ahri: Wie sieht er bei dir aus, Taemin?

Ich ließ auch sie nicht lange warten.

Ich: Ich finde keine Worte dafür.
Ich: Schön. Er ist schön.
Ich: Was ist dein Lieblingshimmel?

Mit ihr Gedanken-Nachrichten zu tauschen, rettete meinen Tag, schob die Angst und den Stress ein wenig beiseite.

Ahri: Wenn er blasslila ist.
Ahri: Und wenn Flugzeugspuren zwischen den Wolkenfasern und Farben zu sehen sind. Weil ich mir dann wünsche, eines davon würde mich mit um die Welt nehmen.
Ahri: Ich nenne das meinen Fernweh-Himmel.

Kapitel 14

Wolkenbruch

Ahri

»Was ziehst du denn jetzt an?«, rief meine Schwester durch die Wohnung und ich stöhnte zum gefühlt zehnten Mal laut auf. Nein, das war untertrieben. Es war definitiv schon öfter gewesen.

Ich saß auf einem runden Hocker in unserem Ankleidezimmer und starrte auf die Schränke, in denen sich Hosen, Pullis und Röcke türmten. Ich hatte einfach meine Boyfriend-Jeans und den bauchfreien Pullover anlassen wollen, bei dem man keinen Bauch sah, da die Hose weit oben an meiner Hüfte saß. Aber meine Schwester wollte mich so nicht gehen lassen, also saß ich jetzt hier ohne Plan und noch weniger Ahnung.

Ich ließ den Kopf in meine Hände fallen, wollte einfach einen Moment an nichts denken. Manchmal war das eine sehr gute Methode. Früher, als Mama und Papa sich uneinig gewesen waren und laut diskutiert hatten, legte ich mir die Hände auf die Ohren und versuchte an gar nichts zu denken. Und wenn sie fertig waren, sich mit Worten zu kränken, hatte ich die Hände von meinen Ohren genommen und es war, als hätten diese unschönen Momente zwischen meinen Eltern gar nicht existiert. Siwon und

Sun hatten sich mit diesem Trick nicht anfreunden können, sie meinten, es klappe bei ihnen nicht und sie würden trotzdem alles hören. Sie verstanden nicht, wie man seine Gedanken ausschaltete. Also war es einfach mein Ding geblieben und auch heute funktionierte es. Einfach nichts störte mich, ich fühlte keine Nervosität und stellte mir keine unnötigen Fragen. Das war für den Moment schön.

»Ahri, hör auf, an nichts zu denken!«, rief meine Schwester laut und ich hob den Kopf. Sun lehnte im Türrahmen und lächelte mich an. Sie hatte sich eine Schürze umgebunden und an ihrer Wange klebte ein wenig Teig. Unter ihrer Schürze trug sie einen Jumpsuit, diese Hosenanzüge waren ihre liebsten Kleidungsstücke. Seit wir von der Uni zurückgekommen waren, stand sie in der Küche und backte irgendwelche süßen Teigtaschen für den Ausflug. Heute Abend um sechs würde es losgehen, mein Koffer wartete bereits gepackt in meinem Zimmer und am liebsten würde ich sofort zum Bahnhof rennen, doch das Treffen mit Taemin hielt mich davon ab.

Wir hatten uns gestern einmal kurz in der Mensa gesehen, er hatte müde gewirkt. Auch in den Kursen hatte er manchmal nur wenige Reihen von mir entfernt gesessen, nur hatten wir kein Wort miteinander gewechselt. Das hieß nicht, dass es unangenehm wäre, mit ihm zu sprechen, nur taten wir es einfach nicht. Er würde in zwanzig Minuten hier aufkreuzen und ich hatte laut meiner Schwester noch nicht das Richtige an.

»Warum soll ich mich eigentlich umziehen?«, fragte ich noch einmal. Diese Frage hatte ich schon so oft gestellt wie ich aufgestöhnt hatte. Sun klatschte in die Hände. Dann kam sie weiter in den Raum und drehte sich einmal um die eigene Achse, in diesen Sekunden nahm sie alle Schränke und vermutlich auch alle Outfits wahr. Ich blieb trotzig auf meinem Hocker sitzen.

»Glaub mir, Taemin ist so was wie Styling nicht wichtig«, sagte ich, obwohl wir nie darüber geredet hatten. Es war nur eine Vermutung und Sun kaufte sie mir ab.

»Genau deswegen wird er beeindruckt sein! Weil du die perfekte Kombination tragen wirst!«

Ich schüttelte amüsiert den Kopf. »Dein erster Freund tut mir jetzt schon leid«, murmelte ich im Scherz und meine Schwester lachte laut auf. Sie legte die Hand nachdenklich unter ihr Kinn.

»Mir tut er auch schon leid.«

Diesmal war ich diejenige, die lachte.

»Das ist doch schon mal eine gute Voraussetzung, oder?«, fragte sie und sah nach oben, als würde sie übertrieben stark nachdenken.

»Ja, wenigstens bringst du Mitgefühl für ihn auf. Das solltest du bei mir auch«, murrte ich und stand schließlich doch auf. »Also, was empfiehlst du?«

Sie wirbelte herum, zog hier ein Shirt heraus, riss dort ein Kleid vom Bügel. »Nein, nein, nein.« Sie tigerte umher. »Zu übertrieben.«

Ich zog die Brauen nach oben und betrachtete sie von der Seite. Suns Blick huschte im Raum umher. Plötzlich verzog sie ihre vollen Lippen zu einem breiten Grinsen. »Ich hab's!« Sie reichte mir eine schwarze High-Waist-Hose, ein weißes Hemd und einen türkisen Pullunder.

»Dazu kannst du gut deine schwarzen Schnürstiefel kombinieren«, erklärte sie und lief eilig aus dem Raum, weil etwas in der Küche laut zischte. Ich stand perplex da und betrachtete die Kleidungsstücke.

Einfach eine Hose und einen Pullunder, ernsthaft, Sun?

»Da kann ich auch anlassen, was ich jetzt anhabe!«, rief ich ihr durch den Flur zu. Ich hörte ein quiekendes Geräusch, konnte es nicht wirklich benennen.

»Kannst du! Ich würde trotzdem auf die Modestudentin hören!«

Eins zu null für Sun-Nyu.

Also machte ich mich daran, fertig zu werden, bevor Taemin hier auftauchte und ich noch halb in dem alten und zu Teilen in dem neuen Outfit steckte. Als Sun-Nyu am Mittwochabend erfahren hatte, dass mich Taemin abholen würde, war sie komplett ausgerastet. Und das war keine Übertreibung. Sie hatte angefangen hundertmal »*Jaahhaa*« zu rufen und mich mit mindestens genauso vielen Fragen gelöchert. Ich hatte darauf beharrt, dass wir uns wegen dieser Teamarbeit trafen, und Sun hatte mir kein Wort geglaubt. Ihre Euphorie war beinahe ansteckend gewesen.

»Ist es wirklich so schön?«, hatte meine Schwester gestern Abend gefragt, als wir in meinem Zimmer auf dem Boden gelegen und unsere Beine nach oben an die Kante meines Bettes gelehnt hatten.

»Was denn genau?«

»Na, jemanden kennenzulernen, den man irgendwie versteht«, hatte sie leise gemurmelt und ich hatte ihre schmale Hand in meine genommen.

»Es ist beängstigend und ein bisschen aufregend. Und man kann es gar nicht in Worte fassen, weil eine Freundschaft einfach von selbst entsteht.« Ich hatte meinen Kopf näher zu ihrem gelegt, so nah, dass sich unsere Haare berührten und einen wunderschönen Kontrast darstellten. Dunkel und hell, blass und kräftig.

»Ich glaube, ich habe so etwas noch nicht oft erlebt, Ahri.«

Ich wusste genau, wie es ihr ging, denn auch ich hatte so etwas noch nie erfahren. Mit Seola und Xeonjun war es anders, denn die beiden hatten Sun und ich zusammen kennengelernt. Sie hatten uns im Doppelpack kennengelernt und waren zu Freunden geworden. Jemanden kennenzulernen, ohne dass Sun dabei war, hatte es für mich noch nicht gegeben. Je länger ich über diese Tatsache nachdachte, desto trauriger schien es mir. Menschen ohne Sun zu begegnen fiel mir schwerer, also nahm ich den leichten Weg, zusammen mit meiner Schwester. Wir würden immer den leichten Weg wählen und der hieß: gemeinsam.

»Du wirst es herausfinden«, hatte ich ihr zugeflüstert, und danach hatten wir über weniger ernste Themen gesprochen. Sie hatte mir versichert, am Wochenende mit in den Ulsan Grand Park zu gehen, weil sie ebenfalls fand, dass dort ein bisschen Magie auf uns warten würde und wir diese besonders brauchten.

Immer in Gedanken und am Träumen, hörte ich Xeonjuns Stimme in meinem Kopf, musste lächeln und beförderte meine Gedanken wieder in das Hier und Jetzt.

Ich schlüpfte also in den türkisen Pullover und sah mich im Spiegel an, der an einer der Schranktüren befestigt war. Ich mochte das Outfit. Es passte gut zu meinen dunklen Augen und Sun hatte das gewusst. Sie wusste immer, was mir passte, was mir stand, was ich mochte.

Als es klingelte, zuckte ich zusammen und mein Herz raste los. Ich hörte Sun aus der Küche poltern und auf die Sprechanlage drücken.

»Sag ihm, ich komme runter«, rief ich noch, doch sie ignorierte mich gekonnt.

»Ja, hallo?«

Es rauschte, dann kam seine Stimme durch die Anlage. »Ich bin's, Taemin.«

»Was für eine Überraschung! Komm ruhig rauf. Ahri ist gleich so weit!«, flötete meine Schwester in den Hörer und ich verfluchte sie innerlich. Ich stürmte aus dem Ankleidezimmer.

»Sun?«

Sie stand an der Wohnungstür und zuckte entschuldigend die Schultern. »Es tut mir leid! Ich will ihn sehen.« Ihre simple Erklärung brachte mich zum Lachen. »Außerdem muss ich wissen, wie groß er ist, damit ich ihn zusammenschlagen kann, falls er dich verletzt«, erläuterte sie weiter.

Ich starrte sie an. »Du willst ihn zusammenschlagen?«

»Nur wenn es nötig ist.«

»Ich hoffe, es ist nicht nötig. Denn sonst würdest du dich bei dieser Aktion vermutlich selbst verletzen.« Ich eilte in mein Zimmer, um mir meine Jacke, den Geldbeutel und eine kleine Handtasche zu holen.

»So viel Vertrauen hast du also in mich!«, jammerte meine Schwester aus dem Flur. Ich grinste. »Das heißt, er ist groß, oder?«

Ich antwortete nicht, sondern war damit beschäftigt, wild durch meine Haare zu fahren und sie zu bändigen. Dann war da plötzlich seine tiefe Stimme und ich blieb wie angewurzelt stehen.

»Ich bin Ahris Schwester. Du kannst mich duzen, das Formelle ist mir nicht so wichtig. Komm gern rein«, vernahm ich Sun.

»Seon Sun-Nyu, richtig? Ich bin Jeong Taemin.« Man hörte seine höfliche Art schon aus diesem einen Satz heraus. Ich nahm meine Jacke vom Haken an meiner Zimmertür.

»Absolut richtig. Meine erste Frage: Bist du gut im Nahkampf?« Ich zog die Brauen nach oben, blieb an meiner Tür stehen und lauschte.

»Ich weiß nicht ... Ist das eine ernst gemeinte Frage?« Taemin klang unsicher und ich sollte ihn aus dieser Situation retten. Doch ich wollte unbedingt die Erklärung von Sun hören, also blieb ich noch kurz in meinem Zimmer.

»Sehr ernst! Das ist wichtig für mich zu wissen. Wenn du gut sein solltest, muss ich noch etwas trainieren«, erklärte meine Schwester Taemin und ich hörte ihn leise lachen.

»Willst du gegen mich kämpfen?«, fragte er und ich bewunderte seine Fähigkeit, andere Menschen zu durchschauen. Meine Schwester hielt inne, fast als wäre sie perplex.

»Das habe ich nicht gesagt. Es war eher so eine theoretische Frage«, meinte sie und ich fand, es war Zeit, mein Zimmer zu verlassen. Sun-Nyu und Taemins Blicke flogen zeitgleich zu mir und durch seine dunklen, dunklen Augen fühlte ich mich seltsam beobachtet. Ich hob die rechte Hand.

»Hi.« Taemin musterte mich gezielt. Er trug eine schwarze Jeans und Boots, einen blauen Kapuzenpullover mit überzogenen Schultern und Bauchtasche. Seine dunklen Haare wellten sich, machten was sie wollten, fielen ihm verwegen in die Stirn. Ich war von seinem Gesamtbild mehr als verwirrt. Nein, ich war von meinen Gefühlen verwirrt.

»Hey«, antwortete er und ich lief zu ihnen, um mir meine Schuhe anzuziehen.

»Wisst ihr schon, wo ihr hingehen werdet?«, fragte meine Schwester und ich bejahte es, während ich mich bückte, um meine Schuhe zu binden. »Ins *Zeitvergessen*.« Ich richtete mich auf. »Soll ich dir was mitbringen?«

Ihre Augen fingen an zu strahlen und sie nickte eifrig. »Oh, das wäre toll! Du weißt schon, diesen guten Smoothie!«

Ich wusste genau, welchen sie meinte und versprach ihr hoch und heilig, einen mitzunehmen. Ich zog meine Jacke über. »Bis später, Sun. Versuch, die Küche nicht abzufackeln!«

Wir lachten und Taemin sah ein bisschen überfordert aus. Ich deutete eilig zur Wohnungstür und er verstand: Wir verschwanden jetzt besser. Er griff nach der Türklinke und verbeugte sich kurz vor meiner Schwester. »War schön, dich kennenzulernen«, sagte er höflich und Sun salutierte vor ihm.

»War mir eine Ehre, Taemin. Bis zum nächsten Mal!« Sie winkte und gerade als ich hinter ihm aus der Wohnung wollte, griff sie nach meinem Arm.

»Oh Ahri, ihr seid so süß!«, quiekte sie und ich entzog mich ihr, bevor Taemin etwas hörte.

»Bis später, Sun!« Ich schloss die Tür. Taemin stand auf dem Flur und wartete, ein leichtes Lächeln auf den Lippen. Und es schwoll an, als meine Schwester auf der anderen Seite laut jubelte. Wahrscheinlich hörte man es noch in den benachbarten Wohnungen und unten auf den Straßen.

»Außerdem trägt er Blau, deine Lieblingsfarbe! Das ist ein Zeichen, Ahri!«

Im *Zeitvergessen* suchten wir uns einen Fensterplatz und ich zog die Beine zum Schneidersitz an, machte es mir gemütlich auf dem hellrosa Kissen. Taemin saß mir gegenüber auf einem gelben Kissen, vor sich einen Teller. Es war nicht viel los, normaler Nachmittagsbetrieb, die Atmosphäre gemütlich. Und es roch nach Süßigkeiten, für immer wollte ich hier atmen.

Heute ging es um die Musik für unseren Tanz. Ohne Song konnten wir uns keine Choreografie ausdenken, ich hoffte, wir würden einen schönen finden. Einen, der uns beiden gefiel.

Einen, den wir fühlten und verstanden und mit dem Tanz umsetzen konnten. Taemin verschlang gerade sein drittes Yakgwa-Plätzchen und schwärmte von dem warmen Honig. Ich musterte ihn belustigt. Während er so beschäftigt war, gab er mir Zeit, ihn näher zu betrachten. Dieser dunkelblaue Pullover betonte seine Augen so unfassbar schön. Ich verliebte mich an diesem Nachmittag in diesen Pulli. Wenn er ihn irgendwann einmal unachtsam irgendwo liegen ließ, würde ich ihn heimlich mitnehmen.

Ich ließ meinen Blick weiterwandern, über seine gerade Nase, die Lippen voller Teig und Honig, seine Augen, die schmal wurden, wenn er lachte. Als er aufsah, lenkte ich meinen Blick hinter ihn nach draußen. Es regnete noch immer, würde es wohl den ganzen Tag, und ich freute mich ein bisschen darüber. Regen erinnerte mich an die guten Momente, an die Frische der Natur und die glitzernden Tropfen, die auf unserer Erde zerplatzten und zu tausend weiteren Perlen wurden. Trotz des nassen, ungemütlichen Wetters waren die Menschen auf den Straßen unterwegs. Sie rannten von Laden zu Laden, überquerten die Straßen und verbrachten ihren Freitagnachmittag entspannt, andere eilig.

»Warst du schon einmal an einem ganz ruhigen Ort?« Taemin riss mich aus meinen Gedanken und unsere Blicke trafen sich auf halbem Weg über den Tisch. Ich dachte an Oma Miga und ihren stillen Hof, an die Ruhe zwischen den Bergen und die wohlige Wärme in ihrem Blick.

»Meine Oma wohnt etwas außerhalb der Stadt, auf dem Land. Dort ist es ruhig.« Ich vermisste es, bei ihr in der Küche zu sitzen und ihr beim Kochen zuzusehen. Vermisste den Geruch nach frischer Natur und einem offenen Himmel über mir, wenn ich draußen mit Sun im Gras gelegen hatte. Eilig verdrängte ich diese Bilder und konzentrierte mich auf den Mann vor mir. Er hatte sein Gebäck zur Seite gelegt und starrte aus dem Fenster. »Was ist mit dir?«

Er zuckte mit den Schultern. »Ich kenne Daegu nur in Fülle. Überall Menschen, überall eine Menge. Seoul ist ähnlich, da bin ich aufgewaschen, meine Familie wohnt in der Stadt. Manchmal denke ich, Seoul ist noch lauter als Daegu. Ich kenne keine ganz ruhigen Orte.«

Irgendwie machte mich diese Antwort traurig. Seine Seele hatte nur die vollen und lauten Plätze erlebt, nicht aber die stillen, sanften.

»Manchmal denke ich beim Musikhören, dass es still ist«, gestand ich und er legte den Kopf schief. »Obwohl es dann alles andere als leise ist.«

Taemin verschränkte die Hände unter seinem Kinn. »Vielleicht, weil du die Welt dann nicht mehr hörst«, sagte er.

»So habe ich das noch nie betrachtet.«

»Das war jetzt auch nur ein zufälliger Gedanke«, sagte er beiläufig und starrte sein letztes Yakgwa an. »Dieses Gebäck ist so gut, warum war ich noch nie hier?« Seinem schnellen Themenwechsel konnte ich ohne Probleme folgen.

»Siwon wohnt über dem Café, deswegen bin ich ab und an hier.«

»Ist Siwon dein Bruder?«

»Ja, der andere Drilling. Siwon hat mich in meinem Traum wohl am meisten bestärkt.«

»Welchem deiner beiden Träume?« Seine Fragen waren schön, also bekam er ehrliche Antworten.

»Zu Tanzen. Von dem Astronautenplan hielt niemand was, weil es gefährlich ist.«

»Ich wünschte, jemand hätte mich bestärkt.«

Ich glaubte, er hatte es nicht sagen wollen. Manchmal war der Mund schneller als das Gehirn und jetzt schwebten seine Worte zwischen uns und ich sah zu ihm, in seine braunen Augen. »Hattest du niemanden, der dich ermutigt?«

»Meine Schwester, aber sie ist selbst noch jung.«

Ich wartete, ob da mehr kam, nickte kaum merklich, um ihm zu sagen, dass er es aussprechen konnte, wenn er wollte. Taemin lächelte traurig und so, so verdammt ehrlich.

»Na ja, meine Eltern haben nicht an mich geglaubt. Das tun sie noch immer nicht. Es ist okay für mich. Ich bin eben allein von

Seoul nach Daegu gezogen, meinem Traum hinterher.« Er ballte seine Hände zu Fäusten und legte sie auf der Tischplatte ab. Die Geste zeigte, dass es eigentlich überhaupt nicht okay war.

»Vielleicht wird es irgendwann besser als okay. Daran solltest du festhalten«, sagte ich, obwohl das wahrscheinlich ziemlich abgedroschen klang. Doch er nickte nachdenklich.

»Das sagt Linya auch oft. Ich sollte euch beiden wohl glauben.« Sein Lächeln wurde wieder etwas wärmer, nicht mehr so leer und traurig.

Es fiel mir immer leichter, mit ihm über unser persönliches Leben zu sprechen. Es machte sogar Spaß, mit ihm über Dinge zu sprechen, die nicht den Tanz betrafen. Weil er den Blick nicht von mir abwendete, starrte ich auf Taemins letzten Plätzchenrest. Vor mir stand nur ein Smoothie, ich hatte keinen Hunger gehabt. Wenn ich es mir genauer überlegte, musste das wirklich sehr lecker sein und …

Ohne etwas zu sagen, schob er seinen Teller über die Tischplatte und nickte mir auffordernd zu. Ich hinterfragte es nicht. Nahm sein Angebot einfach dankbar an und verschlang den letzten Rest des Gebäcks.

Hmmmmmmm!

Es schmeckte tausend Mal besser, als es aussah. Mit einer Serviette tupfte ich mir die Honigmundwinkel ab.

»Ein bisschen mehr hättest du mir schon übrig lassen können«, sagte ich frei heraus. Taemin lachte laut, die Stimmung zwischen uns wurde fröhlicher. Er lehnte sich nach vorne und kam mir näher. Dann zwinkerte er mir zu. Glaubte ich. Ich war überfordert.

Und er sagte: »Das nächste Mal, Ahri.«

Es war ein Versprechen und ich genoss das damit einhergehende Gefühl. Es war lebendig und ließ mein Herz so viel schneller schlagen, als gut für mich war. Ich wusste nicht, woher ich den Mut nahm, aber ich beugte mich ihm entgegen und erwiderte seinen Blick direkt.

»Einverstanden, Taemin.« Ich hatte keine Ahnung, was sich in meinem Kopf und meinem Herzen abspielte. Es war neu und schön. Und gefährlich, also verdrängte ich meine Gefühle und setzte mich wieder gerade zurück. »Hast du schon ein Lied im Kopf?«, fragte ich und Taemin blinzelte kurz, dann war er wieder ganz der Alte, mit seinem Lächeln und den freundlichen Augen.

»Ich habe immer Musik im Kopf.«

»Sind deine Sätze auch immer so schön gewählt?«

»Nein. Du weißt doch, meistens ist mein Kopf Chaos.«

»Meiner auch, Taemin. Sun hat einmal gesagt, meine Gedanken sind unordentlicher als ihr Zimmer.«

Unsere Blicke hielten sich fest.

»Will ich wissen, wie unordentlich es ist?«

»Vermutlich nicht. Alles übereinander, chaotisch, wirr.« Ich setzte mich anders hin und winkelte die Beine zur Seite an.

»Wie lange lebt ihr schon allein? Du und deine Schwester«, fragte er weiter.

»Seit letztem Jahr. Wir sind zu Beginn des Studiums ausgezogen. Und du? Die ganze Zeit allein in der Wohnung?«

Er zog eine Grimasse, die ich nicht wirklich gut deuten konnte. »Ja, es wäre die meiste Zeit ziemlich einsam bei mir, wenn mein Nachbar nicht mindestens einmal pro Tag vorbeikäme.« Er grinste.

»Sag mir bitte, dass du mit Nachbar keine Katze oder so meinst«, sagte ich und bemühte mich, ernst zu bleiben.

»Wie konntest du das wissen?« Sein Erstaunen sprach Bände und mein Lächeln verrutschte. Er meinte doch nicht wirklich eine Katze, oder? »Ich wusste nicht …«

Taemins Lachen hallte durch das Café, er versuchte es zu unterdrücken, es gelang ihm nicht sonderlich gut. Ich legte mir die Hände an die Wangen und fühlte sie warm werden, vermutlich wie immer erdbeerrot. Er hatte mich auf den Arm genommen und die Falle dafür hatte ich mir selbst gestellt. Er lachte immer noch.

»So lustig ist es nicht«. Doch ein bisschen musste ich selbst grinsen, einfach, weil seins ansteckend war.

»Ist es auch nicht.«

»Oh. Warum lachst du dann?«

»Weil ich glücklich bin.« Sein Blick traf mich, intensiv, direkt.

»Ich dachte, die Menschen lachen dann.«

»Manchmal weinen die Menschen auch vor Glück«, merkte ich an und Taemin legte den Kopf schief. Ein paar einzelne Haarsträhnen fielen ihm dabei in die Stirn und verdeckten fast seine schönen Augen.

»Ich kann auch weinen.« Keine Sekunde später verzog er übertrieben traurig das Gesicht und ich hätte ihn am liebsten geboxt. Ich konnte nicht beschreiben, wie er war. Denn er war einfach Taemin. Lustig und freundlich. Intelligent und attraktiv. Fast würde man meinen, dieser Mann wäre perfekt, nur dafür wusste ich zu wenig über sein persönliches Leben.

»Was ist?«, fragte er leise. Er hatte aufgehört zu lachen und sah mich fragend an.

»Ich ... was?«

»Was hast du gerade gedacht?«

Ich musterte ihn und nahm mein ganzes Selbstbewusstsein zusammen, als ich sagte: »Ich habe mich gefragt, ob du perfekt bist.«

Offenbar hatte er nicht mit so etwas gerechnet. Kurz konnte ich all die Schatten in seinem Blick sehen und hatte damit meine Antwort. Die Antwort, die er mir wirklich gab, gefiel mir ein bisschen besser.

»Ich denke, du wirst es herausfinden müssen, Seon Ahri.«

Bevor ich irgendwas zu dieser Herausforderung sagen konnte, vibrierte mein Handy, das auf dem Tisch lag. Und hätte mir ein anderer Name entgegengeleuchtet, egal welcher, wäre ich nicht rangegangen. Doch als ich den Namen meines Bruders las, der in letzter Zeit nie einfach so anrief, nahm ich ab.

»*Nightmare?*«

»Ahri? Wo bist du?« Seine Stimme klang leise, als wäre er weit, weit weg. Als wäre seine Stimme mitten im Leben einfach gebrochen.

»Siwon? Was ist los?«, krächzte ich in den Hörer. Irgendwas

stimmte nicht bei ihm. Es krachte. Er fluchte.

Dann rauschte es.

»*Nightmare*? Hallo?«

Sein Atem wurde lauter und er kam näher an sein Telefon, als er die nächsten Worte sprach, klang es deutlicher. »Sag mir, wo du bist, Ahri!«

Ich zuckte zusammen und Taemin runzelte die Stirn. Er ließ mich nicht aus den Augen und ich war zu gestresst, um aufzustehen und rauszugehen. Dieses Telefonat gehörte nicht in dieses Café, denn hier war es friedlich und wohlig. Mir war in jeglicher Weise warm gewesen. Die Stimme meines Bruders machte alles in mir kalt.

»Ich sitze unten im *Zeitvergessen*. Bist du in deiner Wohnung?«

Stille. »Ich kann hochkommen«, sagte ich schnell und Siwon hielt den Atem an. Zumindest hörte ich kurze Zeit nichts mehr, bevor er heiser sagte: »Ich komme runter.«

Irgendwas krachte noch einmal, war etwas kaputtgegangen? So konnte er nicht runter in das Café kommen, ich musste zu ihm nach oben.

»Siwon, ich komme hoch. Bleib einfach da, wo du bist. Egal, was passiert ist, wir bekommen das hin.« Ich stand auf. Doch gerade als ich auflegen wollte, flüsterte er Worte, die ich mein Leben lang nicht vergessen würde. Sie waren so unendlich laut in meinem Kopf und durch das Telefon doch so leise. Worte, die sich tief in mein Herz bohrten.

»Sun-Nyu. Es geht ihr nicht gut. Sie ... sie braucht uns.«

Ich hielt mich mit einer Hand am Tisch fest und packte mit der anderen das Telefon fester.

»Was ist passiert, Siwon? Sag mir einfach, was ...«

»Ein Unfall! Ein verdammter Unfall ist passiert«, schrie er durch das Telefon. Wieder Stille. Dann ein langes, lautes Piepen. Irgendwas echote, ich fühlte mich nicht gut. Was passierte gerade? Jemand griff nach meinen Schultern, mit einem Ruck hörte das taube Gefühl in meinen Ohren auf, ich nahm das Handy vom Ohr. Geschockt blickte ich zu Taemin auf, der direkt vor mir stand. Er half mir beim Aufstehen, weil ich zitterte.

Was ist passiert? Wie kann Sun einen Unfall haben, wenn sie doch in der Wohnung ist und backt!

Ich war wie benommen, mein Körper hatte für Sekunden einfach aufgehört zu arbeiten.

»Ahri?« Er hob mein Kinn an. In seinem Blick lag nichts als Sorge und das zwang mich beinahe in die Knie.

»Meine Schwester hatte einen Unfall«, brachte ich heraus und wäre am liebsten einfach hier zusammengesunken. Ich blieb stehen.

»Wie schlimm ist es?«, fragte Taemin beherrscht und hielt noch immer meine Schultern umfasst. Womöglich war das in diesem Moment mein einziger Halt.

»Ich weiß es nicht. Ich muss zu ihr. Ich muss einfach zu ihr.« Meine Stimme versagte und Taemin nahm meine Hand. Er legte Geld auf den Tisch, packte unsere Jacken und meine Tasche. Als wir gerade nach draußen gingen, stolperte Siwon durch die Tür neben der Theke. Er kam schnellen Schrittes zu uns nach draußen auf die belebte Straße. Mein Bruder trug Hose und einen Wollpullover, so wie immer. Nur seine Haltung, sein Ausdruck war nicht wie sonst. In seinen Augen schwamm Angst, die Brille saß schief auf seiner Nase, seine Schultern sackten mit jedem Atemzug weiter ab. Mein Drillingsbruder spiegelte mich und meine Gefühle perfekt.

Kurz war es, als wolle er mir eine Umarmung geben, doch er schien es sich anders zu überlegen. Mit einem Seitenblick zu Taemin lief er los und bedeutete uns, mitzukommen.

»Sie war eben noch zu Hause. Warum sollte sie einen Unfall gehabt haben? Was ist denn los? Ich verstehe das nicht.« Ein Teil von mir wusste, dass auch er keine Antwort haben würde, trotzdem kamen die Fragen aus meinem Mund.

»Ich habe keine verfluchte Ahnung.«

Danach wechselten wir kein Wort mehr.

Er führte uns hinter das Café zu einer Tiefgarage und wir fuhren mit dem Aufzug nach unten zu seinem Auto. Als er vorne am Steuer saß und ich mit Taemin auf der Rückbank Platz nahm, nahm ich Siwons zitternde Hände auf dem Lenkrad wahr. Ich betete, während er losfuhr und den Wagen aus der Garage manövrierte. Noch nie in meinem Leben hatte ich ehrlich gebetet. Manchmal mit Oma. An diesem Septembernachmittag, als der Regen gegen die Windschutzscheibe trommelte und uns fast die Sicht verweigerte, betete ich zu allem, was meinem inneren Flehen zuhörte.

Alles ist gut. Ihr geht es gut. Lass es ihr gut gehen.

Ich schloss die Augen und sprach in meinem Kopf immer und immer wieder mein Mantra durch, während Taemin meine Hand gedrückt hielt. Er war einfach da und ich hielt mich an ihm fest.

Wir fuhren zehn Minuten, bis wir von einem Stau auf der Daebong-Gyo Brücke am Sincheon River aufgehalten wurden. Es war beinahe unerträglich, dem zähen Verkehr zu folgen. Und als wir langsam von einem Polizisten an der Unfallstelle vorbeigewinkt wurden, drehte sich mir der Magen um. Denn dort stand, was einmal unser Auto gewesen war, zerschmettert, kaum wiederzuerkennen. Ein fremdes Fahrzeug war mindestens genauso übel zugerichtet. Ein Abschleppdienst war vor Ort, mehrere Polizeiwagen und ein Notarzt fuhren gerade durch die Rettungsgasse.

»Scheiße, Siwon«, wimmerte ich. »Das dort ist unser Auto …«

Mein Bruder fuhr einfach weiter, sein Griff fest um das Lenkrad. Mir wurde so schlecht, dass ich mich übergeben wollte. Der Anblick unseres Autos verschwand keine Sekunde aus meinen Gedanken. Meine Hand zitterte in Taemins, auch mein Herz fühlte sich an, als würde es beben und mich ergriff tiefe Angst. Vielleicht mehr als je zuvor in meinem Leben.

Bis wir am nächstgelegenen Krankenhaus ankamen, dauerte es eine halbe Ewigkeit.

»Bist du dir sicher, dass sie hier ist? Woher weißt du von dem Unfall?«

Siwon blieb stumm, er stellte den Wagen ab und stieg sofort aus. Ich ließ Taemins Hand los, er sagte: »Ich warte im Auto.« Aber genau bekam ich es gar nicht mit, denn ich rannte meinem

Bruder hinterher, der sich durch die parkenden Autos schlängelte.

»Warum antwortest du mir nicht?«

»Was willst du hören, verdammt?« Er blieb stehen und drehte sich zu mir um. Ich konnte fast sehen, wie ihm das Leben entglitt. Wie er aus seinem Rhythmus kam, seinen Weg nicht mehr fand, ich bildet mir ein, sein Herz in seinem Blick brechen zu sehen. »Die Polizei hat mich angerufen, deshalb weiß ich es!«

Ich fing an zu weinen, nur sah er das nicht, weil der Regen mich deckte. »Sag mir einfach, dass es ihr gut geht.«

Siwon schüttelte den Kopf. Mein Herz drohte zu versagen, genauso mein Atem. Es brannte in mir, eine Panik, eine Angst wie nie zuvor kam auf, als wir das Krankenhaus zusammen betraten.

Am Empfangsschalter redete mein Bruder auf eine Ärztin ein. Ich bekam fast nichts mit, weil es war, als würde sich eine Decke über meine Ohren legen. Ich hörte mein eigenes Blut rauschen, stellte mir vor, es wäre Musik. *Oceans* von *Annette Elsa* spielte in meinem Kopf, Sun-Nyus Lieblingslied, ich bildete mir ein, Hoffnung in dem Blick der Ärztin zu erkennen.

Alles ist gut. Alles wird gut. Nur ein Unfall.

Erschöpft und froh wollte ich mich an Siwon lehnen, doch als ich in seine Augen blickte, spielte sich darin pure Angst ab. Ich kämpfte gegen die Taubheit an, versuchte mich auf die Worte der Frau zu konzentrieren. »Es tut mir leid«, sagte sie.

»Was?«

Ich stolperte, als Siwon zurückging. »Was ist passiert?«

Er schüttelte immer wieder den Kopf. Die wenigen Menschen im Eingang sahen uns traurig hinterher. Ich folgte meinem Bruder, bis wir wieder draußen im Regen standen. »Was hat die Ärztin gesagt?«, schrie ich ihn an.

Er zuckte zusammen und brüllte, schlug mit der flachen Hand an die Außenfassade des Gebäudes.

»Was verstehst du bitte nicht? Sie ist noch im Krankenwagen gestorben. Sie hat den Unfall auf der Brücke nicht überlebt, Ahri!«

Seine Worte bohrten sich wie ein Messer in mein Herz, in meine Seele.

Wieder und wieder und wieder.

Sie raubten mir meine Zukunft und meine ganze Welt.

Siwon rannte davon. Auch ich drehte mich automatisch um, meine Beine liefen wie von selbst. *Oceans* dröhnte wieder in meinem Kopf und ergab mit dem Wolkenbruch ein Konzert.

Der Regen weinte.

Für Sun.

Kapitel 15

Ich wäre nicht mutig gewesen

Taemin

Ich war am Auto zurückgeblieben, wollte niemandem zu nahetreten und langsam machte ich mir Sorgen. Von hier aus konnte ich den Eingang des Krankenhauses nicht sehen, also stieg ich aus und schlängelte mich durch die parkenden Autos hindurch.

Plötzlich sah ich Siwon und Ahri über den Parkplatz laufen, weg vom Eingang. Sie rannten weiter, immer weiter. Zur Hauptstraße, und dann sah ich sie nicht mehr. Wie angewurzelt blieb ich stehen.

Hätte mir jemand gesagt, wie sehr die nächsten Wochen schmerzen würden, wäre ich nicht weiter gegangen. Dann wäre ich umgekehrt und zurück zum Auto gelaufen. Ich wäre nicht mutig gewesen und es tat weh, das zugeben zu müssen.

Doch in diesem Augenblick, an diesem Septembernachmittag war da niemand, niemand stand bei mir und sagte mir, was passieren würde.

Also lief ich ihnen hinterher.

Entlang an der Hauptstraße, meine Turnschuhe quietschten, waren nach kurzer Zeit völlig durchnässt. Ich hatte die beiden aus

den Augen verloren, die Straßen waren überfüllt, der Gehweg voller Regenschirme, die mir die Sicht nach vorne versperrten. Unzählige Fragen liefen in meinem Kopf auf Dauerschleife.
Warum rennen sie davon?
Ist Sun nicht in diesem Krankenhaus?
Hatte sie vielleicht doch keinen Unfall?
Was, wenn sie es nicht überlebt hat?
Schnell verwarf ich diesen Gedanken wieder. Irgendwann blieb ich stehen und rief Ahri an, wie erwartet hob sie nicht ab. Danach probierte ich es noch drei weitere Male, das Ergebnis blieb gleich.

Als ich schon aufgeben wollte, entdeckte ich Siwon an einer Bushaltestellenbank sitzen. Zitternd und bebend kauerte er dort, als ich bei ihm ankam. Unsere Blicke begegneten sich, seiner ganz kalt und doch flackerten unzählige Emotionen darin. Ich wusste, dass ich noch nie ein Herz hatte brechen sehen. Doch jetzt bekam ich es mit. Sein Herz zerbrach wahrscheinlich in Millionen Scherben und ich sah ihm dabei zu. Die ganze verdammte Stadt bekam es mit. Er konnte sich nicht verstecken und musste Blicke, Geflüster und Scham ertragen. Ohne ein Wort zog ich ihn von der Bank hoch und stützte ihn beim Laufen. Wir mussten zum Auto zurück und danach Ahri finden.

»Wer bist du?«, krächzte er mit trockener Stimme.

»Jeong Taemin. Ein Freund von Ahri, ich möchte dir helfen.« Ich antwortete knapp, stützte ihn weiter.

Siwon blieb still. Während wir gingen, suchte mein Blick weiter die Straße nach ihr ab. Wenn es Ahri genauso ging wie ihrem Bruder, dann musste ich ihr ebenfalls helfen. So konnte sie nicht in der Stadt herumlaufen.

»Kannst du mir sagen, was passiert ist? Weißt du, wo Ahri ist? Es würde sehr helfen, wenn ...«

»Keine Ahnung wo sie ist.« Bevor ich antworten konnte, fügte er hinzu: »Meine Schwester ist tot, das weiß ich.«

Ich zuckte zusammen, weil er es so trocken sagte. Eine Frau mit Kinderwagen drängte sich an uns vorbei, sie telefonierte lautstark, die Situation ließ meine Ohren rauschen. Wir konnten nichts machen, außer weiterzugehen, irgendwie zum Auto zu gelangen. Vielleicht konnten wir dort in Ruhe reden.

Der Weg zurück dauerte eine halbe Ewigkeit, ich bemühte mich, Siwon so gut es ging zu stützen und zu führen. In meinem Kopf betete ich für Sun-Nyu, hoffte für Ahri, fragte mich, was ich hier eigentlich zu suchen hatte. Siwons Körper hörte nach und nach auf zu arbeiten, jegliche Kontrolle hatte ihn verlassen. Irgendwann fing er so heftig an zu zittern, dass ich stehen blieb und ihm meine Jacke um die Schultern legte. Er bekam es nicht einmal mit, sein Blick war leer nach vorne gerichtet.

Als sein Wagen in Sichtweite war, stolperte Siwon schneller zu Boden, als ich ihn halten konnte. Seine Schultern wollten nicht aufhören zu zucken.

»Seon Siwon, komm schon. Nur noch ein paar Meter.«

Die Menschen in den Autos gafften, ich hasste diese Situation so sehr. Ich kniete mich zu Siwon hinunter, zwang ihn, mich anzusehen. Sein Blick fand meinen und er verzog das Gesicht. Ich hatte mit allem gerechnet, dass er weinte, brüllte oder stumm blieb. Nur nicht, dass er lachte.

»Was machst du hier? Wieso bist du bei mir?«

»Weil ... ich kann dir helfen, Mann«, sagte ich und nickte zur Bestätigung. Meine Jacke war von seinen Schultern gerutscht und lag einsam auf dem nassen Asphalt. Ich nahm sie und warf sie über meine eigene Schulter.

»Ach ja?«, fragte Siwon und nuschelte, als wäre er betrunken.

»Siwon. Verschwinden wir von hier. Ich bring dich nach Hause.«

Er stieß mich von sich und stand taumelnd auf. Sofort sprang auch ich auf, nur um ihn diesmal aufzufangen, sollte er erneut zu Boden sinken.

»Du kannst mir helfen?«, rief er und es war dennoch leise, weil meine Ohren so laut rauschten. Das taten sie immer, wenn es einfach zu viel wurde. Und dieser Moment war zu viel. Für uns alle.

»Kann ich.«

Wieder lachte er. »Dann dreh die Zeit zurück.« Sein

Geschichtsausdruck verzerrte sich. »Hol meine Schwester wieder ins Leben«, keuchte er und ich zuckte beinahe zusammen, doch ich spannte meinen Körper an. Wenigstens einer musste dieser Situation standhalten.

Dann schrie er: »Dreh die verdammte Zeit zurück!«

Jetzt zuckte ich doch zusammen und packte ihn am Arm. Er wollte sich wehren, ich war stärker und konnte ihn festhalten. Er starrte mir einige Sekunden entgegen und hörte dann auf, sich zu wehren. Bevor ich etwas sagen konnte, sank sein Kopf an meine Schulter und ich klopfte unbeholfen auf seinen Rücken. Wieder und wieder.

Irgendwie hatte ich ihn zum Auto gebracht, er gab mir die Schlüssel und ich fuhr los, während er auf der Rückbank lag und einfach nur an die Autodecke starrte. Er weinte nicht, sagte kein Wort. Die Stille im Wagen schien auf uns niederzudrücken, es war wie die Ruhe nach einem Gewitter. Dunkel und drückend, laut und leise zugleich. An der Brücke gerieten wir wieder in den Stau, doch diesmal ging die Fahrt viel schneller, weil schon beinahe alles aufgeräumt und abgeschleppt war. Als wir über den Sincheon River fuhren, flüsterte Siwon Worte, die mich nie wieder loslassen würden. Sie waren leise, dennoch lauter als die Stille hier drinnen.

»Du hast gesagt, du kannst mir helfen?«

Ich antwortete nicht.

»Dann mach es erträglicher. Sie war meine Sonne.«

Ich schenkte ihm stumm mein Beileid.

»Meine Sonne ist weg und ich weiß nicht, wie es je wieder Tag werden soll.«

Kapitel 16

Emotionsstarre

Ahri

Wenn der Mensch einen psychischen Schock erleidet, kann er sich später kaum daran erinnern. So heißt es zumindest. Ich meinte, es irgendwo gelesen zu haben, aber damals schien es mir nicht wichtig zu wissen.

Zusammenbrüche kündigen sich meistens durch Zittern und Herzrasen an – glaubte ich zumindest. Es hatte auch dort in diesem Artikel über Traumata gestanden. Viele weinen, die Tränen treten in Kombination mit Gefühlen der Wut und Hilflosigkeit auf, dadurch sind Wutausbrüche mit vorübergehenden Kontrollverlusten möglich. Ein Schock führt zu erheblicher Verminderung der Blutzirkulation. Flüssigkeitsverluste und Kreislaufversagen treten häufig auf.

In dem Artikel ging es außerdem um eine junge Frau, die ihr Kind die Treppe hinunterstürzen sah und daraufhin keine Kontrolle über sich hatte. Ihr Körper verfiel in einen Schockzustand und sie konnte keinen Finger rühren. Herzrasen und Atemnot waren die Folgen. Der Text wies zudem darauf hin, dass man sich mehr mit solchen Zuständen und Situationen auseinandersetzen solle. Oder so ähnlich. Genau wusste ich es ja nicht mehr. Ich hatte nicht gedacht, nur wenige Wochen später selbst in so einer Situation zu stecken. Vielleicht tat ich es auch gar nicht. Ich stand nicht reglos irgendwo, mein Körper hatte keine Kreislaufprobleme. Ich rannte. So weit ich konnte, lief durch Straßen und Gassen. Meinen Blick nach vorne gerichtet und den Regen im Gesicht. Immer weiter. Ich ließ keine Gefühle zu, denn sie würden mein Innerstes zerfetzen und dann läge ich klein und schwach im Straßengraben. Ungefähr so wie die dreckige, nasse Mütze, die jemand auf dem Gehweg verloren hatte. Ich jagte an ihr vorbei. Ich war nicht in eine Schockstarre gefallen, an diesem Septembertag verfiel mein Körper in eine Emotionsstarre.

Als ich um die nächste Ecke bog, schlitterte ich auf dem glitschigen Asphalt. Ich gelangte in einen Park und joggte an Bäumen und Bänken vorbei. Ich dachte daran, ob ich den Herd in unserer Küche ausgemacht hatte, oder ob bald alles in Flammen stehen würde. Dann wurde mir klar, heute gar nichts gekocht zu haben, denn das hatte meine Schwester übernommen. Mein Körper blieb stehen.

Meine Kehle brannte, meine Brust schmerzte. Das Zittern setzte kurz darauf ein, erst leicht, dann immer stärker, bis ich nichts mehr unter Kontrolle hatte und ich nach Luft schnappend versuchte, diesen Moment irgendwie zu überstehen.

»Entschuldigen Sie, junge Frau? Kann man Ihnen helfen?« Jemand berührte meine Schulter und ich fuhr zu einem Mann herum. Er war ungefähr Mitte vierzig, hatte einen grünen Anzug an und eine Aktentasche bei sich. Außerdem thronte ein Regenschirm über seinem Kopf und schützte jetzt auch zum Teil meinen Körper vor der Nässe. Seine Stimme war wie ein Schalter, es klickte und ich sperrte meine Emotionen wieder ein. Stellte alles auf stumm. Wurde emotionslos. Betrachtete ihn genauer. An seinem Jackett fehlte ein Knopf. Ob er ihn erst heute verloren hatte oder einfach zu faul war, einen neuen anzunähen? Ich würde es nie erfahren.

»Sie sehen aus, als könnten Sie Hilfe gebrauchen«, sagte er.

Ich schüttelte hastig den Kopf. »Nein. Nein, alles okay. Alles okay ... es ist okay.«

Der Regenschirm des Mannes war noch immer über mir, ich trat einen Schritt zurück und damit erneut in den Regenguss. Mein Gegenüber warf mir einen letzten Blick zu, dann ging er weiter. Es war erstaunlich, dass er überhaupt stehen geblieben war und sich nach mir erkundigt hatte. In einer großen Stadt interessierte man sich selten für die anderen Menschen auf den Straßen.

Mein Blick folgte dem blau-weiß gestreiften Schirm und dem Mann darunter, wie er weiter seinen Weg ging und nicht noch einmal zurückblickte. Sein Gang war etwas schief, als täte ihm die rechte Schulter weh und er müsse den Rücken krümmen, damit es nicht schmerzte. Ob er eine anstrengende Arbeit hatte? Nach kurzer Zeit verlor ich ihn aus den Augen, weil er den Park ganz durchquert hatte und zu einem Straßenübergang gelangte. Er eilte hinüber, knapp schaffte er es, bevor die Autos losfuhren und die Straße in Beschlag nahmen, und die Menschen wieder am Straßenrand warten mussten. Ich beobachtete alles ganz genau. Versuchte mir die kleinen Details einzuprägen.

Im Schockzustand denkt man über unwichtige Dinge nach. Wieder fiel mir der Artikel ein, während ich eine Frau mit Kinderwagen beobachtete. Man denkt an so viele Sachen, die einen in Wirklichkeit nicht interessieren, aber dann plötzlich ganz wichtig erscheinen. Das soll eine Reaktion des Gehirns auf den Schock sein, damit man sich nicht auf die Schocksituation konzentriert. Die Frau, die ihr Kind die Treppe hinunterfallen sah, dachte in diesem Moment an eine Fernsehshow, die sie vor Jahren gesehen und die ihr sehr gefallen hatte.

Als ich mich wieder in Bewegung setzte, wurde mir bewusst, wie unendlich kalt mir war und mein Körper fing augenblicklich wieder an zu zittern. Ich hatte nicht einmal eine Jacke an. Nur meinen türkisfarbigen, ärmellosen Pullover und die schwarze High-Waist-Jeans. Meine Schnürstiefel waren durchweicht und meine Socken fühlten sich an wie nasse Lappen für den wöchentlichen Wohnungsputz.

Ich kam an die Hauptstraße und wartete, bis ich sie überqueren konnte. Als es so weit war, bemerkte ich, dass ich bereits auf der richtigen Seite stand. Kopfschüttelnd und frierend lief ich auf dem Gehweg entlang und kam nach wenigen Schritten zu einer Bushaltestelle. Der Fahrplan war vergilbt und nass und man konnte nichts lesen. Ich ging um das Haltestellenhäuschen herum und setzte mich auf die Bank. Die Regentropfen trommelten wie ein wildes Musikstück auf das Dach und ich schloss die Augen, um dieses Geräusch zu verinnerlichen. Wie schön es wäre, dazu einen Tanz zu gestalten. Ihn selbst zu tanzen. Die Bewegungen den einzelnen Wasserperlen anzupassen, den Schlägen und dem Prasseln eine Form geben und es in Gefühlen wiedergeben. Vielleicht würde ich eines Tages zum Regen tanzen. Meine eigene Choreografie entwickeln.

Ich bewegte mich und spürte etwas Hartes unter mir auf der Bank, überrascht öffnete ich die Augen. Mit der Hand tastete ich unter mich und streifte meine hintere Hosentasche.

Mein Handy!

Ich zog es hervor und hätte fast erleichtert aufgeschrien, als es hell aufleuchtete.

Verpasste Anrufe von Mama.

Verpasste Anrufe von Taemin.

Verpasste Anrufe von Seola.

Verpasste A...

Alles ausblenden. Nichts sehen, nichts lesen.

Ich öffnete die öffentliche Straßennetz-App und ließ das Gerät meinen Standort ausfindig machen. Ich war nur etwa eine halbe Stunde von unserem Wohnhaus entfernt und würde mit zwei Bussen nach Hause kommen. Nur noch drei Minuten warten.

Ich legte den Kopf in den Nacken. Ich wollte einfach allein sein und dann würde ich mir Gedanken machen über alles, was passiert war. Nicht jetzt.

Wenig später fuhr der Bus vor und ich stieg zusammen mit einem jungen Mädchen ein, das sich vor mir zur Tür drängelte. Ich legte mein Handy mit der Onlinefahrkarte auf den Schalter.

Wartete, bis es grün blinkte und einmal piepte. Als ich einen Einzelplatz sichtete, fuhr der Fahrer schon in eine Kurve und ich hätte beinahe das Gleichgewicht verloren. Mit wackligen Schritten lief ich bis nach ganz hinten. Die Sitzecke war klebrig, dreckig, aber das machte mir in diesem Moment nichts aus. Ich ließ meinen Kopf an die Scheibe sinken und Müdigkeit umfing mich. Mein Handy in der Hand haltend, tippte ich dennoch die Nachricht, die ich nicht schreiben wollte, aber musste.

Ich: Hi, Seola und Xeonjun. Bei uns gab es ein wenig Chaos, wir haben uns irgendwas eingefangen und werden vorerst in der Wohnung bleiben, bis es uns besser geht. Große Entschuldigung – vielleicht können wir den Trip irgendwann nachholen.

Ich konnte ihnen nicht die Wahrheit sagen, wie auch, wenn ich selbst noch nicht glauben wollte, was passiert war? Lügen waren einfacher zu tippen, also erfand ich in der Not eine Ausrede, damit ich nicht an der Realität zerbrach.

Dann sah ich aus dem Fenster. Die Wolken hingen dicht und grau zusammen, ich wünschte, man würde Flugzeugspuren sehen. Dann hätte ich mir vorstellen können, die Flugzeuge würden mich mitnehmen. Weg aus dieser Stadt, weg von dem Schmerz.

Aber ich war noch hier.

Einsam, irgendwie zurückgelassen.

Taemin

Zurück am Café *Zeitvergessen* half ich Siwon aus dem Auto und lief gemeinsam mit ihm zu einer Hintertür des Cafés. Er drehte sich um und sein verwirrter Blick bohrte sich in meinen.

»Brauchst du noch irgendwas?«

Er schüttelte den Kopf und wollte gerade nach drinnen verschwinden, als die Tür aufschwang und eine zierliche Frau im Rahmen stand. Sie trug einen schwarzen Rock und eine beige Bluse, ihr Nagellack passte perfekt zu ihren roten Locken.

»Wo warst du? Was meinst du, wer deine Schicht übernehmen soll?«, blaffte sie und Siwon zuckte zusammen. Seine Schultern fielen noch etwas weiter nach unten.

»Nicht jetzt, Eun-Mi«, sagte er heiser.

»Wo wart ihr?« Sie fuchtelte mit dem Zeigefinger zwischen uns hin und her. Ich kam mir fehl am Platz vor. Gänsehaut wanderte über meinen Rücken. War das seine Freundin?

»Warum seid ihr nass?« Die Frau streckte ihren Finger noch weiter aus und bohrte ihn in Siwons Brust, dann zog sie ihn angewidert zurück, angesichts des klammen Stoffs seiner Jacke.

Er explodierte.

»Halt deinen verdammten Mund!«, brüllte er und Eun-Mi wich zurück.

»Schrei mich noch einmal an, und …«

»Und was? Es ist mir egal, was dann ist. *Du* bist mir egal«, zischte er, jagte an ihr vorbei in das Haus und eine Treppe hinauf, die hinter der Tür lag. Eun-Mi blinzelte und ich sah sie deutlich schlucken. Dann trafen sich unsere Blicke und eine unangenehme Stille breitete sich aus. Sollte ich einfach gehen? Endlich verschwinden von den Orten und Momenten, die nicht für mich bestimmt waren?

»Warum ist er so wütend?«

Ich starrte sie an, ihre gefärbten Haare und die dunklen, so großen Augen. Verwirrt musterte sie mich.

»Sun-Nyu hatte einen Unfall«, sagte ich und ließ alle Details außen vor. Eun-Mi legte die Hand auf die Türklinke.

»Wer ... wer?«, stotterte sie.

»Siwons Drillingsschwester.«

»Sie hatte einen Unfall?«, fragte sie. Die Wut der Frau war verflogen und wich Sorge. Es war das Letzte, was ich bei ihr erwartet hatte. Aber in ihren Augen glomm ein Funke Angst und viel, viel Mitgefühl auf, so gar nicht passend zu den harschen Fragen zuvor. Und dann: »Warum ist er nicht bei ihr?«

Bei ihr, bei ihr, bei ihr.

Ahri, Ahri, Ahri.

»Tut mir leid, ich muss los.« Bevor ich ging, zog ich meinen Geldbeutel aus der Hosentasche und holte die Visitenkarte irgendeiner Firma heraus, für die ich mich nie genauer interessiert hatte. Und den kleinen, alten Bleistift. Ich hatte ihn seit Jahren in meinem Geldbeutel, weil ich mir sicher war, ihn irgendwann einmal zu brauchen. Heute war dieser Tag und ich war unendlich dankbar dafür, dass ich so spießig war und einen Stift in meinem Geldbeutel trug. Zumindest sah das meine Schwester so.

Ich kritzelte meine Handynummer auf den Rand der Karte und gab sie Eun-Mi. Sie nahm sie entgegen. »Geben Sie die bitte Siwon. Ich wäre Ihnen dankbar.«

Ruf an, wenn du Hilfe brauchst.

Ich kannte ihn nicht. Doch er war Ahris Bruder und sie war mir wichtig. Und ich hatte das Gefühl, er brauchte Hilfe. Vielleicht war ich naiv. Vielleicht war es auch richtig. Ich konnte es nicht sagen.

Meine Sorge wuchs mit jeder Minute. »Also dann«, verabschiedete ich mich. Eun-Mi sah mich noch immer verwirrt und etwas traurig an, dann nickte sie. Bevor sie noch etwas erwidern konnte, verfolgte ich den besten Plan und lief davon.

Als ich an dem Haus ankam, in dem Ahris Wohnung lag, klingelte ich mehrmals. Niemand öffnete.

Ich lehnte mich erschöpft an die Hauswand und starrte die Straße hinab. Hier war es etwas ruhiger und die Häuser reihten sich fast gemütlich aneinander. Nicht so gepresst und gestopft. Eine Handvoll Menschen liefen umher, immer ihrem Ziel entgegen. Langsam ließ der Regen nach, der Himmel schloss seine Tore vor der Welt und es prasselten nicht länger kalte Tropfen auf uns nieder. Doch es änderte nichts daran, dass ich schon nass war und mein Körper fror. Ich wusste nicht einmal, was ich hier zu suchen hatte und warum ich wie ein verdammter nasser Narr vor Ahris Haus wartete, obwohl ich nicht mal hineinkam. So gut kannte ich sie nicht, als dass ich verpflichtet war oder mich verpflichtet fühlen müsste, ihr zu helfen. Aber ich hatte einen gesunden Menschenverstand, der mir immer wieder zuflüsterte, dass es ihr nicht gut ging und sie jemanden brauchte. Ich musste nur an Siwon denken. An seinen geschafften Körper und sein verletztes Herz. Ich glaubte kaum, dass es Ahri anders ging.

Ich zog mein Handy hervor und rief sie ein sechzehntes Mal an, doch auch wie vorhin ging sie nicht ran. Ich schloss die Augen und riss sie sofort wieder auf, weil ich ein Klicken hörte. Eine ältere Frau verließ das Haus. Ich deutete eine Verbeugung an und sprang schnell vor, um die Tür im letzten Moment aufzuhalten.

Der Aufzug lag am hinteren Ende des Eingangsbereiches und ich lief darauf zu, fuhr die sieben Stockwerke nach oben. Eine fröhliche Musik spielte im Fahrstuhl und am liebsten hätte ich meine Hände auf meine rauschenden Ohren gepresst.

Tänzer werden? Was soll das sein, ein Kindertraum? Verschwinde aus meinen Augen, meine Ohren rauschen!

Seine Worte bohrten sich in meine Gedanken, wie so oft in letzter Zeit. Im letzten Jahr. Seit ich von zu Hause weggekommen war und mein Vater mir nichts mehr sagen konnte. Meine Ohren rauschten nicht oft, aber wenn ich nicht mehr klar denken konnte und verzweifelt war, dann war es, als hielt ich mir eine große Muschel ans Ohr und hörte das Meer rauschen. Früher hatte ich wirklich gedacht, es sei das Meer, die wilden Wellen und ein Geräusch, das die Muscheln verinnerlicht und vom Wasser behalten hatten. Mam hatte es uns glauben lassen und manchmal wollte ich daran festhalten, an den Muscheln und dem Meer, weil es so viel besser klang, als sein eigenes Blut zu hören.

Ich stolperte aus dem Aufzug und lief den Flur entlang zur hintersten Wohnung. Es war, als wollte sie sich vor der Welt verstecken, weit hinten und ungesehen. In irgendeiner Weise erinnerte es mich an die schüchterne, zarte Seite von Ahri. Ich drückte auch hier noch einmal auf die Klingel und wartete angespannt, doch wieder erhielt ich keine Antwort.

Als all meine Geduld am Ende war, hämmerte ich mit der Faust gegen die weiße Tür. »Ahri? Bist du da? Ich bin's. Taemin.«

Niemand öffnete und ich ließ meine Hand langsam an der Tür hinuntergleiten. Ich atmete laut aus und setzte mich auf den Teppichboden, lehnte meinen Rücken gegen die Wand. Wie leicht es wäre, jetzt zu gehen und nicht mehr an die Trauer und den Unfall zu denken. Es wäre zu einfach.

Keine Ahnung, wie lange ich vor ihrer Wohnung saß und wartete. Meine Kleidung war klamm und ließ mich frösteln.

Gerade als ich sie noch einmal anrufen wollte, ging die Tür des Treppenhauses auf und Ahri kam in den Flur. Ich sprang auf, blieb dann wie festgefroren stehen. Ihre dunklen Haare wirkten so nass ganz schwarz und verdeckten halb ihr schönes Gesicht. Ihre Haut war unwahrscheinlich blass und sie zitterte, als sie auf ihre Wohnung zusteuerte. Als sie näherkam, den Blick noch immer gesenkt, räusperte ich mich und sie zuckte stark zusammen. Ihr Kopf hob sich und ihr Blick fand meinen. In ihren Augen fand ich die große Verzweiflung, die an diesem Nachmittag auf uns niedergeregnet war.

»Taemin?«, hauchte sie und ich trat einen Schritt auf sie zu, unsicher, was okay für sie war.

»Ich wollte sichergehen, dass du hier heil ankommst«, sagte ich leise und ihr Blick verriet mir, dass sie keineswegs heil war.

»Es geht mir gut«, wisperte sie. Die Lüge tat so viel mehr weh als ein Schlag ins Gesicht. Ich trat noch näher auf sie zu und Ahri erstarrte, also machte ich wieder einen Schritt zurück.

»Willst du reingehen?«, fragte ich und sie nickte wie ferngesteuert. Sie trat an mir vorbei und gab eine Zahl in das Tastenfeld neben der Tür ein, ihre Finger zitterten dabei viel zu sehr. Ihr türkiser Pullover war nass vom Regen, jetzt war er dunkel wie die See. Auch ihre Jeans tropfte an den Hosenbeinen und ich konnte nicht umhin, mir noch mehr Sorgen zu machen.

Wo warst du nur?

Die Tür klickte und Ahri stieß sie auf, ich folgte ihr mit gewissem Abstand in die Wohnung. Laut fiel die Tür ins Schloss und beide zuckten wir zusammen. Es sah genauso aus wie vor ein paar Stunden, als wir zum Café aufgebrochen waren, es roch genauso. Leicht süßlich, nicht unangenehm, und die Temperatur war wohlig warm. Ahri lehnte sich gegen die dunkle Kommode im Flur und ließ den Kopf in ihre Hände sinken.

Was denkst du?
Wo ist der Nervenzusammenbruch?
Wie sehr schmerzt dein Herz?

Zu viele Fragen sammelten sich in meinem Kopf und ich konnte keine davon beantworten. An den Stellen, wo unsere Schuhe auf den dunklen Boden trafen, bildeten sich kleine Pfützen.

»Was wirst du jetzt machen?«, fragte ich und wusste selbst, wie dämlich diese Frage klang. Irgendwo musste ich mit den Fragen anfangen. Sie zuckte mit den Schultern und sah mich an, ihre Augen schimmerten blass. Ihr Blick hinterließ ein Prickeln auf meiner Haut. Was auch immer Ahri sah oder fand, sie schüttelte entschlossen den Kopf.

»Mir geht es gut. Du kannst gehen, Taemin. Du musst nicht hier sein. Bei mir.« Letzteres sagte sie so unglaublich leise, dass ich fast dachte, es mir eingebildet zu haben. Irgendwas fühlte sich plötzlich ganz schwer in meiner Brust an. Ich rieb mir ein, zweimal darüber und versuchte zu entscheiden, was das Beste war in diesem Moment.

Für sie. Für mich.

»Ich komme schon klar«, wiederholte sie und ich nickte. Weil ich ein Feigling war. Ich hätte schon vor Stunden gehen und all dem hier den Rücken kehren sollen. Jetzt, da sie vor mir stand und kontrolliert schien, mir mehrmals klarmachte, ich könne gehen, nahm ich es an. Weil es leicht war, zu gehen.

Ich nickte wieder.

»Okay. Du hast meine Nummer. Ruf … ruf an. Egal, wann.« Diese Worte hatte ich auch für Siwon auf den Zettel geschrieben. Vielleicht würde ich es bereuen, dass ich beiden meine Hilfe angeboten hatte. Vielleicht war es zu viel für mich. Aber dann musste ich eben einfach das Ohrenrauschen aushalten.

»Danke.« Sie versuchte zu lächeln. Es funktionierte nicht mal ansatzweise. Ich drehte um und ging zur Wohnungstür. Das schwere Gefühl in meiner Brust wurde stärker. Mit der Türklinke in der Hand, blickte ich ein letztes Mal zurück. Und vielleicht gab es das Schicksal wirklich, denn in diesem Moment, als Ahri dachte, ich hätte die Wohnung bereits verlassen, brach sie zusammen. Sie knickte einfach ein und saß auf dem Boden neben der Kommode, den Kopf auf den angezogenen Knien.

Ich ging nicht.

Lief zu ihr, kniete mich vor sie und wollte ihr Kinn anheben, doch sie weigerte sich. Das Zittern wurde stärker. Ich saß wie der größte Idiot vor ihr, wusste nicht, was ich machen sollte, was ich ihr geben konnte, damit es besser wurde. Linya war in meinem Kopf, für einen Lebensratschlag und eine Erinnerung.

Umarmst du mich, Taemin? Mein Herz tut ein bisschen weh.

Ich schluckte und strich Ahri vorsichtig eine Strähne aus dem Gesicht. Dann setzte ich mich mit dem Rücken an die Kommode und zog ihre zierliche Gestalt auf meinen Schoß, in meine Arme. Ich hielt sie fest, hielt sie zusammen und es war doch, als zerbräche sie innerlich. Genau in diesem Moment. Ihr Körper sank an meinen, ihr Kopf lehnte an meiner Brust und so saß ich da. In einer fremden Wohnung, mit einem zitternden Mädchen in den Armen und viel zu großen Gedanken in meinem Kopf.

»Ich kann nicht atmen, Taemin.« Ein Schluchzen entrang sich ihrer Kehle. Und sicher zersprang ihr Herz in tausend Stücke.

Kapitel 17

Du darfst weinen

Ahri

»Ich kann nicht atmen, Taemin.«

Seine Arme ließen keinen Augenblick locker und ich war ihm später so dankbar dafür. Dankbar, weil es kein anderer für mich tat und ich mich selbst nicht mehr zusammenhalten konnte. Seine Hände fuhren über meinen Rücken und über mein Haar, doch so richtig konnte ich es nicht wahrnehmen. Denn ich hatte mit den Tränen zu kämpfen. Ich wollte ihn nicht vollheulen und je länger ich in seinen Armen lag, desto schwieriger wurde es, nicht an das Geschehene zu denken. Sobald sich meine Gedanken in diese Richtung bewegten, kam Panik in mir auf. Irgendwann konnte auch ich die Trauer nicht mehr zurückhalten. Irgendwo waren meine Grenzen und ich hatte sie erreicht. Mein Blick verschwamm. Ich kämpfte dagegen an. Verlor und kämpfte erneut.

Ich bin nicht schwach, ich bin nicht schwach.

»Du darfst weinen, Ahri«, flüsterte seine tiefe Stimme ganz nah an meinem Ohr und in diesem Moment zersprang der Druck in meiner Brust. Und mit ihm mein Herz.

Ich weinte in sein nasses Shirt, schluchzte leise, wimmerte und fiel, ohne die Aussicht auf sicheren Boden. Tränen rannen über meine Wangen, wie der Fluss meines Lebens. Und mit sich nahm er alle Momente, die ich mit Sun geteilt hatte. Er riss ihr Lachen, ihre Stimme, ihre Liebe aus meinem Herzen und schwemmte sie über meine Wangen. Taemin war da und hielt den Strom an Tränen mit seinem T-Shirt auf, er schlang seine Arme noch enger um mich und ich schluchzte lauter, gequälter auf. Weil sich seine Umarmung nach Vertrauen anfühlte. Und weil ich immer und immer wieder die Worte meiner Schwester in meinem Kopf hörte. Sie schrie. Sie wisperte, sie lachte. Und es zerriss alles und so viel mehr in mir.

Hab keine Angst, Taemin kennenzulernen. Gib ihm eine Chance, ein Freund für dich zu werden. Und falls er dein Vertrauen bricht, dann bin ich da. Ich verspreche es.

Sie war nicht da. Würde nie wieder da sein. Aber er war da. Er war bei mir, saß mit mir zusammen in dem Trümmerhaufen, den Sun-Nyus Tod hinterlassen hatte.

Tod. Meine Schwester. Unfall. Unser zertrümmertes Auto auf der Brücke. So gebrochen wie mein Innerstes. Tod. Tod. Tod. Ich wimmerte.

»Taemin?«, schluchzte ich und vergrub meine Nase an seinem Schlüsselbein, während der Fluss an Tränen weiter seinen Lauf nahm, nie endend, immer schmerzhafter.

»Du musst nichts sagen.«

Ich spürte seine Stimme an meiner Wange vibrieren. »Sie ist tot. Sie ist ... Taemin, ich kann nicht mehr.« Meine Unterlippe bebte so sehr, dass ich nicht weitersprechen konnte. Es auszusprechen, war so viel schlimmer als erwartet.

»Ich weiß nicht, was ich tun kann«, sagte er leise und fuhr mit seiner Hand unter mein Kinn. Vorsichtig hob er es an und diesmal hatte ich nicht die Kraft, mich ihm zu widersetzen. Ich sah die Sorge in seinen Augen, sein Mitleid und eine große Unsicherheit. Ich war ihm so nah in diesem Moment, so nah, und es war okay für mich. Ich musste ihm vertrauen.

»Sag mir, was ich für dich tun kann. Bitte«, flüsterte er und verzog das Gesicht angesichts der Tatsache, dass er so hilflos war. Weitere Tränen fanden ihren Weg aus meinen Augen und über meine Wangen, diesmal war kein Shirt da, um sie aufzufangen.

Vorsichtig strich Taemin mit dem Daumen über mein Gesicht und wischte die Tränen beiseite. Die Trauer blieb. Man konnte sie nicht auffangen, nicht wegwischen.

»Was soll ich tun?«, fragte er noch einmal und sein Blick bohrte sich in meine Tränenaugen. Es war, als würde mich dieser Blick kurz zurück in die Realität holen. Zurück zu meiner Vernunft.

Was tust du denn hier?

Ich heulte ihn voll, zwang ihn zu bleiben und sorgte dafür, dass er unsicher war. Ich stützte mich an seiner Brust ab, was ihm einen erschreckten Laut entlockte, und kämpfte um einen festen Stand. Kurz schwankte ich, aber meine Beine gehorchten meinem Gehirn.

Allein stehen. Allein atmen. Allein weinen.

»Tu... tut mir leid. Du ... du musst nicht hier sein«, stotterte ich und wischte hastig über mein Gesicht, um diese verfluchten Tränen verschwinden zu lassen. Das Schluchzen unterdrückte ich. Ich musste alles abschalten, er sollte nicht hierbleiben müssen.

»Ahri. Ich möchte dir helfen.« Er stand ebenfalls auf. Er war zwei Köpfe größer als ich und ich fühlte mich noch kleiner.

Die Welt war zu groß für mich.

Einfach zu groß, zu viel, alles war zu laut.

»Bitte, Taemin. Ich ... ich will allein sein«, antwortete ich tonlos und er trat zwei Schritte zurück. Ließ mir Platz zum Atmen, obwohl ich nicht mal mehr wusste, wie das ging. Ich sperrte meine Dankbarkeit für ihn ein, meine Sehnsucht nach seiner Umarmung. Und tat, als käme ich klar.

»Du hast schon genug getan. Mehr ist da nicht.« Und weil er sich noch immer nicht bewegte, rief ich: »Bitte, Taemin! Du kannst mir nicht helfen, ich bin am Boden!«

Ich hatte keine Kontrolle mehr über meinen Körper oder meine Worte. Er zog den Kopf ein und hob entwaffnet die Hände. »Ich gehe. Ist okay, ich gehe. Wenn du mich doch brauchst, bin ich da. Egal, ob du am Boden bist oder woanders.«

Er ging. Taemin drehte sich um, und ohne noch einmal zurückzusehen, verließ er die Wohnung. Die Tür knallte zu und ich war allein. Wie ich es gewollt hatte.

Ich stolperte ins Wohnzimmer und blendete alles aus, nahm nur unsere helle Couch wahr. Auf dem Tischchen davor fand ich eine Platte, darauf lagen die frisch gebackenen Teigtaschen. Ich griff nach einer und stopfte mir zwei Bissen in den Mund, rollte mich auf dem weißen Fell zusammen und weinte ungehemmt. Und dachte ich vorhin, mein Herz würde brechen, wusste ich nicht, wie ich den Schmerz und die geballte Trauer beschreiben sollte, die mich nun überkam.

Vielleicht war jetzt meine Seele an der Reihe.

Sie war meine zweite Seele gewesen.

Sun-Nyu war meine Welt gewesen.

Und all das, was sie für mich gewesen war, zerbarst an diesem Abend in Millionen Stücke. Während ich ihre Teigtaschen aß und mir wünschte, ein verdammtes Chemiestudium gemacht zu haben, um jetzt zu den Planeten fliegen zu können.

Mein Handy zeigte mir eine Lautstärkenbegrenzung an, es war mir egal und ich drückte so lange auf das Plus-Symbol, bis die Musik lauter als meine Gedanken war. Ich lief zu Fuß nach Hause und die Kopfhöher auf meinen Ohren verhinderten, dass ich irgendwelche Geräusche der Stadt aufnehmen konnte. Das war gut. Ich wollte die Welt nicht hören, denn sie würde mir bestimmt nicht erzählen, was ich jetzt tun sollte. Niemand konnte das, am wenigsten ich selbst und das war so beschissen! Eine blecherne Stimme unterbrach die Musik.

»In zehn Metern scharf links abbiegen.«

Ich kannte nicht mal den Weg nach Hause, durch meine Stadt! Ich konnte nicht allein von Ahri zu mir laufen, ich irrte in den Gassen umher, die durch die Anzeigen und Neonschilder der Restaurants und Läden hell beleuchtet waren. Normalerweise liebte ich es, durch die Straßen Daegus zu schlendern und einfach die Umgebung zu bewundern, freute mich, wenn ein neues Café eröffnete oder ein Laden schöne Vintage-Sachen ausstellte. Nicht jetzt. Es war mir egal, wo ich war, wie es hier aussah, nach was es roch.

Ich bog, wie mir befohlen, links ab und gelangte in eine völlig überfüllte Fußgängerzone, was nicht verwunderlich war an einem Freitagabend. Ich bemühte mich, niemanden zu berühren und schlängelte mich durch die Masse, immer darauf bedacht, in die richtige Richtung zu gehen. Straßenmusiker und Tänzer standen überall herum und präsentierten ihr Talent, wagten sich vor die Menschen und zeigten ihren Mut und eine faszinierende Show. Ich hörte sie wegen meiner Kopfhörer nicht, aber ich wusste von anderen Abendspaziergängen, wie sie sich anhörten. Menschen blieben stehen, drängten sich in die Geschäfte, aßen Kimbap oder lachten mit ihren Freunden um die Wette. Und zwischen all diesen fröhlichen Menschen hastete ein junger Mann durch die Menge, fühlte sich für alles viel zu klein, viel zu schwach und bereute seine letzte Entscheidung.

Warum um alles in der Welt war ich gegangen? Ließ man eine trauernde Person ganz allein, verließ man sie, obwohl sie nur vor Stunden von ihrer Drillingsschwester verlassen worden war? Die Antwort lautete nein. Und doch war ich gegangen, hatte nicht zurückgeblickt, war einfach aus ihrem Wohnhaus geflohen wie ein feiger kleiner Junge. Es erinnerte mich an früher. So hätte ich damals reagiert, in Zeiten, als mein Vater noch alle Macht über mich gehabt hatte und ich immer getan hatte, was man mir sagte. Ich wäre immer gerannt, hätte er es von mir gewollt, ich wäre immer geblieben, hätte er es verlangt. Dieser Taemin war ich nicht, ich war es schon ein Jahr nicht mehr, doch am heutigen Abend hatte ich nicht anders reagiert und ich bereute alles daran.

An einem Straßenübergang blieb ich stehen und wartete, bis ich gehen konnte, während ich fieberhaft überlegte, was ich nun tun sollte und konnte. Verdammt. Ich war so ...

Die Musik wurde erneut unterbrochen und mein Klingelton erklang laut und schrill durch meine Kopfhörer. Ich zuckte zusammen, versuchte gleichzeitig den Anruf entgegenzunehmen und über die Straße zu gehen. Ich schaffte es tatsächlich ohne einen Sturz, aber mit einem Stolpern.

»Hallo?« Ein klein bisschen hoffte ich, es wäre Ahri, die um Hilfe bat.

»Taemin!« Chiron. Ich stolperte ein weiteres Mal, angesichts seiner aufgebrachten Stimmung. Himmel, was war denn mit ihm los?

»Was ist ...«

»Wo zum Henker steckst du?«

Ich sah mich um, betrachtete die Straße, in der ich gelandet war. Neben mir tat sich eine Grünfläche auf und ich erkannte den Spielplatz, der vor unserer Wohnhausstraße lag.

»Bin gleich zu Hause. Beim Spielplatz. Warum?« Ich stellte die Navigation aus.

»Wollten wir nicht Kinderfilme schauen und was trinken?«
Ich atmete laut ein. »O Mist. Es ist was dazwischengekommen. Tut mir leid ...« Ich brach ab, weil ich ihm nichts verschweigen konnte. Vermutlich hatte er mir schon längst angehört, das etwas nicht stimmte.
»Was ist passiert?«
»Das kann ich dir nicht einfach am Telefon erzählen. Lass uns gleich zu Hause reden.«
Er brummte am anderen Ende. Dann: »Wie wäre es, wenn ich zum Spielplatz komme? Frische Luft tut beim Reden gut.«
»Alles klar.« Ich wollte auflegen, doch dann kam mir noch ein »Und danke« über die Lippen.
Er sagte darauf nichts mehr.
Ich lief auf die Rutsche zu und legte mich an den unteren Teil, es war unangenehm kalt, weil mein Pullover noch immer feucht war. Ich sperrte mein Handy und zog mir die Kopfhörer von den Ohren. Alle Geräusche des Abends schlugen auf mich ein und ich schloss für einen Moment die Augen, um meine Gedanken und das laute Treiben zu ertragen. Hupen, Sirenen, Schreie und Gelächter wehten zu mir hinüber zum Park und dem Spielplatz.
Ich wollte, dass alles still wurde.
Als ich die Augen wieder öffnete, in den dunklen Himmel über mir blickte, kroch ein Zittern in meinen Körper. Nur zwei Laternen beleuchteten die Spielanlage, dahinter war es dunkel. Die Häuser auf der anderen Straßenseite standen dort wie eine große feste Mauer, drückten die Schatten der Nacht zu mir herüber. Ich hasste diesen Moment, diesen ganzen Tag und vor allem die letzten Stunden.
So lag ich auf einer Rutsche, mitten in Daegu, den Blick zum Himmel gerichtet. Man sah dort kein Licht. Weder Sterne noch der Mond erhellten den Abend und läuteten die Nacht ein, stattdessen schoben sich dicke, dunkle Wolken in mein Blickfeld. Ich schloss die Augen erneut, denn in meiner Vorstellung strahlte ein Mond, versicherte mir, dass ich nicht allein und die Dunkelheit ein Freund und nicht Feind war. Tja, manchmal war ich mehr als

dankbar für unser Vorstellungsvermögen, die Tatsache, Träume im Kopf bilden zu können, Wünsche in die Nacht zu schicken.

»Nicht erschrecken«, sagte eine Stimme. Ich fuhr zusammen und riss im Schreck die Augen auf, als Chiron neben mir auftauchte. »Wusste nicht, wie ich mich sonst hätte ankündigen sollen«, entschuldigte er sich auf seine Art.

»Ich hätte mich so oder so erschreckt.« Ich blieb liegen, während er zu dem Schaukelpferd neben der Rutsche ging und sich seitlich draufsetzte.

»Willst du erzählen, was passiert ist?« Chirons Stimme klang vorsichtig, dennoch kraftvoll genug, sodass ich ihn verstehen konnte. Und er fiel wie so oft direkt mit der Tür ins Haus.

»Keine Ahnung, wo ich da anfangen soll«, murmelte ich und meine Worte waren so viel schwächer als die seinen. Vielleicht waren Freunde für genau solche Momente da. Um für uns stark zu sein, wenn wir es nicht konnten. Der Gedanke hielt mich irgendwie aufrecht.

»Das Schlimmste zuerst.«

Ich wandte den Blick ab. Wollte nichts mehr sehen, nicht diese erdrückende Dunkelheit. Ich atmete flach und musste mich zusammenreißen, um nicht vor diesem Gespräch zu flüchten, wie ich es gern tat. »Ahris Drillingsschwester ist gestorben.« Meine Stimme hallte in der Nacht wider. Oder war es in meinem Kopf?

Ich hörte ein leises Quietschen, wahrscheinlich schaukelte Chiron hin und her. Ich richtete mich auf, als er nicht gleich antwortete.

»War sie krank?«, fragte mein Freund.

»Nein. Es war ein Unfall.«

Wir schwiegen für sie.

Für Sun-Nyu.

Ein bisschen betete ich auch für Siwon und Ahri, weil ich in ihre leeren und doch schmerzerfüllten Gesichter gesehen hatte. Ich atmete laut aus, die Stille erdrückte mich und dabei war es hier mitten in der Stadt keineswegs leise.

»Warst du dabei?«

»Sie war allein unterwegs. Ich bin nur mit Ahri und ihrem Drillingsbruder zum Krankenhaus gefahren.«

»Und da war sie schon tot?« Er fragte immer weiter und ich antwortete, so gut ich konnte. So viel ich konnte. Die Details ließ ich aus, erstens wusste ich selbst kaum etwas, und zweitens konnte und wollte ich sie ihm nicht wie auf einem Tablet servieren.

Nachdem ich ihm von den vergangenen Stunden berichtet hatte, fühlte sich in meiner Brust nichts leichter an. Denn das Geschehene würde nicht einfach verschwinden, nur weil ich ihm davon erzählt hatte. Doch ich fühlte mich nicht mehr ganz so allein.

Eine Weile sagten wir nichts. Der Wind blies mir die Haare in die Stirn, ich starrte einfach geradeaus.

»Geht es dir sehr nahe?« Er kannte mich so gut.

»Ja. Und ich weiß nicht einmal warum. Ich kannte sie nicht. Das ergibt keinen Sinn. Trotzdem denke ich die ganze Zeit darüber nach.«

»Wieso bist du gegangen?« Chirons Fragen nahmen kein Ende.

»Weil ich ein Feigling bin. Du kennst mich, Chiron.« Ich lachte unbeholfen auf, doch er blieb ernst.

»Erinnerst du dich noch an den einen Abend vor einem halben Jahr? Genau hier. Du hast mir von deiner Familie erzählt. Taemin, ich denke nicht, dass du ein Feigling bist.«

»Ha. Und wie willst du dir meine Situation dann erklären?«

»Ich kann sie dir nicht erklären. Nur unsicher zu sein, heißt nicht, gleich auch ein Feigling sein.«

Ich legte den Kopf in den Nacken und sah in den schwarzen Himmel. Wenn man Sterne gesehen hätte, dann hätte ich mir vielleicht mehr Mut zugesprochen. »Lass den Scheiß. Wir wissen beide, dass ich Angst habe.«

Chiron gab einen Laut von sich, den ich nicht zuordnen konnte, es klang, als säße man sich auf eine alte Couch.

»Gut, okay. Du bist ein Schisser. Angsthase. Was auch immer!« Seine Stimme schnitt tief durch die Nacht. »Fühlst du dich jetzt besser?«

»Nein, verdammt! Ich fühle mich nicht besser. Ich fühle mich beschissen. Ich bin weggerannt, Chiron!« Der Frust sammelte sich in mir und mein Kopf fühlte sich an, als würde er bald zerspringen. Ich war wütend auf mich selbst, weil ich mich wie ein Feigling benahm. War vor allem wütend auf die Welt, weil sie Menschen einfach so aus dem Leben riss und damit Lücken hinterließ, die sie nicht half zu füllen.

»Dann lauf zurück!«

Ich stöhnte auf. »Klar. Ich lauf zurück und nerve sie! Was denkst du dir ...«

»Hör mal, Taemin! Du willst wissen, was ich denke? Ich denke, dass du deinen Arsch jetzt hochkriegen und zu deinem Mädchen gehen solltest. Sie braucht eine Umarmung!«

Ich wollte etwas Schlagfertiges erwidern. Doch mir fiel nichts ein. Also sagte ich nur leise: »Die Umarmung hat sie schon bekommen. Sie will keine.«

»Rede dir das nur ein. Verdammt, sie trauert! Sie weiß momentan nicht, was sie will!« Er sprach aus Erfahrung. Er hatte mir an diesem Abend vor einem halben Jahr ebenfalls von sich erzählt.

»Ich weiß auch nicht, was ich will, Chiron.«

»Dann geh nach Hause, werde dir klar und entscheide!«

»Was für ein Mist kann einem eigentlich passieren?«, fragte ich, eher zu mir selbst als zu ihm.

»Ja, wirklich. Das mit der Schwester ist eine verfluchte Scheiße«, stimmte mir Chiron zu, wie immer mit seiner nicht sehr feinen Wortwahl.

»Woher wusstest du eigentlich, dass etwas vorgefallen ist?«, fragte ich ihn. Er hörte auf, hin und her zu schaukeln und kickte mit der Schuhspitze einen Kieselstein in meine Richtung.

»War halt so. Du kamst nicht nach Hause und du klangst ziemlich erschöpft am Telefon. Dachte einfach, du könntest jemandem zum Reden brauchen.«

Ich kickte den Stein zu ihm zurück. Ein kleines, kleines Lächeln schlich sich auf meine Lippen. Es war ehrlich und das tat gut. Als ich Luft holte, schüttelte er den Kopf.

»Bedank dich nicht schon wieder.«

»Okay. Wie war dein Tag?«, fragte ich stattdessen.

Er schnaubte. »Ich hatte eine lange Diskussion mit dem Hausmeister wegen meiner fehlenden Klingel. Nichts Neues.«

Er schaffte es, dass ich lachen musste. Mein Herz stolperte dabei, weil ich ihm so unfassbar dankbar war. Ich hatte noch nie einen besten Freund gehabt, keinen, an dem ich mich wirklich festhalten konnte, oder der mir Mut machte.

»Sitzen wir hier weiter einfach herum, oder essen wir bei Puma Ramen und trinken Alkohol?«

»Zu Puma gehen klingt gut.«

Wir standen von den Geräten auf, um zu dem Laden seiner Chefin zu gehen. Als ich mich gerade umdrehen wollte, umarmte er mich plötzlich. Überrumpelt stand ich einfach da, während er mich kurz und fest drückte. »Tut mir echt leid.«

Dann löste er sich von mir und nickte zu den Geschäften gegenüber der Parkanlage. Keine Ahnung, wann wir uns zuletzt in den Arm genommen hatten, es bedeutete mir viel.

»Ich hasse dich, Chiron.«

Hab dich lieb, Chiron.

Er drehte sich nicht um, aber ich wusste, er hatte es gehört.

Kapitel 18

Kann man einfach aus dem Leben verschwinden?

Ahri

Als ich an diesem Morgen aufwachte, war ich für die traumlose Nacht unendlich dankbar. Ich hatte durchgeschlafen, mein Körper hatte sich einfach aus dem Leben geklinkt und ich war mit Tränen auf den Wangen eingeschlafen. Langsam öffnete ich die Augen und es tat ein bisschen weh – sie waren geschwollen. Ich betrachtete das Wohnzimmer. Die weißen Wände, der dunkle Holzboden, die graubraune Truhe neben dem Sofa, in der wir Decken und Kissen aufbewahrten. Eine Pflanze stand in der Ecke des Zimmers, ihre Blätter hingen runter, als hätte sie keine Kraft mehr, sich aufrecht zu halten. Es war alles an Ort und Stelle, so wie ich es kannte und liebte. So wie ich mich zu Hause wohlfühlte. Aber seit gestern fehlte etwas und ich spürte es in jedem Winkel dieser Wohnung, es hing in der Luft, der Staub unter der beigen Couch flüsterte es mir zu.

Allein, du bist allein, allein, Ahri.

Ich verzog das Gesicht, als der Schmerz zusammen mit den Erinnerungen meine Gedanken überschwemmte. Wie die Wellen der See schwappten sie in meinen Kopf, sie waren zu hoch, zu stark, viel zu viele Wellen auf einmal.

Als ich aufstand, stolperte ich über eine Decke, die von den Polstern runtergefallen war und etwas schepperte. Erschrocken erblickte ich das heruntergefallene Gebäck auf dem Boden. Brösel und Teigkrümel übersäten den weißen Teppich. In den Scherben der Platte lag mein Handy. Es musste aus meiner hinteren Hosentasche gefallen sein. Fahrig griff ich danach, ließ die Teigtaschen liegen und checkte den leuchtenden Bildschirm.

Zwanzig verpasste Anrufe: Mama.
Drei verpasste Anrufe: Siwon.
Fünfzehn ungelesene Nachrichten aus der Gruppe: Wochenende & Meer.

Ich starrte die Mitteilungen an und meine Augen brannten, also blinzelte ich mehrmals. Ich musste die Wellen aushalten, ich durfte sie nicht aus meinen Gedanken und über meine Wangen laufen lassen. Plötzlich sprang mir die Uhrzeit ins Auge und ich schluckte.

5:56 Uhr. Samstag.

Ich würde diesen Tag nicht überleben, wie sollte ich diesen Tag meistern, wie konnte ich weitermachen? Ich atmete tief ein, selbst das fiel mir schwer. Ich schwitzte. Das Handy in meinen Händen zitterte und ich betastete meinen Hals. Er tat weh. Alles tat weh, meine Muskeln brannten vom Rennen, in meinem Kopf pochte es, meine Brust schmerzte. Die Kleidung klebte mir am Körper und war unangenehm schwitzig, oder war sie immer noch nass vom Regen?

Ich stolperte aus dem Wohnzimmer, bog nach rechts in mein Zimmer ab, steuerte auf die Badezimmertür zu und lehnte mich, dort angekommen, von innen gegen die Tür. Das erste Mal an diesem Morgen atmete ich laut aus, wollte mich damit selbst beruhigen. Ich strampelte die Hose von meinen Beinen, zog mir Pullover und Hemd über den Kopf und warf alles einfach auf den Boden, meine Unterwäsche folgte. Und als ich nackt, verletzlich und noch immer einsam war, stieg ich in die Dusche, um alles von mir zu waschen. Die letzten Stunden, meine Erinnerungen, meinen Geruch. Ich wollte niemand mehr sein, wusste nicht, wer ich gewesen war, fühlte so viel, so viel, zu viel.

Ich lehnte mich mit dem Rücken an die Kachelwand, ließ das Wasser von oben auf mich prasseln und schloss die Augen. Irgendwann wurde der Strahl viel zu heiß und es brannte. Blind suchte ich den Schalter und stellte ihn auf kalt. Alles pochte, als die kühlen Perlen meine Haut trafen und ich öffnete die Augen, um Seife zu nehmen. Ich rieb meinen Körper ein, schäumte meine Haare, rubbelte mir über Arme und Bauch.

Später erinnerte sich mein Gehirn kaum an den Tag nach Sun-Nyus Tod, da waren nur noch dunkle Augenblicke, die ich erahnen konnte.

Irgendwann schaltete ich das Wasser ab, stieg zitternd aus der Glaskabine, trat in das warme Bad. Aus der Kommode neben dem Waschbecken zog ich ein weißes Handtuch und wickelte es um mich. Der Spiegel über dem Becken war beschlagen. Nach ein paar wenigen Sekunden, einem inneren Kampf und Herzbeben, wischte ich mit der Hand den Wasserbeschlag fort. Ich starrte mich selbst an. Meine Haut war blasser als sonst, meine Augen geschwollen und rötlich, meine Lippen ein bisschen blau. Meine nassen Haare hingen in Strähnen nach unten, wie verfilzte, nasse Stränge. Ich hatte eingefallene Wangen, mein Blick wirkte leer. Je länger ich hineinblickte, desto weniger war da ich. Aus dem Spiegel starrte mir meine Schwester entgegen und ich konnte nur ihre Augen, ihre Lippen, ihre Nase erkennen.

Meine Gesichtszüge waren ihre und das raubte mir den Atem.

Ich kniete mich nach unten und durchsuchte meine Kleidung, krabbelte hilflos auf den Fliesen umher, bis ich mein Handy zu greifen bekam. Schnell stand ich wieder auf und verließ den Raum. In meinem Zimmer war es deutlich kühler und ich schnappte nach Luft. Mein Herz raste. Ich raste. Alles in mir drehte sich schnell, ein Karussell, das niemals halten würde, nicht an diesem Tag. Keuchend durchsuchte ich mein Zimmer. Ich brauchte Klamotten, musste irgendetwas anziehen. Ich konnte nicht meine alten Kleider anziehen, mein Schlafanzug lag mit all den anderen Anziehsachen in unserem Ankleidezimmer. Und da konnte ich auf keinen Fall reingehen. Ich traute mich nicht, wollte nicht, ich dachte nicht einmal an diesen Raum, also sank ich vor meinem Bett auf den Boden, das Handtuch mein einziger Schutz, und umarmte mich selbst. Dort saß ich einfach, bis mein Telefon vibrierte und ich ohne nachzudenken auf *Annehmen* drückte.

Inzwischen war es zwei Minuten nach sieben.

»Ahri?«

Wie schon früher am Morgen bekam ich fast keine Luft und griff mir an die Kehle.

»Ahri, Schatz?« Mamas Stimme war unendlich leise. Ich schüttelte den Kopf und presste die Lippen aufeinander. »Sag mir bitte, dass es dir gut geht. Ich muss wissen, wo du bist.« Ich antwortete ihr nicht, weil ich es nicht konnte. Meine Stimme würde uns beide an Sun erinnern.

Also blieb ich still.

»Ahri, ich muss wissen, wie es dir geht. Du kannst nach Hause kommen, Schatz. Wir schaffen es gemeinsam, wir können zusammen entscheiden, wie es weitergeht.« Ihre Worte nahmen kein Ende, jede weitere Bitte trommelte gegen meine Trauer, aber ich legte nicht auf. Ich hatte zu nichts mehr die Kraft und ein Teil von mir sehnte sich nach ihrer Stimme.

Ich wimmerte.

»Ahri? Bitte sag etwas, du musst nicht allein sein. Nicht jetzt. Bist du in eurer Wohnung?«

Es war nicht mehr *unsere* Wohnung. Sie gehörte nur noch mir. Ein weiterer Schlag gegen mein Herz und es erzitterte. Ich presste mir die flache Hand vor den Mund, um nicht noch einmal zu wimmern. Es half nichts. Irgendwann verließen Worte meinen Mund, ohne dass ich es gewollt hatte. »Es geht mir gut.«

Mama weinte.

Weil ich klang wie sie, weil ich gelogen hatte, weil sich auch meine Stimme gebrochen anhörte. Mama sprach tapfer weiter: »Bitte, komm nach Hause. Ich hole dich ab, wir werden gemeinsam einen neuen Weg finden.«

Ich schloss die Augen. Wenn man die Lider ganz fest zukneift, bleibt alles verschlossen. Keine Tränen finden den Weg nach draußen, man sieht beinahe nur Dunkelheit.

»Ahri?«

»Nicht heute«, wisperte ich.

»Wo bist du? Bitte, ich will nur wissen, wo du bist«, flehte sie mit sorgenvoller Stimme und ich legte den Kopf nach hinten gegen das Fußende meines Bettes.

Kann man einfach aus dem Leben verschwinden?
Sich für einige Zeit schlafen legen, um dann gestärkt aufzuwachen?

»Kannst du mich morgen holen?«, flüsterte ich in mein Telefon und erstickte fast an meinen eigenen Worten. Und hatte ich es bis jetzt nicht gewusst, zeigte mir das Leben, dass Tränen immer einen Weg nach draußen finden. Wenn sie ehrlich und unaufhaltsam waren, drängten sie auch durch die geschlossenen Lider und liefen warm über die kalten Wangen, bis sie stumm vom Kinn tropften. Eine Träne rann weiter, über meinen Hals, über meine Brust und wurde irgendwann von dem Handtuch aufgesogen. Grob wischte ich die nassen Perlen fort und riss die Augen auf.

»Ich bin morgen bei dir. Natürlich bin ich das.« Ich hörte die Erleichterung in ihrer Stimme. »Von ganzem Herzen, Ahri.«

Früher einmal hatte ich gefragt, wie lieb sie uns drei hatte. Und Mama hatte geantwortet, sie würde uns von ganzem Herzen lieben. Seither erinnerte sie uns daran und wir gaben es ihr zurück. Doch jetzt gerade konnte ich es nicht.

Ich legte auf, bevor sie merkte, wie kaputt ich tatsächlich war. Wie unendlich traurig und verloren ihre Tochter war. Hätte ich einen klaren Verstand gehabt, hätte ich gewusst, dass eine Mutter immer spürte, wie es ihrem Kind ging. Mama wusste ganz genau, wie unerträglich der Schmerz war. In diesen Stunden wollte ich mir nicht eingestehen, dass sie es wusste. Mein Handy rutschte mir aus der Hand und landete auf dem Teppich.

Ich krümmte meinen Körper zusammen, umarmte mich noch fester, legte den Kopf auf die Knie und hielt die Wellen aus. Unendlich schmerzhafte Schübe, die sich bis in meine Seele

gruben.
Von ganzem Herzen, Mama.

Nach einer Stunde rief Naomis Mutter an. Ich nahm den Anruf nicht entgegen, schrieb ihr nur eine Nachricht.

Ich: Es gab einen Todesfall in der Familie, die nächsten Wochen muss ich leider aussetzen. Richte Naomi gern liebe Grüße aus!

Frau Song: Natürlich, nimm dir die Zeit! Wir hören uns.

Die Wahrheit zu schreiben, war ein Schlag gegen mein Herz, doch ich wollte nicht noch jemanden anlügen.
Ich stand auf und betrat den Flur. Erinnerungsfetzen von gestern Abend kamen zurück und ich sah Taemin an der Kommode auf dem Boden lehnen.
Du hast ihn weggeschickt.
Ich ging an der Kommode vorbei.
Du darfst weinen, Ahri, flüsterte seine Stimme in der Stille und ich ging schneller. Taemin hatte mich zusammenbrechen sehen. Er war da gewesen und hatte mir eine Umarmung geschenkt.
Ich lief in die Küche und wollte die Wasserflasche vom Tresen nehmen, als ich abrupt innehielt und mit zitternden Händen das Post-it von der Platte nahm.

Ich bin kurz noch Snacks für die Fahrt besorgen, wunder dich also nicht, wenn du schon zurück bist.
Hab das Auto genommen, bis später.
Sun!

Ich starrte den neongelben Zettel an und meine Hand begann zu zittern. Die Handschrift meiner Schwester war krakelig, so als hätte sie es eilig gehabt und ich konnte nichts gegen ihre Stimme in meinem Kopf tun. Sie war einfach da.

»*Du kannst mir auch Nachrichten aufs Handy schreiben, wenn du weggehst, Sun.*«

»*Ja, ich weiß, aber manchmal werden Nachrichten nicht geschickt, oder du siehst sie nicht. Vielleicht ist dein Handy aus. Zettel tun es doch auch.*«

»*Na, wie du meinst.*«

Panisch ließ ich den Zettel fallen, er blieb mit der Klebestelle an meinen Fingern haften, als wolle er mich nie wieder loslassen. Ich keuchte auf und ein Schluchzer bahnte sich den Weg aus meiner Kehle. Ich schüttelte meine Hand und schrie verzweifelt auf. Irgendwann zerdrückte ich das Papier in meiner Faust und warf den kleinen Ball weit weg.

Es geht mir nicht gut. Ich habe gelogen, Mama.

Ich brauchte Hilfe, denn wie sollte ich so weitermachen? Ich stand zitternd und schwitzend in meiner Küche, nur in ein Handtuch gewickelt, weil ich mich nicht in das Zimmer mit den Kleidern traute. Ohne etwas zu trinken, rannte ich durch den Flur zurück in mein Zimmer, warf die Tür hinter mir zu und landete auf allen vieren kniend auf dem Boden. Ich krabbelte zu meinem Telefon und ließ es von meinem Fingerabdruck entsperren, öffnete hastig die Kontakte und scrollte nach unten.

Seola.

Mein Finger schwebte über ihrem Namen, er bebte so sehr, dass ich fast auf ihre Nummer gedrückt hätte, aber etwas hielt mich davon ab. Mein Daumen scrollte weiter.

Du hast meine Nummer. Ruf an. Egal, wann.

Er ging beim zweiten Klingeln ran und ich war ihm dafür unendlich dankbar. »Ahri?«

»Ich …« Meine Stimme brach und ich konnte ihm nicht antworten. Da war keine Luft, um die Worte laut auszusprechen. Ich konnte ihm nicht sagen, wie schwach und abgerissen ich mich fühlte. Ein Blatt im Sturm, nicht mehr an seinem sicheren Baum.

»Brauchst du … brauchst du eine Umarmung?«

»Taemin«, flüsterte ich, presste mir die Hand auf den Mund und als ich weitersprach, klangen die Worte gedämpft. »Die Zahlencodes sind einfach.« Ich diktierte ihm die Zahlen für meine Wohnungstür und die Haustür ganz unten.

»Ich komme. Halte noch ein bisschen durch.« Dann legte er auf.

Ich starrte auf den Boden und ließ das Handy sinken.

Durchhalten. Ein bisschen. Okay.

Kapitel 19

Immer und immer wieder

Taemin

Ich überquerte im Laufschritt die Straße. Die Stadt war trocken, das schlechte Wetter vorübergezogen und schenkte uns einen milderen Herbsttag. Zusammen mit den Wolken war auch das Chaos in meinem Kopf davongezogen, zumindest für den heutigen Morgen, meine Gedanken waren klarer. Nachdem wir gestern bei Pumas Laden essen und trinken waren, hatte Chiron mich sofort in mein Badezimmer geschoben und ich hatte eiskalt geduscht, um wieder auf den Boden der Tatsachen zu finden. Danach war er geblieben und wir hatten unsere Kinderserie geschaut, weil es unsere Lieblingsbeschäftigung war und ich hatte für diese Stunden wenigstens verdrängen können, was passiert war. Während der Serie war ich eingeschlafen und als ich heute Morgen aufgewacht war, war Chiron schon weggewesen und auf dem Sofatischchen hatte eine Bananenmilch gestanden, daneben eine Nachricht.

Musste los, zerbrich dir deinen Kopf nicht mit Gedanken. Und sieh nach deinem Mädchen.

Küsschen, Chiron. Der beste aller Freunde.

Also lief ich jetzt durch die Straßen, um Ahri ihre Umarmung zu schenken. Das Telefonat hatte mir beinahe die Luft geraubt, ihre zerbrechliche Stimme hatte so unendlich einsam geklungen. Ich wusste nicht einmal, ob man es ein Telefonat nennen konnte, wohl eher war es ein leiser Hilferuf gewesen. Über Nacht hatte sich etwas in mir getan, vielleicht hatten die Schatten und die unendliche Dunkelheit meine Gedanken geordnet. Was auch immer es gewesen war, ich wusste jetzt, was zu tun war. Ich musste Ahri helfen, sie trösten, ihr zur Seite stehen. Die Ausrede, dass wir uns kaum kannten, galt nicht mehr, denn wir lernten uns gerade kennen und das hieß, einander vertrauen zu können. Also würde ich ihr meine Schulter zum Anlehnen anbieten und ihr endlich ein Freund sein. Es würde nicht einfach werden. Es wurde doch immer schrecklich kompliziert, wenn man anfing, Menschen zu mögen. Und irgendwo war das genau richtig so.

Ich wusste nicht, was mich gleich erwarten würde, wie sie sich fühlte, ich konnte wohl vom Schlimmsten ausgehen. Und ich würde es durchstehen, ich würde endlich mal in meinem Leben ein guter Freund für jemanden sein.

An diesem Samstag im Herbst, ein Tag, der uns allen frische Luft zum Atmen schenkte, versprach ich Ahri meine Stärke. Ich würde sie nicht allein lassen. Die Frage, ob ich es bereuen würde, ließ ich gar nicht zu, denn diese Option sollte es nicht geben.

Ich bog in ihre Straße ein und etwas zog sich in meinem Magen zusammen, mischte sich mit einem leichten Gefühl der Nervosität. Ich verlangsamte meine Schritte, während ich auf das Wohnhaus zusteuerte, und mein Herz flatterte. Wie die Fahne des Restaurants links neben mir, es wirkte etwas schäbig, vielleicht hatte ich auch einfach nicht gut genug hingesehen. Ich ließ meine Schultern kreisen und stand plötzlich vor der Tür. Schnell gab ich den ersten Code für die Haustür ein, den sie mir genannt hatte. Er stimmte.

Bevor ich das Haus und den Eingangsbereich betrat, sah ich

noch einmal nach oben. Ein Teil des offenen Himmels lag über mir und ich versuchte mir alles genau einzuprägen. Die hellblaue Weite, weiße Wolkenfasern, die sich fein über das blaue Himmelsmeer erstreckten, hier und da ein gelblicher Stich, vielleicht waren es die Sonnenstrahlen. Ich senkte den Kopf und nickte. Es würde alles gut werden.

Und als ich das Wohnhaus betrat, konnte ich nur daran denken, wie unglaublich viele Farben ich heute sehen konnte, es war nicht alles schwarz-weiß. Vielleicht war es Schicksal, dass ich an diesem Morgen Mut, Optimismus und ein bisschen Hoffnung in mir fand. Denn als ich in Ahris Wohnung ankam, war da nichts als Leere und eine Traurigkeit, die tief bis in die Seelen der Menschen greifen konnte, wenn man sich ihr ergab.

Die Wohnung sah aus wie gestern, als ich sie verlassen hatte, aber ich fühlte so viel mehr. Die Einsamkeit lauerte in jedem Winkel. Ich schloss die Wohnungstür hinter mir, auch bei ihr hatte der Code funktioniert, den mir Ahri genannt hatte. Worüber ich unendlich froh war. Rechts von mir lag die Küche, doch sie war leer, also ging ich weiter den Flur entlang. Abrupt blieb ich stehen und kehrte zurück zur Tür und dem kleinen Schuhregal. Ich schob meine weißen Sneakers von den Füßen und stellte sie zu den Damenschuhen in eines der Fächer. Meine Jacke hängte ich an den Haken hinter der Tür und machte mich dann wieder auf den Weg, den Flur entlang.

»Ahri?«

Niemand antwortete mir. Ich hatte damit gerechnet, also war die Antwort der Stille keine Überraschung. Auch im Wohnzimmer konnte ich sie nicht finden, blieben noch vier Türen übrig. Ich öffnete das Zimmer gegenüber dem Wohnbereich und fand mich in einem unordentlichen Badezimmer wieder. Auf dem Boden lagen überall Klamotten, der Waschbeckenrand war vollgestellt mit Make-Up-Artikeln und anderen Produkten, die ich noch nie in meinem Leben gesehen hatte. Die Haken an der Wand waren nicht behangen, stattdessen lagen ein Bademantel und Handtücher ebenfalls über den Boden verteilt. Ich schloss die Tür wieder und ging weiter, wollte nicht über das Chaos in diesem Zimmer nachdenken und wie gern ich es aufräumen würde. Am Ende des Flurs gingen an der linken Seite zwei Türen ab, die andere befand sich rechts. Ich entschied mich für letztere, hatte keine Erklärung warum. Bauchgefühl oder so.

Ich schob die angelehnte Tür auf und trat vorsichtig in Ahris Zimmer und in eine Wolke des Leidens, es zerriss fast meinen Mut. Mein Blick flog sofort zu ihrer kauernden Gestalt auf dem Boden, alles andere war unwichtig. Dort saß sie, nur in ein weißes Handtuch gewickelt, den Blick starr vor sich gerichtet, ich machte keine Bewegung aus. Sie zitterte nicht, sie weinte nicht, sie schluckte nicht, Ahri tat einfach überhaupt nichts und ich blieb für einen Moment stehen. Ich war ratlos und unsicher, wusste einfach nicht, was ich tun sollte, dann übernahm der Instinkt. Und es war mir egal, ob sie nur mit einem Handtuch bekleidet dasaß, ich musste ihr helfen, denn offensichtlich saß sie dort nicht erst seit ein paar Minuten. Ich achtete darauf, nicht zu laut zu sein und sie nicht anzustarren, es war nicht höflich, sie so anzusehen, wie sie fast nackt vor mir saß. Ich kam auf sie zu, ging in die Hocke und legte den Kopf schief, um ihre Augen sehen zu können.

»Ahri, ich bin jetzt hier«, sagte ich so sachte, dass sie sich nicht erschrecken konnte und hob die Hand, um ihr die Haarsträhnen aus dem Gesicht zu streichen. Auf halbem Wege hielt ich inne und ließ meine Hand wieder sinken, sie würde es nicht wollen.

Sie antwortete nicht.

»Soll ich dir was zum Anziehen bringen?«, fragte ich nach wenigen Atemzügen. Ihr Blick zuckte umher, fand kein Ziel am Boden, suchte trotzdem weiter. Wie schwer musste es ihr fallen, hier in dieser Wohnung zu sitzen? Wie unheimlich unerträglich musste es für sie sein? Nach einigen Blicken durch den Raum, bei denen ich keinen Kleiderschrank ausmachen konnte, sagte ich: »Ich werde dir Kleidung holen und dann können wir weitersehen, okay?« Kurz wartete ich auf eine Antwort, wusste aber, dass ich keine bekommen würde. Langsam stand ich auf, trat von ihr zurück und verließ den Raum.

Ich steuerte die Tür neben dem Badezimmer an und stieß sie auf, nur um mich in einem weiteren Chaos wiederzufinden. Überall lagen Kleider herum, dunkle, helle, glitzernde und matte. So viele Farben und mehr dazwischen. Manche Bekleidungen hingen an Bügeln, andere hatte jemand über die offenen Schranktüren geworfen, ein paar wenige lagen zerstreut auf dem Boden. Ich trat in den Raum, mein Blick flog umher, bis er an einer offenen Schublade hängenblieb, aus der eine Jogginghose hing. Ging darauf zu und zwang meinen Höflichkeitsdrang zurück, wühlte mich durch die Klamotten. Ich wollte nicht noch mehr Unordnung machen, aber anders ging es nicht. Schnell nahm ich eine graue Jogginghose und einen gelben Pullover, der weit und gemütlich aussah. Ich drehte mich im Kreis und zog weitere Schubladen auf, schloss sie wieder. Dann die nächste und noch eine und irgendwann fand ich auch die Unterwäsche und Kuschelsocken.

Mit allem bewaffnet und noch immer mit einem Unwohlsein im Bauch, weil ich mehr als nur kurz in Ahris Privatsphäre gestanden hatte, eilte ich aus dem Zimmer und über den Flur zurück zu ihr. Bei Ahri angekommen, verzog sich mein mulmiges Gefühl und das Bedürfnis, ihr helfen zu wollen, übernahm alles. Ich legte die Kleidungsstücke neben ihr ab und berührte ihre Schulter, sie bewegte sich kein Stück.

»Ich warte draußen. Die Kleider liegen neben dir.«

So oft sprach ich mit ihr und so oft antwortete sie mir stumm. Es war, als redete man mit jemandem, der die eigene Sprache nicht verstand. Mit jemandem, der körperlich zwar da war, aber physisch woanders, einfach so weit weg.

Ahri zitterte immer mehr, ihr war sicher kalt, und gemütlich konnte das raue Frottiertuch auch nicht sein. Mir gingen die Ideen aus, da war nichts mehr. Also legte ich ihr die Hand unter das Kinn und hob ihren Kopf mit Nachdruck an, bis ihr Blick den meinen fand. Das tat weh. In ihren Augen spiegelten sich die Scherben ihres Herzens. Sie waren spitz.

»Es muss dir nicht gut gehen, Ahri. Nur bitte, versuch aufzustehen, lass uns dich anziehen«, murmelte ich und hielt ihren Kopf mit beiden Händen fest. Vorsichtig, mit leichten Berührungen, immer darauf bedacht, ihr nichts anzuhaben. Sie sah mich ausdruckslos an. Ich wollte wieder Leben in ihren Augen sehen, einen Glanz, ein bisschen Gefühl.

»Ich setze dich auf das Bett. Okay?«, fragte ich irgendwann, weil das Beben nicht aufhören wollte, sogar ihre Lippen zitterten jetzt. Ich legte meine rechte Hand unter ihre angewinkelten Knie, die linke fand Platz auf ihrem Rücken. Kein Widerspruch. Keine Zustimmung.

Ich hob sie langsam hoch, drückte sie an meine Brust, obwohl ich das nicht hätte tun müssen. Das Bett war nicht hoch, ich hätte sie sofort absetzen können, kurz zog ich sie näher an mich.

Ihre Umarmung, dachte ich.

»Ich setze dich jetzt auf das Bett«, sagte ich, während ich sie auf der Kante der Matratze ablegte und vor ihr in die Hocke ging. Mein Blick wanderte zu ihr nach oben, mein Herz schwer von Traurigkeit, die nicht meine war und mich trotzdem einnahm. In diesem Moment war ich nicht der feige Junge. Ich war nicht der kluge Tänzer. Ich war jemand ganz anderes, wie ein neues Kapitel meines Lebens, weitere Seiten, unbekannte Wege.

Ein Mädchen, unglücklich, verletzt, verlassen und so viel dazwischen. Ein Junge, mutig, entschlossen, vielleicht genauso einsam wie sie. In diesem Moment bereute ich keine Entscheidung, es würde sich zeigen, ob ich es je tat.

»Ich bin auf dem Flur. Nimm dir deine Zeit, Ahri.« Ich drückte kurz ihre gefalteten Hände, stand auf und ging rückwärts in Richtung Ausgang. »Ich bin da«, murmelte ich noch. Als ich die Zimmertür hinter mir zuzog, meinte ich, ein Flüstern zu hören, und diesmal war ich es, der stumm die Antwort gab.

»Danke.«

Immer. Immer und immer.

Ich wartete wie versprochen vor der Tür und gab Ahri Zeit. Bald hörte man von drinnen Schritte und etwas rumpelte leise. Sie war aufgestanden. Zog sich an. Das war gut. Glaubte ich.

Dann war es still.

Langsam drückte ich die Türklinke nach unten, trat erneut vorsichtig in ihr Zimmer. Ahri lag auf ihrem Bett, sie hatte die Kleidung an, ihre Augen hafteten an der Decke über ihr. Sie flüsterte etwas. Ich verstand es nicht. Also kam ich näher an ihr Bett heran, wollte sie hören. Ich fragte nicht nach, weil sie es mir dann nicht sagen würde, ich wusste es einfach.

»Ich bin müde«, murmelte sie noch einmal. Diesmal vernahm ich die Worte, sie sorgten für ein Ziehen in meiner Brust. Dieses Mädchen war des Tages müde, sie wollte ihn nicht leben, hatte keine Kraft dazu. Es war okay, ich wusste, was dazu geführt hatte. Ein Tod. Der Tod ihrer Drillingsschwester. Es wäre auch okay, wenn etwas anderes passiert wäre, man durfte müde Tage haben.

»Das darfst du sein«, sagte ich zu ihr und blieb unbeholfen im Raum stehen. Meine Sicherheit von vorhin hatte sich zurückgezogen. »Mach einfach für ein paar Stunden die Augen zu.«

Und das tat sie. Sie verschloss sich vor der Welt, hieß die Dunkelheit willkommen. Ich betrachtete Ahri. Ihre rundlichen, blassen Wangen und die vollen Lippen. Sie hatte längere Wimpern, als ich angenommen hatte, ihre Ohren waren klein und hielten doch ihre dunklen Haare nach hinten. Schön war sie. Einfach so schön, weil sie ehrlich zu mir war. Und ich wollte zu ihr gehen. Der Drang überkam mich, es ihr zu sagen. Ihr zu sagen, wie stark sie war. Ich tat es nicht. Nicht jetzt, weil ich keine Luft hatte, um die Worte auszusprechen. Also dachte ich sie nur, beobachtete sie beim Einschlafen und starrte noch immer, als eine zu lange Zeit vergangen war. Den Kopf schüttelnd drehte ich um und steuerte abermals den Ausgang an. Ich würde nicht ganz gehen, sondern einfach im Wohnzimmer warten, bis sie aufwachte und eine weitere Umarmung brauchte.

»Taemin?«, hauchte sie. Ich bildete es mir ein. Tat ich nicht, irgendwie doch. Verwirrt wandte ich mich zu ihr, Sorge machte sich in mir breit. Sie schlief nicht, war nie eingeschlafen. Ich hätte es wissen müssen.

»Taemin?«, fragte sie etwas lauter und ich fuhr mir mit der rechten Hand durch die Haare.

»Brauchst du etwas?«, fragte ich stockend, erwartete, dass ich wieder keine Antwort bekommen würde.
Noch einmal lag ich falsch.
»Kannst du bleiben?« Noch immer waren ihre Augen geschlossen.
»Ich bin doch da«, murmelte ich und blieb auf halbem Weg zu ihr stehen. Plötzlich bewegte sie sich. So viel mehr als vorhin, sie kroch nach oben an das Kopfende und schlüpfte unter die Decke. Den Kopf bettete sie auf eines der fünf Kissen. Ihre Augen waren halb offen. Halb geschlossen. Einfach etwas dazwischen und ich schluckte. Was tat ich hier? Was, um Himmels Willen, tat ich bei dieser Frau, in ihrem Zimmer, in ihrem Kummer? Ich bewegte mich nicht. War unentschlossen. Wollte fliehen und doch viel lieber bleiben. Es raschelte und Ahri hob die Decke an. Ich war überrascht. Überfordert, überrollt. Wollte sie … ich …
»Du kannst auch die Augen schließen, wenn du willst«, sagte sie gedämpft, die Kissen fingen ihre Stimme auf. Ich schluckte noch einmal.
»Ich habe doch Straßenkleidung an … ich warte einfach im Wohnzimmer«, sagte ich und bereute es augenblicklich, als Ahri die Decke fallen ließ. Sie sah mir müde entgegen.
»Ich fühle mich einsam, Taemin.«
Ich hatte keine Ahnung, was ich antworten sollte. Mit Worten war ich nicht so gut. Nicht jetzt.
»Kannst du einfach da sein? Dann ist da nicht nur mein Herzschlag.« Und ich blieb.
Auf der freien Seite des Bettes schlug ich die Decke zurück und setzte mich. Ich lehnte meinen Kopf an die Rückenlehne und legte die violette Bettdecke über meine Beine. Reglos. Still. Wie ging das Atmen noch mal? Ich wusste, sie schlief nicht. Also wollte ich ihr etwas erzählen, damit sie sich nicht mehr einsam fühlte. Mir fiel nichts ein. Irgendwann tat mein Rücken weh, also schob ich mich ein bisschen nach unten und drehte meinen Körper auf die Seite. Ein Flattern ging durch meine Brust, oder so was ähnliches. Der Moment war komisch und gut, zu viel und zu wenig. Ahri drehte

sich zu mir und der Blick aus ihren großen Augen musterte mich, das Braun darin sprach Bände und verriet gleichzeitig nicht mal eine Seite ihrer Geschichte. Sie schimmerten. Neue Tränen, weiterer Schmerz, mehr Hoffnungslosigkeit.

»Warum bist du hier?«, fragte sie mit rauer Stimme.

»Weil du angerufen hast.«

Sie schluckte. »Warum bist du wirklich hier?«

Ich atmete schwer. Immer war es so schwer. »Weil ich weiß, wie es ist, allein zu sein.«

Sie kroch näher zu mir, ich wusste nicht, warum wir das taten, kannten wir uns dafür schon gut genug?

Es ist nicht so wichtig, wie gut oder lange ihr euch kennt. Sondern ob sie dir etwas bedeutet.

Ich wollte mich räuspern, unterdrückte es.

Es ist wichtig, ob du ihr etwas bedeuten willst.

»Ahri, darf ich dich in den Arm nehmen?«

Sie nickte. Vielleicht hatte der Tod ihrer Schwester auch ihre Schüchternheit mitgenommen, oder alles war taub und sie bekam es gar nicht mit. Wir trafen uns in der Mitte und ich legte achtsam meine Arme um ihre schlanke Gestalt, sie vergrub ihren Kopf an meiner Brust. Ich konnte nicht sagen, wie sich das anfühlte. Ein bisschen gut zumindest. Wie traurig musste sie sein, dass sie so still war? Und doch so gefasst.

»Erzählst du mir etwas?«, fragte sie leise gegen meinen Pullover und ich nickte. Ich malte einen Kreis auf ihre Schulter. Noch einen, weitere, es folgten viele.

»Der Himmel ist heute schön. Er würde dir gefallen.«

»Scheint die Sonne?«

Ich wollte nicht antworten und wir beide wussten, ihr gefasster Moment war vorbei. Kurz hielt ich sie noch in meinen Armen, dann antwortete ich und entfachte alles in ihr neu. »Die Sonne scheint immer für uns, Ahri.«

Sie fing leise an zu weinen. Ich wollte, dass sie laut schluchzte, denn die leisen Tränen taten so viel mehr weh. Weil sie direkt aus ihrer Seele flossen. Laute Tränen kamen aus der Brust, aus dem

Kopf, die leisen entrangen sich der Seele und dem Herzen. Und während sie sich verlor, begann ich leise, ihr von mir zu erzählen, ein bisschen die Wahrheit, ein bisschen etwas von meinem Schmerz.

»Früher war mein Leben schwarz-weiß. Für mich zumindest, ich habe einfach nirgendwo Hoffnung gesehen. Mein Dad ist machthungrig und vielleicht war er so auf Macht aus, dass er auch meine Farben mitgenommen hat.« Kurz hielt ich inne. »Er war oft wütend auf mich. Weil ich Tänzer werden wollte und nicht Firmenchef. Frauen tanzen, doch nicht Männer, hat er gebrüllt. Mein Dad wusste nicht, wie man eine Familie liebt. Er hatte es selbst nicht gelernt, also sperrte er uns ein und kontrollierte, was wir taten.« Ich legte meine Arme fester um ihren Körper und lauschte ihren Tränen, die langsam versiegten. »Ich hasse es, an diese Zeit zu denken, Ahri. Soll ich dir was sagen?«

»Was?«, wisperte sie gegen meine Brust, beinahe war es, als bildete ich mir ihre Stimme ein.

»Ich habe niemals meinen Traum aufgegeben. Niemals. Ich habe einfach weitergemacht.« Ich sah ihre zierliche Gestalt in meinen Armen an, wie sie rang und mit sich kämpfte, mit dem Leben kämpfte. »Und das wirst du auch. Du wirst irgendwann wieder frei sein. Frei von dem Schmerz, der dich jetzt gefangen hält. Wie mich mein Vater gefangen gehalten hat. Jetzt bin ich frei. Weil es immer irgendwie weitergeht. Ich werde für dich hoffen. Ich hoffe für dich, Ahri.« Behutsam griff ich nach ihrer Hand, die zwischen uns lag, und drückte sie einmal, zweimal. »Versprochen.«

An diesem Tag fing ich an, ihr von mir zu erzählen und sie hörte zu, antwortete leise. Oder gar nicht. Sie hörte auch Wochen später noch zu, als die Trauer nur noch ein Schatten war und wir irgendwas dazwischen.

Kapitel 20

Drei Tage sind eine verdammt lange Zeit

Ahri

Tagebucheintrag: 20:15 – keine Ahnung, welches Datum

Als Mama kam, um mich abzuholen, weinte sie ununterbrochen. Sie nahm mein Gesicht in ihre Hände, nur sah sie nicht wirklich mich. Ihre Tränen sprudelten über, sie weinte nicht wegen mir. Ich bot ihr Tee an, umarmte sie auf unserer Couch, trocknete ihre Wangen mit einem Taschentuch. Und ich hielt ihre Hand, es zerbrach mein Herz, dass Mama litt und selbst nicht wusste, wie sie es überleben sollte. Dann drückte sie mich fest an sich und sagte immer wieder: Zusammen, Ahri. Wir zusammen. Wir schaffen es.

So ging es eine ganze Zeit. Sie versprach mir Dinge, die sie nicht einhalten konnte. Ich beschloss, in der Wohnung zu bleiben, Mama ging allein wieder. Ich fuhr nicht mit ihr, weil die Wohnung etwas von mir festzuhalten schien und ich ihren Schutz nicht verlassen wollte. Ich bildete mir ein, dann näher bei meiner Schwester zu sein.

Mama versprach mir beim Abschied, mich nicht allein zu

lassen und ich hoffte still und heimlich, sie würde dieses Versprechen niemals brechen.
Drei Tage sind jetzt vergangen.
Ich habe Siwon angerufen. Er hat den Anruf weggedrückt. Ich habe Taemin wieder von mir gestoßen. Weil ich immer ein schlechtes Gefühl bekomme, wenn meine tauben Gedanken klar werden. Er ruft jeden Tag an und ich mache es wie mein Bruder, nehme keines der Telefonate an.
Ich gehe nicht in die Universität, bin krankgemeldet. Was auch sonst. In meinem Zimmer ist keine frische Luft mehr, mein Magen schmerzt, ich esse kaum. Den Spiegel in meinem Badezimmer meide ich, er würde mir nur Hässliches zeigen.
Drei Tage sind vergangen, ich weiß nicht, warum Sun-Nyu einen Unfall hatte, was genau passiert ist, weiß nicht, wie es mir geht.
Fühle gerade gar nichts.

Kapitel 21

Schlauchboot-Ahri

Heute war der erste von drei Beerdigungstagen. Eine Woche war vergangen. Mama wollte mich abholen und es mit mir zusammen durchstehen, doch ich habe sie angefleht, allein zu gehen. Es würde mich zerreißen, sie noch einmal zu sehen, ich hatte nicht die Kraft, aufzustehen, hinzugehen, denn ich würde mein Herz dabei verlieren. Als es draußen dunkel wurde, die Lichter der Stadt angingen und der Mond die Sonne ablöste, stand ich vor ihrer Zimmertür.

Ich legte meine Hand auf die Klinke.
Ich zitterte.
Ich weinte.
Ich zerbrach innerlich.
Ich verlor mich, hatte keine Ahnung, wie man sich wiederfand.
Ich war feige.
Also drehte ich um, ließ ihre Zimmertür geschlossen, setzte mich auf meinen Schreibtischstuhl und suchte im Internet nach Antworten. Oder nach mir.

Wie findet man sich wieder?

Wie trauert man?
Wie heilt man sein gebrochenes Herz?
Das Internet gab mir ungefähr 4.210.000 Ergebnisse in 0,94 Sekunden und beinahe keines davon half mir weiter. Eine Seite besagte, ich müsse ordentlich Abschied nehmen. Also zog ich mir um einundzwanzig Uhr meinen Herbstmantel an, schlüpfte in Suns Turnschuhe, weil sie viel gemütlicher als meine waren und verließ das erste Mal seit einer Woche das Haus.

Here without you spielte durch meine Kopfhörer und ich wischte mir über die Augen, zog die Kapuze meiner Jacke in die Stirn und versteckte mein Kinn hinter dem Kragen. Wenn Menschen meinen Weg kreuzten, dann starrte ich auf den Boden, wenn eine Ampel rot war, dann tippelte ich auf der Stelle. Weil ich das Gefühl hatte, wenn ich stehen bliebe, dann würde mich der Mut verlassen und ich würde umdrehen. Die Busse und Bahnen mied ich, ging den ganzen Weg zu Fuß, hörte meine Musik, hatte das Gefühl, unsichtbar zu sein, weil auch mein Lieblingsmensch nicht mehr hier war.

Vor der Trauerhalle drehte ich um, meine Beine wollten mich wieder von diesem Ort davontragen.

Du musst dich verabschieden, dann geht es dir besser, sagte eine Stimme in mir.

Das Gebäude war riesig, war dunkel, war leblos. Die Doppeltür hallte, als sie hinter mir ins Schloss fiel. Mit vorsichtigen Schritten ging ich zum Empfangstresen, fand meine Stimme nicht, konnte die schwarzhaarige Frau nicht ansprechen. Ich zog die eine Seite meiner Kopfhörer vom Ohr.

»Was suchen Sie, junge Dame?«

Mich selbst.

»Meine Schwester«, flüsterte ich. Kam mir seltsam vor, kam mir wie ein anderer Mensch vor, kam mir unsichtbar vor. Aber die Frau lächelte mich an, sie nickte mir verständnisvoll zu.

Die Frau *sah* mich.

Und deswegen zog ich mich noch weiter in die Dunkelheit meiner Kapuze zurück.

»Wie heißt Ihre Schwester denn?«

»Seon Sun-Nyu«, presste ich hervor. Danach ging ich innerlich aus. Wie ein aufblasbares Schlauchbot mit Loch verlor ich meine Luft. Mein Herz sackte zusammen, so fühlte es sich zumindest an. Mein Hals wurde ganz eng, so als verbiete er mir, ihren Namen noch einmal laut auszusprechen.

»Oh, Sie sind wegen der Beerdigung hier? Ich verstehe. Den Gang weiter, Zimmer zwölf.«

Ich folgte ihrer Handbewegung und ging den Flur entlang, atmete ganz flach, stand unter Schock. Zimmer zwölf besaß keine Tür, nur einen Torbogen.

Mama saß auf einem Stuhl. Oma Miga stand neben ihr, massierte ihre Schultern. Kein Siwon. Kein Papa.

Ich blieb im Eingang stehen, versteckte mich hinter der Ecke, konnte keinen Schritt weitergehen.

Verabschiede dich, um zu heilen.

Die linke Seite der Kopfhörer spielte jetzt *Be with you* von *Ateez*. *San* sang die schönsten Töne und verankerte die Traurigkeit des Songtextes tief in mir.

Mama schluchzte auf.

Miga drückte ihre Schultern durch, vielleicht weil sie stark sein wollte. Und ich stand hinter der Ecke, lugte in den Raum, sah nur den Deckel des Sargs, sah meine Schwester nicht. Konnte nicht zu meiner Familie. Wollte mit niemandem reden, mit niemandem sein, wusste nicht, wie man Abschied nahm. Denn wer zur Hölle lehrte einem das? Wo und wann wurde man auf solche Situationen vorbereitet?

»Ich kann nicht«, wisperte ich so unfassbar leise. »Ich kann mich nicht von dir verabschieden. Sonst bist du wirklich weg.«

Und in dem Moment, als Miga sich umdrehte, machte auch ich einen Schritt zurück. Ich lief den Gang zurück, zog mir dabei den anderen Kopfhörer wieder übers Ohr. Diesmal sang *Jongho* den Schmerz heraus, mein inneres Schlauchboot war flach. Ich war leer. Unter einem dunklen Himmel ertrank ich also. Ich war ja nichts mehr.

Innerlich passierte das.

Von außen war ich noch immer das Mädchen mit den braunen Haaren, den gleichfarbigen Augen, der blassen Haut und dem Herbstmantel in einer Septembernacht.

Schwach, traurig und zerrissen ging ich wieder nach Hause. Legte mich dort angekommen in mein Bett, schlang die Decke um mich und starrte von einem Lichterkettenplaneten zum nächsten.

Tagebucheintrag: 23:06 – es ist so dunkel.

Das Internet lügt. Man heilt nicht, wenn man sich verabschiedet. Denn dann schließt man damit ab und wenn ich meine Schwester jetzt gehen lasse, dann lasse ich auch mich gehen.

Ich habe es versucht, ich war dort, ich war bei dir, Sun. Es zermartert mein Herz und meine Gedanken nur mehr, deswegen bleibe ich lieber zu Hause und stelle mir vor, du bist auf Weltreise. Irgendwann kommst du zurück, um mir von Bergen, Seen, Kulturen, Menschen, Freiheiten, Wahrheiten und deiner Traumreise zu erzählen, oder? Finde deinen Moon auf dieser Reise. Du verdienst es so sehr.

Dann schluchzte ich in tiefer Trauer um sie. Es flossen keine Tränen, weil ich doch schon leer war. Ich schrie, klagte, wimmerte, konnte die Sehnsucht nach einer Sun-Umarmung nicht ertragen.

Wer pumpt jetzt mein Schlauchboot-Herz wieder auf?

Kapitel 22

Gedankenbecken

Taemin

Ich hatte Ahri seit einer Woche nicht gesehen oder gehört. Sie meldete sich nicht, und ich traute mich nicht, sie erneut zu besuchen. Sie hatte mich angefleht zu gehen, weil sie kaputt sei. Mal wieder war ich nicht geblieben und Chiron hatte mir eine Kopfnuss dafür gegeben. Er war der Einzige, der mich momentan bei Laune hielt. Alles andere machte keinen Spaß. Die Uni war langweilig und anstrengend, ich log für Ahri bei den Professoren und sagte, sie hätte eine Grippe. Ich telefonierte mit meiner Schwester. Dad war nicht mehr zu Hause, ihr Herz schlug. Meine Probleme schienen auf einmal so unendlich klein, so einfach. Linya war mein Gedankenbecken. Ich erzählte ihr alles. Von Ahri und mir. Sie fragte mich aus, ich antwortete niedergeschlagen. Linya kam zu dem Schluss, dass ich ein Mutherz benötigte und nicht so viel auf meinen Feiglingskopf hören sollte. Ich versuchte es.

Ich dachte ständig an Ahri, konnte nicht aufhören, wollte wissen, wie es ihr ging. Ein Teil von mir sagte, dass es vorbei war und ich sie nicht weiter kennenlernen würde. Da war keine

Geschichte, die sie mir erzählen konnte oder wollte. Sie war nicht mehr da, einfach weg und allein in ihrer Trauer. Ich hatte es versprochen, hatte mir versprochen, bei ihr zu bleiben und ihr zu helfen. Jetzt saß ich hier, ohne sie, rief sie auch nicht mehr an. Weil ich Angst vor weiteren Abweisungen hatte. Vielleicht musste ich es einfach akzeptieren. Manchmal trafen sich zwei Menschen und alles passte, außer der Zeitpunkt. Wir tanzten nicht mehr zusammen, also fielen wir. Oder sie. Ich. Wir allein. Es gab kein wir, sondern nur sie und mich und unsere Leben, die keine Chance auf ein *gemeinsam* bekommen hatten. Ich vermisste Ahri, ihr Lachen, ihr Weinen. Alles.

Das Sternzeichen Skorpion gilt als tiefgründig und geheimnisvoll. Sie machen keine halben Sachen. Menschen mit diesem Zeichen verschreiben sich einer Sache meist mit ganzem Herzen, Skorpione besitzen eine gute Beobachtungsgabe und sind deshalb gute Menschenkenner. Sie geben niemals auf, geben nicht klein bei, geben für ihre Mitmenschen sowie für sich selbst alles.

Ich las die ganze Nacht.

Über Sternzeichen des westlichen Kalenders, sie erinnerten mich an ihn. Ich las über Eigenschaften, Vorlieben, Schwächen verschiedener Sternzeichen, über Mondwege und Sonnenbahnen. *Skorpion und Widder sind ideale Partner,* las ich um drei Uhr morgens. *Ehrlichkeit, Treue und Leidenschaft sind durchaus ähnlich ausgeprägt, mit diesen Werten können sie gemeinsam aufbauen.*

Zitternd schrieb ich ihm.

Ich: Widder und Skorpion sind ideale Partner, Taemin. Keine Ahnung, vielleicht vermisse ich unsere Ähnlichkeit.

Ich löschte die Nachricht, schickte sie nicht ab.

Mir fehlte der Mut, obwohl Skorpione diesen besaßen, wenn man dem Internet Glauben schenkte. Ich las zu viel in dieser stillen, finsteren Nacht. Als die Morgenstunden unsere Welt orangerosa einfärbten, tanzte und weinte ich. Weinte, weil Taemin Widder war und ich uns ideal wollte. Tanzte, weil ich mich dann dem Himmel und meiner Schwester näher fühlte.

Ich wollte Astronautin werden und bin wegen dir auf der Erde geblieben. Jetzt bist du nicht mehr da und ich habe keine verfluchte Ahnung, wer ich ohne dich hier unten sein soll.

Kapitel 23

In Mustern verheddern

Akri

Mein Körper krümmte sich mit der Musik, bäumte sich wieder auf, als die Stimmen lauter und lauter, die Melodie schneller und immer schneller wurde.

Ich fühlte den Songtext mit jeder Bewegung, die ich dem Lied schenkte. Mein Zimmer war zu klein und ich stieß meinen Zeh an der Bettkannte an. Mein Zeigefinger streifte im Flug ein Regalbrett und ein Pochen zog durch meine Hand. Aber ich hörte nicht auf zu tanzen. Atmete den Schmerz aus und die Gleichgültigkeit ein. Kniete auf meinem Holzboden, wiegte meinen Körper wie ein Wellenmeer unter dem Wind. Griff nach meinem Herzen, um es zum Schweigen zu bringen. Mein Atem überschlug sich, als ich fünf Lieder durchtanzte und mich in Mustern verhedderte.

illa illa, sang *B.I* und Tränen rannen mir über Wangen und Hals, über meine Brust. Ich dachte an Taemin. Bei jedem *illa illa* dachte ich an seinen dunklen Kakaoblick und alles, was nach Suns Tod zerbrochen war.

In jeder Nacht, die ich unruhig verbrachte, tanzte ich mich in den Schlaf. Bis ich erschöpft auf meinem Zimmerboden zusammensackte und nichts mehr war als Tränen und Träume.

Ich: Warum wird es immer so verdammt kompliziert, wenn man anfängt, einen Menschen zu mögen?

Chiron: Das zeigt nur, dass es echt ist.
Chiron tippt …

Mit dem Rücken lehnte ich an dem Spind in der Männerumkleide, für heute war der Unterricht beendet. Hwang wollte mir eine neue Partnerin zuweisen, die momentan allein eine Choreografie entwarf, nur wollte ich das nicht. Sie hatte mich verständnislos angesehen, natürlich hatte sie das. Ich war immer ein guter Student gewesen, hatte ihre Ratschläge und Aufgaben angenommen und mit viel Motivation umgesetzt. Jetzt kam ich mit hängenden Schultern in ihr Studio und nahm ihre Ideen nicht mehr an, ich konnte ihr schlecht sagen, dass es an einem traurigen Mädchen lag.

Ich verließ das Studio, lief über den Campus und in Richtung Bahnstation. Es war der erste Oktober, die Bäume veränderten ihre Farbe, ein Mädchen auf dem Bahnsteig wärmte ihre Hände an einem Kaffeebecher und sie erinnerte mich an Ahri. Einfach, weil sie den gleichen Herbstmantel trug, ihr Kinn hinter dem Kragen versteckte und Kopfhörer auf den Ohren hatte.

Was, wenn ich sie noch einmal anrief? Würde sie rangehen oder mich wieder zurückstoßen? Meine Schwester sagte, ich würde so viel für andere geben, dass ich mich dabei selbst vergaß.

Frustriert stieg ich in die Bahn und setzte mich auf einen freien Platz, zog mein Handy aus der Jackentasche und las Chirons Nachricht.

Chiron: Vermisst du sie sehr?

Ich: Irgendwie. Ja. Was weiß ich?

Chiron: Dann besuch sie wieder. Hab mal irgendwo gelesen, wenn man ganz fest über eine Person nachdenkt, dann spürt der andere das.

Ich: Das Internet lügt.

Chiron: Wie du meinst.

Ich: Vielleicht hätte ich bleiben sollen. Nicht auch ein zweites Mal gehen.

Während er tippte, zog ich meine Kopfhörer auf und hörte *illa illa*. Ich hörte es seit Tagen, Wochen, einfach immer, wenn ich die Gespräche zwischen Ahri und mir vermisste. Wenn ich abends in meinem Raum tanzte, dachte ich an unseren ersten Tanz. Ich wollte wieder mit ihr im Studio Bewegungen erschaffen, durch die Luft springen, mich danach fallen lassen und auf ihre Lippen starren. Nie wieder wegsehen. Je länger wir uns nicht sahen, nicht miteinander sprachen, desto mehr vermisste ich sie. Und es war seltsam, weil man doch immer sagte, mit der Zeit heilen die Wunden. Mit der Zeit vergisst man. Mit der Zeit wird es besser. Nur war das bei mir nicht so, denn mit jedem Tag wollte ich uns zurück. Wollte sie mehr kennenlernen, wollte diesen kleinen Funken zwischen uns nicht aufgeben.

Chiron: Taemin, wenn dich jemand anfleht zu gehen, respektiere es. Aber lauf nur so weit, dass du auch im richtigen Moment wieder zurückfindest.

Ich: Vermutlich sollte ich es einfach hinter mir lassen. Was bringt es schon, an etwas festzuhalten, das einfach nur noch in meinem Kopf existiert und nicht in der Realität?

Mein Herz tat seltsam weh, als ich an meiner Haltestelle ausstieg, also rieb ich mir über die Brust. Auf dem Spielplatz vor unserer Straße sah ich Chiron auf einer der Schaukeln sitzen und mit einer grauen Katze spielen.

»Hey«, sagte ich und setzte mich auf die zweite.

Sichtlich überrascht blickte er auf. Müde lehnte ich meinen Kopf an das Seil der Schaukel, starrte zu den Lebensmittelläden hinüber.

»Das mit dem Liebeskummer hat ein ernstes Ausmaß angenommen«, kommentierte mein bester Freund trocken.

»Ich habe keinen Liebeskummer.«

»Klar. Wie beschreibst du deine Situation dann?«

»Vom Weg abgekommen.«

Die Katze miaute und ich betrachtete das kleine Fellknäuel. Chiron hob sie zu mir rüber und ich nahm sie auf den Schoß, streichelte ihren weichen Kopf, musste ein wenig lächeln.

»Tiere sind so viel besser als Menschen.« Das sagte er nicht zum ersten Mal, ich hatte nie gefragt, warum er das dachte. In diesem Moment verstand ich es irgendwie.

Wir schaukelten hin und her, sprachen über seine Kunst, über Wildtiere, Kinderheime, Herzfehler und andere Themen. Dann gingen wir nach Hause. Auf dem Weg sagte er: »Ich finde, du solltest es nicht hinter dir lassen. Manchmal lohnt es sich, für etwas zu kämpfen, was nur im Kopf ist.«

Mein Herz tat schon wieder so seltsam weh.

»Deine Eltern haben auch nicht an deinen Traum geglaubt. Du bist trotzdem deinen Weg gegangen, hast es zur Realität werden lassen. Wenn Ahri aus der Trauer auftaucht, dann hat sich das Festhalten vielleicht gelohnt.«

Also ließ ich nicht los.

Kapitel 24

Regenmeer

Akri

Die rothaarige Ladenbesitzerin gegenüber von unserem Wohnhaus erzählte wie immer von ihrer intellektuellen Tochter, als ich notgedrungen zu ihr in den Laden kam, um mir die wichtigsten Lebensmittel zu besorgen. Sie empfahl mir die eingelegten Ananasringe in der Dose, sie seien neu im Sortiment und echt preisgünstig. Ich packte sie in meinen Einkaufskorb, weil ich keine Lust auf eine Diskussion hatte. Sie sagte mir außerdem, wie blass ich aussähe und fragte, ob alles okay sei.

Ich nickte nur.

»Geht es deiner Schwester auch gut? Ich habe sie lange nicht die Straße entlanggehen sehen. Sonst hat sie mir immer gewinkt.«

Mit anderen zu reden, riss meine Wunden wieder und wieder auf. Deshalb versteckte ich mich in der Wohnung, ging jedem Gespräch aus dem Weg. Denn alles erinnerte mich an meine Schwester.

Das Sushi dort in der Kühltheke. Die Farbe Gelb, die überall in dieser Stadt zu sehen war, alle blonden Menschen. Die Sonne. Modemagazine, Nähmaschinen, Pflanzen, Süßigkeiten. Manchmal vergaß ich, dass Sun nicht mehr da war und dachte in der Wir-

Form, und dann brach ich zusammen. Weinte so sehr, weil ich einfach keine Ahnung hatte, wer *ich* ohne dieses *wir* war.

»Alles in Ordnung?«, fragte die Ladenbesitzerin. Schnell legte ich meine Einkäufe auf das Band. Meine Unterlippe zitterte, mit aller Macht wollte ich es unterdrücken. Lächelte krampfhaft. Gab ihr die Antwort.

»Meine Schwester hatte einen tödlichen Unfall.«

Die Verkäuferin öffnete den Mund.

»Sagen Sie nichts.«

Tut mir leid.
Oh, wie schlimm.
Wie geht es dir damit?
Kommst du klar?

So was tat nur noch mehr weh. Sie kassierte ab und ich nahm die Tüte mit den Einkäufen, stolperte mehr, als dass ich aus ihrem Laden ging. Der Damm brach und Tränen liefen mir über die Wangen. Ich war es schon so gewohnt, dass ich es kaum bemerkte.

In der Wohnung angekommen, setzte ich mich auf unsere Couch, aß die Ananassringe und schaute *Suspicious Partner*. Mein Herz blutete dabei, ich schluchzte, der Fruchtgeschmack mischte sich mit dem Salz meiner Tränen. Immer wenn Ji Chang-wook über seinen Brillenrand hinweg in die Kamera lächelte, bildete ich mir ihre Stimme ein. Wenn dieser eine Song im Hintergrund abgespielt wurde, hörte ich meine Schwester mitsummen. Bis mir alles zu laut wurde und ich den Fernseher panisch ausschaltete.

Später am Abend ging ich auf ihren *Instagram*-Account.

@piecesofthesun

Sie schrieb über Mode, über das Leben und wie einzigartig alles war. Sun war lebensfroh gewesen, sie wollte alles erleben, die Dinge genau betrachten. Als ich ein Foto von uns beiden sah, rannte ich in mein Badezimmer und erbrach mich in die Toilette.

Mein Magen drehte sich um, bis ich nur noch würgte.

Dann saß ich an die Badezimmerwand gelehnt, blockierte ihren Account, damit er keine Erinnerungen hervorrufen konnte. Ich war eine Kerze, die niemand anzündete, ich fühlte in mir kaum mehr einen Funken. Ich tastete nach der Kette meines Bruders, der kühle Stein glitt durch meine Finger.

Ich: Nightmare, bist du da?

Siwon: Keine Ahnung.

Ich: Du fehlst mir.

Siwon: Ich brauche Abstand.

Ich: Wo bist du?

Siwon: Ich verstecke mich einfach vor der Welt. Vielleicht können wir uns bald sehen. Nur noch nicht jetzt. Du erinnerst so sehr an sie.

Ich: Versprich mir, nicht für immer zu verschwinden. Sonst habe ich euch beide verloren.

Siwon: Versprochen, Daydream.

Die Augenlider zusammengepresst, saß ich eine Weile einfach da und kämpfte gegen den Schmerz. Mein Handy vibrierte.

Siwon: Tut mir leid, dass ich gerade nicht für dich da sein kann. Mein Leben ist einfach kaputtgegangen. Ich habe mich selbst verloren und bevor ich mich nicht wenigstens ein bisschen zusammengeflickt habe, schaffe ich es nicht, dich zu sehen.
Siwon: Von ganzem Herzen, Daydream.

Das erste Mal in meinem Leben hasste ich mein Aussehen. Ich hasste es, ein Drilling zu sein. Meine Seele mit einem Menschen geteilt zu haben, für immer an meine Geschwister gebunden zu sein. Wieder fragte ich das Internet, wieder bekam ich unzählige Suchergebnisse und keines davon half mir, meine Trauer zu überwältigen.
Was soll ich tun, wenn ich mich selbst verliere?

Als es dunkel wurde und es anfing zu regnen, hielt ich es allein nicht mehr aus. Der Regen peitschte an mein Zimmerfenster, jeder Tropfen hallte in meinem wunden Herzen wider und dort bildete sich ein Regenmeer, ertränkte alles und ich hatte das Gefühl, meine innere Kerze würde nie wieder brennen.

Ich: Mama? Kannst du zu mir kommen?

Mama: Natürlich. Ich fahre gleich los.

Es war das erste Mal seit dem Unfall, dass nicht ich Mama tröstete. An diesem Abend nahm sie mich in meinem Zimmer in den Arm, wiegte meinen Körper hin und her, saß mit mir auf meinem Bett und ließ mir Zeit zu trauern. Sie erzählte von einer Astronautin in der Zeitung, dann von Schallplatten mit Sprung und ihrer Nachbarin. Von Rasenmähern über die Arktis. Sie sagte: »Alle wollen die Polarlichter sehen, so als wären die bunten Sonnenuntergänge nicht genug. Was meinst du? Reisen wir auch irgendwann zu den Nordlichtern?«

Ich antwortete nicht, krümmte mich in ihren Armen, wollte den Schmerz mit ihren Worten ersticken. Nur funktioniert das nicht.

Sie redete weiter. Immer mehr, von den verschiedensten Dingen. Mama reiste nicht gern und doch klangen ihre Geschichten wie von einer Reisenden. Wenn ich sie nicht so gut kennen würde, dann hätte ich angenommen, sie hätte schon die halbe Welt gesehen.

»Lass den Schmerz zu, Ahri. Wenn du ihn in dir hältst, greift er dich an.« Sie streichelte über mein Haar, über meinen Rücken, ich schmiegte mein Gesicht an ihren Kaschmirpullover. »Wenn der Schmerz draußen ist, kann er dein Herz nicht mehr angreifen.«

Sie hatte wohl recht.

Mama zeigte ihre Trauer nicht, blieb für mich stark. Kühle Tränen liefen über meine glühenden Wangen. *Wie wenn sich Eisberge mit Vulkanen treffen würden*, dachte ich. Weinte noch mehr. Schluchzte. Kämpfte. Ließ mein Leben los, weil mich nichts mehr zu halten schien.

»Warum?«, wisperte ich nachts. Wir lagen Arm in Arm und nur die Planetenlichterkette zeigte mir ihr Gesicht.

»Was ist passiert?«

Ich bekam eine Zeit lang keine Antwort. Doch dann antwortete sie mir, mit bebender Stimme, auch ihre Augen schimmerten.

»Die Polizei konnte nur einen einfachen Unfall feststellen. Die Straße war rutschig wegen des Regens, auf der Brücke wie immer viel Verkehr. Der Fahrer hat Sun zu schnell überholt und sie sind ... sie sind zusammengestoßen. Weitergeschlittert und an die Bande der Brücke geschmettert.«

»Nein«, flüsterte ich. »Nicht wegen einem Regentag. Ihr Tod für diese simple Erklärung? Nein ... Mama. Nein ...« Wieder und wieder kamen mir diese Worte über die Lippen. »Lebt der andere Fahrer noch?«

»Ja«, hauchte sie. »Er hat eine Aussage gemacht. Und ist zur Beerdigung gekommen, hat Geld auf ihren Sarg gelegt. Er bereut tief.«

Ich schrie innerlich, zerbrach erneut, hasste diesen Mann. Warum nicht er, dachte ich. Auch wenn ich wusste, wie falsch das war. Nur in diesem Augenblick brauchte ich jemanden, irgendwas, das schuld war.

»Ich war nicht auf der Beerdigung, Mama. Es tut mir leid. So leid.«

»Du warst am ersten Abend dort.«

»Hast du mich gesehen?« Ich spürte ihre Finger an meinem Haar, wie sie die Strähnen bei dem wenigen Licht zu entwirren versuchte.

»Miga hat dich an der Ecke gesehen. Du warst da, sie hat es gespürt. Beerdigungen sind nur etwas Öffentliches. Eine Chance, Abschied zu nehmen, auf gewöhnliche Art.« Ihre Stimme war ganz brüchig. »Du darfst dich von deiner Schwester verabschieden, wie du willst. Nur für dich. In deinem Herzen, hier in der Wohnung, draußen im Regen. Dieser Abschied gehört dir allein, wo immer er sein mag.«

Wir redeten die ganze Nacht.

Manchmal hielten wir inne um zu weinen, einmal lächelte sie sogar, während die Planeten Schatten auf ihrem Gesicht hinterließen. Irgendwann holte ich die Ananasringe aus dem Wohnzimmer und wir aßen die letzten um zwei Uhr morgens, während wir uns Preise von Glasiglu-Hotels an der Arktis ansahen. Irgendwann schlief sie neben mir ein. Ich starrte eine Weile an die Zimmerdecke, meine Augen brannten vor Müdigkeit und verklebtem Salz.

Ich: Papa? Denkst du noch immer, dass man im Weltraum tanzen kann?

Er antwortete um halb vier Uhr morgens, der Regen hatte aufgehört, mein Herz wogte nicht mehr so stark in dem Schmerzensmeer.

Papa: Nicht jeder würde da oben tanzen. Aber du, Ahri. Du würdest auch im Weltall tanzen, wie schwierig das auch sein mag.

Ich: Bist du in Seoul?

Papa: Auf Geschäftsreise in Amerika.

Ich: Also nur eine kleine Raumfahrt entfernt.

Papa: Egal, wie hoffnungslos alles gerade zu wirken scheint, gib nicht auf, meine kleine Ahri. Du kannst so viel. Sogar auf anderen Planeten tanzen, wenn du davon träumst.

Mein Blick ging zu der Postkarte an meiner Pinnwand. Seine Nachrichten erinnerten so sehr daran. Manchmal war er mein Held, ganz offen, so richtig mutig.
Ich wusste, er war genauso gebrochen wie der Rest unserer Familie. Papa verlor sich ebenfalls, wie wir alle, weil wir uns so sehr an Sun-Nyu festhalten wollten. Nur war sie eben nicht mehr da.
Papa war nicht in dieser Stadt, doch er war noch da und das ließ mich für ein paar Sekunden aufatmen.

Kapitel 25

Du musst damit nicht allein fertig werden.

Ahri

Tagebucheintrag: 05.10. – 15:07

Ich habe Seola angerufen. Sie war wütend, so wütend. Weil ich einfach untergetaucht bin und sie unwissend gelassen habe.

Ich habe ihr gestern Abend geschrieben. Die Nachricht war kurz: Tut mir leid, ich war traurig. Sun-Nyu hatte vor zwei Wochen einen Unfall. Sie hat es nicht geschafft.

Seola hat nicht geantwortet, also rief ich an. Sie meinte, ich wäre grausam, es ihr erst so spät zu sagen. Immerhin war Sun ihre beste Freundin. Ich war es nicht. Das sagte sie nicht, doch wir wussten es in diesem Augenblick beide. Sie hat geweint und mich verflucht, dazu hatte sie kein Recht. Ich sagte nichts dagegen, hielt es aus. Sie trauerte einfach. Ich fragte, ob wir uns sehen wollen, sie hat Nein gesagt. Danach hat Xeonjun mir regelmäßig geschrieben.

Xeonjun: Schneewittchen, wenn du irgendwas brauchst, schreib mir. Auch wenn es einfach nur Gesellschaft ist.
Xeonjun: Du musst damit nicht allein fertig werden.

Xeonjun: Ich habe dir ein Päckchen vor die Tür gelegt. Es ist kein giftiger Apfel drin, versprochen.

Donuts. Teebeutel und eine CD. Mit einer Playlist von ihm, für gebrochene Herzen, um sie wieder zu fixen. Xeonjun hatte einen Brief geschrieben und ich drückte den Zettel an mein Herz, nachdem ich ihn wieder und wieder und wieder gelesen hatte.

Versprich mir, dass du irgendwann wieder für eine Umarmung bereit bist. Versprich mir, dass du irgendwann wieder mit mir Kaffeetrinken gehst. Versprich mir, dass du dein Leben irgendwann wieder lebst. Versprich mir, dass du dich selbst siehst. Nur dich. Versprich mir, dass du dir deine Zeit nimmst. Und dann tief Luft holst.
Xeonjun.

Ich: Ich verspreche es.

Zwei Tage später stand er vor meiner Wohnungstür und klingelte so lange, bis ich ihm aufmachte. Er drückte mich so unendlich fest an sich, strich unter meinen Augen entlang und wischte all die Tränen für diesen Nachmittag fort. Xeonjun ging mit mir in die Küche und stellte eine Einkaufstüte auf dem weißen Tresen ab. Er lächelte mir zu und nickte aufmunternd. Und dann backten wir zusammen Cupcakes und er teilte laut seine Gedanken mit mir.
»Gestern habe ich mich gefragt, was ich später einmal mit meinem Tanzstudium machen will. Vielleicht ist Tanzen gar nicht mein Ding, weißt du? Meine Schwester sagt, ich wäre ein toller Schauspieler. Und jetzt kann ich den Gedanken nicht mehr vergessen.«
Ich schlug mit einem Schneebesen die Sahne in einer Metallschüssel und betrachtete ihn von der Seite. Seine braunroten Haare und seine leuchtenden Augen, die runden Gesichtszüge

und das wunderschöne Lächeln. Xeonjun lachte und zuckte mit den Schultern. Er wog den Vanillezucker ab. »Was willst du machen?«

Es dauerte ein paar Sekunden, bis ich meine Stimme fand und mit einem Zittern antwortete: »Ich habe nie darüber nachgedacht.«

»Und warum tanzt du?«

»Wegen einer gefallenen Eiskunstläuferin.«

»Du könntest den Menschen zeigen, was es heißt, wieder aufzustehen. Zum Beispiel als Tanzlehrerin. Oder so.« Er stibitzte sich mit dem Finger etwas Sahne aus meiner Schüssel und tupfte damit auf meine Nase. Es zuckte um meine Lippen herum. Fast hatte ich vergessen, wie es sich anfühlte zu lächeln.

Xeonjun blieb bis abends, sah sich mit mir Eiskunstlaufküren an. Und plötzlich fanden wir das Video der Eisprinzessin, wegen der ich angefangen hatte zu tanzen. Das ganze Video – diesmal ohne Joghurtwerbung.

Mein Herz schlug genauso schnell wie damals. Ich stellte mir vor, Xeonjun wäre mein Bruder und wir würden wieder so gebannt auf den Fernseher starren. Aufgeregt. Voller Erwartung. Das Video löste Trauer in mir aus. Doch mit jedem weiteren Sprung der Eiskunstläuferin bekam ich Mut. Wir spielten es noch einmal ab, ein Funke Hoffnung formte sich in meinem Herzen. Ich beugte mich vor, nahm jede Bewegung auf dem Bildschirm wahr, wartete auf den Fall. Mein Herz fühlte sich der Frau verbunden, ich wusste, wie sich dieser Fall anfühlte.

Xeonjun hielt meine Hand, als ich es wieder und wieder abspielte. Ich dachte an Schicksal, weil ich dieses Video genau jetzt wiedergefunden hatte. Wie sehr ich es doch gebraucht hatte, diese Erinnerung an mein Versprechen. Weiterzutanzen.

Die Frau fiel, zerbrach und stand nicht mehr auf. Sie erinnerte mich so sehr an mich selbst.

»Aber du kannst aufstehen, Ahri«, flüsterte Xeonjun. »Du stehst wieder auf.«

Kapitel 26

Irgendwann

Taemin

»Hey, Mann.« Ich hielt Xeonjun am Arm fest, bevor er in die Umkleiden verschwinden konnte. »Hast du vielleicht mit Ahri gesprochen?« Ich musste ihn fragen, weil ich es nicht länger aushielt. Sein Blick wurde traurig. Er nickte.

»Es geht ihr nicht gut und ich denke, sie braucht noch ihre Zeit.«

»Ja, vermutlich.« Meine gesammelte Hoffnung löste sich in Luft auf.

Er wollte weitergehen, blieb dann aber noch einmal stehen, musterte mich und sagte: »Schreib ihr, Taemin. Sie muss wissen, dass du sie nicht vergessen hast.«

Ich schrieb ihr, während die Oktobersonne unsere Erde goldgelb betupfte. Hier einen Klecks. Dort einen Fleck. Und unsere Worte mittendrin.

Ich: Weißt du was? Ich kann dich nicht vergessen.

Tagebucheintrag: 08.10. – Irgendwann.

Er hat geschrieben.
Ich habe vergessen, wie sehr er mein Herz berührt.

Taemin: Weißt du was? Ich kann dich nicht vergessen.
Taemin: Zeit für ein paar Gedankennachrichten?
Taemin: Wie geht es dir, Ahri?
Taemin: Du darfst ehrlich sein. Nach allem.

Ich: Genau jetzt?
Ich: Ich bin okay.
Ich: Meine Hände zittern nur ein bisschen.
Ich: Das ist alles.

Taemin: Tut mir leid, dass ich mich irgendwann nicht mehr gemeldet habe.
Taemin: Ich wollte dir jeden Tag schreiben.
Taemin: Manchmal habe ich Nachrichten getippt. Und wieder gelöscht.

Ich: Tut mir leid, dass ich dein Shirt vollgeweint habe.
Ich: Tut mir nicht leid, dass ich deine Umarmung gebraucht habe.
Ich: Tut mir leid, dass ich auch Nachrichten gelöscht habe.

Taemin: Ich vermisse dich. Irgendwie.

Ich: Ich vermisse deine Umarmungen.

Taemin: Hast du zum Himmel gesehen?
Taemin: In den letzten Tagen war er schön. Fast wie Umarmungen.
Taemin: Ich habe an dich gedacht, wenn er voller Farben war.

Ich: Hast du eine neue Partnerin?
Ich: Ich sehe nur noch selten zum Himmel.
Ich: Wenn ich es tue, verschwimmt meine Sicht.

Taemin: Nein. Ich habe mich geweigert. Ich habe gesagt, wir bekommen das mit dem Tanzen schon hin.
Taemin: Verschwommene Farben sind auch schön anzusehen.

Ich: Glaubst du das wirklich?

Taemin: Das mit den verschwommenen Farben oder dem Tanzen?

Ich: Beides.

Taemin: Ja.

Ich: Ich kann nicht in die Universität kommen. Ich schaffe es noch nicht.

Taemin: Das ist okay. Wir haben noch Zeit.

Ich: Warum, Taemin? Warum bist du noch immer da?

Taemin: Weil ich an das Schicksal glaube.
Taemin: Und ich dich nicht vergesse.
Taemin: Nur weil du traurig geworden bist.

Kapitel 27

Brauseherz

Professorin Hwang hatte mir eine Mail geschrieben.

> Frau Seon,
> ich weiß um Ihren Verlust, Ihre Mutter hat mir Auskunft gegeben. Ich denke an Sie und frage mich, ob es nicht eine Hilfe wäre zu tanzen. Die Bewegungen im Modern Dance werden durch unsere Gefühle und Gedanken geleitet, der Tanz lebt, wenn Sie fühlen.
> Es könnte jetzt genau das Richtige sein. Überlegen Sie es sich! Wenn Sie sich bereit fühlen, kommen Sie immer zurück.

Ich fühlte mich nicht bereit, also ignorierte ich ihre Worte. Quälte mich weiter durch jeden einsamen Tag. Ich scrollte durch Instagram. Weil ich sonst nichts Besseres zu tun hatte. Verschwand in eine Welt, die mir Videos und Bilder von glücklichen Menschen zeigte, unechte Gesichtsausdrücke, falsche Tränen, manchmal zu ehrliche Sprüche. Ich saß an meinem Schreibtisch, hatte das Bett verlassen, zog die Beine an meine Brust und scrollte weiter. Irgendwann tippte ich auf die eine Anfrage in meinen Benachrichtigungen.

@linyaaajeong

Ich klickte auf *Annehmen* und las ihre Nachrichten. Ich realisierte erst beim zweiten Mal lesen, wer sie wirklich war.

@linyaaajeong: Hallo, Ahri! Du bist jetzt vielleicht kurz verwirrt, ich bin Taemins Schwester Linya. Ich wollte dir schreiben, einfach mal so. Weil du Planeten magst.

Ich starrte die zweite Nachricht an.

@linyaaajeong: Nein, eigentlich wollte ich dir schreiben, um dich an etwas zu erinnern. Auch wenn wir uns nicht kennen. Weißt du, unsere Leben sind Wunder. Ich habe das letztens auf Instagram gelesen. Dein Leben ist auch eins. Gib nicht auf.

Das war's. Diese zwei Nachrichten und ich wollte heulen. Wer war dieses Mädchen? Wie wundervoll und unendlich liebenswert konnte man durch zwei Nachricht wirken?
Unsere Leben sind Wunder. Gib nicht auf.

@seonn_ahrii: Hi, Linya. Deine Nachrichten bedeuten mir die Welt. Du wirkst ziemlich wundervoll und Taemin erzählt nur mit einem Lächeln von dir. Vielleicht gibt es wirklich Wunder in Form von Menschen.

Ich verbrachte den restlichen Tag damit, ihr zu schreiben. Sie lenkte mich ab, schenkte mir allerschönste Sätze, erzählte mir von Taemin. Erzählte mir vielleicht mehr, als ich hätte wissen sollen. Ich war ihr dankbar. Und es führte zu Mut. Mut, einen neuen Schritt zu gehen.

@linyaaajeong: Taemin, erzählt er viel von mir?

@seonn_ahrii: Manchmal hat er das. Er sagte, du wärst seine größte Traum-Unterstützerin.

@linyaaajeong: Und er ist meiner.

@seonn_ahrii: Was ist dein größter Traum?

@linyaaajeong: Ein Brauseherz zu haben. Eines, das sprudelt und hüpft und prickelt und lebt. Richtig lebt.

@seonn_ahrii: Oh, Linya. Ich denke, jedes Herz hat die Möglichkeit zu sprudeln und zu hüpfen. Meinst du nicht?

@linyaaajeong: Mein Herz hat einen Fehler, Ahri. Es stolpert ziemlich oft, macht mich schwach. Das ist okay. Ich hoffe jeden Tag auf ein neues Herz.

Es war das erste Mal seit Wochen, dass mir Tränen in die Augen stiegen, nicht wegen mir oder meiner Schwester oder meinem Leben. Tränen für ein anderes Mädchen da draußen.

@linyaaajeong: Wer weiß? Vielleicht ist da draußen jemand, der ein Brauseherz für mich hat. Irgendwann.

@seonn_ahrii: Ich finde es mutig, wie ehrlich und offen du bist. Danke, Linya. Und weißt du? Ich finde, du solltest das ›vielleicht‹ weglassen.

@linyaaajeong: Das sagt Taemin auch immer. Er macht sich ziemliche Sorgen um mich. Bei uns Zuhause wird oft gestritten, mein Herz steigt uns manchmal allen zu Kopf. Umarmst du ihn deswegen für mich?

@seonn_ahrii: Ich versuche es.

@linyaaajeong: Er vermisst dich. Hat er gestern geschrieben. Wollte ich nur erwähnen. Du hast das nicht von mir!

@seonn_ahrii: Danke, dass ich dich kennenlernen durfte. Vielleicht kann ich dich und dein Brauseherz eines Tages in den Arm nehmen, Linya.

@linyaaajeong: Ich finde, du solltest das ›vielleicht‹ weglassen.

Ich wischte mir meine Tränen von den Wangen und versuchte zu lächeln. Keine Ahnung, ob es ehrlich funktionierte. Vielleicht.
Nein, das ›vielleicht‹ weglassen.
Linya war an diesem Tag für meinen Mut verantwortlich, wegen ihr dachte ich an mein Leben. An alles, was ich noch erleben könnte und all die Momente, die ich verpassen würde, wenn ich weiter in meinen Trauergedanken ertrank. Und deswegen rief ich ihn an.

Kapitel 28

Danke × unendlich + 29834

Taemin

Mein Herz hüpfte. Hoffnung. Ahris Name leuchtete auf meinem Display auf. Meine Finger zitterten leicht, als ich den Anruf annahm. Sie redete schnell und viel und ich wollte sie für immer hören.

»Hey, Taemin. Ich … ich bin schlecht im Lügen. Also tue ich es jetzt nicht. Deine Schwester hat mir geschrieben, du musst ihr wohl meinen Instagram-Account genannt haben.« Kurze Pause. »Was natürlich okay ist. Sie hat mir ein bisschen was von sich erzählt. Weißt du noch, vor ein paar Wochen? Du hast mir von deinem Vater erzählt, wie er nie an dich glaubte. Ich wollte dir einfach sagen … es ist mir nicht egal. Auch wenn sich das vielleicht so angefühlt hat. Weil ich mich nicht gemeldet habe. Es ist nicht egal und du bist mir nicht egal.«

Ich hörte sie laut einatmen und nahm mit wackeligen Beinen auf einem Barhocker in meiner Küche Platz.

Verdammt, dieses Mädchen.

»Taemin?«

Mein Herz setzte aus.

»Ich bin überfordert«, sagte ich ehrlich.

Sie holte wieder tief Luft. In meinem Kopf wirbelten alle Gedanken in einem Chaossturm.

»Ist das gut oder schlecht?«

»Ahri, ich ... kann ich dich sehen? In nächster Zeit. Oder so?«

»Ja. Ja, kannst du.«

»Das mit meinem Dad. Und meiner Schwester. Meine Familie ist nichts, worüber du dir Sorgen machen musst.«

»Damals, als ich dich angerufen habe und du Migräne hattest. War da etwas mit deiner Familie?«

Ich wusste nicht, ob ich froh sein sollte, dass sie noch alles wusste und dass sie es direkt aussprach.

»Linyas Herz ging es nicht gut und mein Dad war zu Hause. Es ist schwierig für ihn zu akzeptieren, eine fehlerhafte Tochter und einen Sohn zu haben, der nicht nach seinen Vorstellungen lebt.« Meine Stimme zitterte leicht. Meine Augen brannten. Ich kniff sie für einen Moment zusammen.

»Ich denke nicht, das Linya fehlerhaft ist. Sie ist nur ein Mädchen, das sich nach einem Brauseherz sehnt. Und du bist ein Träumer. Das ist nicht fehlerhaft, es ist lebensmutig.«

Keine Ahnung, was meine Schwester mit Ahri gemacht hatte, aber ich war ihr dankbar. Vielleicht hatten sie sich gegenseitig geholfen, wieder Kraft zu sammeln. Was auch immer. Bevor ich etwas erwidern konnte, fügte Ahri hinzu: »Und wenn irgendwas mit deinem Vater ist, oder du einfach so einen miesen Tag hast, dann ... dann kannst du zu mir kommen.«

»Danke, Ahri.«

»Nicht dafür.«

»Wie viel Mut hast du noch übrig?«, fragte ich, weil ihre Stimme leiser wurde. Sie machte einen unverständlichen Laut.

»Ich glaube, er geht gerade aus.«

»Ahri, dein Anruf ... tanzen wir?«

»Einfach so?«

»Keine Ahnung. Vielleicht hilft tanzen.« Sie antwortete nicht gleich, also sagte ich noch: »Ich habe einen Tanzraum. Du kannst

zu mir kommen.«
»Okay.«
»Okay?«
»Ja. Vielleicht hilft tanzen.«
Ihr Anruf vibrierte in meiner Brust. Auch als ich abends in meinem dunklen Zimmer lag und meiner Schwester schrieb.

Ich: Danke. Danke × unendlich + 29834.

Linya: Mutherz, Taemin.

Mutherz an.
Feiglingskopf aus.

희망
Zweiter Tanz
Hoffnung
schmerzhaft-mutig.

Kapitel 29

Weil du mir nicht egal bist

Akri

Nach fünf Wochen traute ich mich wieder aus dem Haus.

So wirklich, richtig, mit mehreren Schritten durch die Stadt. Es fühlte sich an wie damals, nach den Semesterferien. Ich war nur bei der rothaarigen Frau einkaufen gewesen und seit ich ihr von Sun-Nyu erzählt hatte, stand manchmal ein Päckchen mit Snacks an meinem Briefkasten. Heute winkte ich ihr zu, als ich an ihrem Laden vorbeikam und in mir wuchs der Gedanke, dass ich seit dem Unfall für meine Schwester mitlebte. Zumindest in manchen Bereichen.

Wie vor Wochen war es noch immer Herbst, nur diesmal viel deutlicher. Rotorangene Blätter säumten die Straßen, die Menschen trugen jetzt alle Herbstmäntel, es roch nach Dalgona-Kaffee und Popcorn. Aus dem Kino rechts von mir strömte eine kleine Menschentraube, lachte und diskutierte wild. Der Film war schlecht, aber weil sie zusammen dort gewesen waren, hatten sie jetzt offenbar gute Erinnerungen an den Tag.

»Lasst uns dort drüben einen Snack holen«, rief ein Mädchen und zeigte zu einem Essensstand am Straßenrand.

Ich bog ab und ließ die Gruppe hinter mir, ihre Stimmen wurden leiser, bis sie von dem Autoverkehr übertönt wurden. Die Häuser hier waren modern, große Immobilien, die in den Himmel ragten. Ich musste an Oma Migas alten Hof denken. Sie lebte dort schon ihr ganzes Leben und früher waren wir oft bei ihr gewesen. Plötzlich vermisste ich Omas Wärme.

Es war nach drei Uhr und der Nachmittag zog an mir vorbei. Heute Morgen hatte ich Siwon angerufen, es war mir egal gewesen, dass meine Stimme heiser war von den Schreien der Nacht, meine Seele noch wund und offen. Ich brauchte ihn. Ich brauchte ihn mehr als alles andere, aber er war nicht rangegangen. Nie ging er an sein Telefon. Seit dem Unfall war er verschwunden, einfach nicht mehr da. Ich verstand, dass er noch nicht bereit war, mir gegenüberzutreten und ich wusste, er hatte mit seinen eigenen Dämonen zu kämpfen, aber manchmal vermisste ich ihn so sehr, dass ich egoistisch wurde und mir seine Gefühle egal waren. Ich wollte ihn einfach nur sehen.

Mama rief jeden zweiten Tag an und wir redeten über alles und nichts und niemals über sie.

Sun-Nyus Tod hatte einen Krieg hervorgerufen. Ich kämpfte gegen mich selbst, rang mit mir, schrie und weinte, brach und fiel. Selbst nach fünf Wochen wurde es kaum besser.

Vielleicht endete es nie.

Ich stolperte über eine Bordsteinkante und blieb stehen, mein Handy in der Hand und die Navigation vor Augen. Taemin wohnte in einer schöneren Gegend der Stadt, zumindest gab es in der Nähe seiner Wohnung eine Grünfläche und einen Spielplatz für Kinder, ein paar Bäume säumten den Straßenrand. Ich überquerte die Fahrbahn und bog in die richtige Straße ein, hier gab es keine Geschäfte, nur Wohnhäuser und Bürogebäude.

Das dritte Haus. Links. Zwölftes Stockwerk.

Als ich davorstand, wäre ich am liebsten sofort umgedreht und weggerannt. Konnte ich das durchziehen? Wollte ich das? Ich zitterte, meine Nervosität übertrumpfte beinahe jedes andere Gefühl. Aber gestern war noch eine Nachricht von ihm gekommen und deswegen kehrte ich nicht um.

Taemin: Hey, Ahri. Ich bin nicht so gut mit Worten, ich versuche es jetzt trotzdem mal. Du kennst mich ja. Hwang sagt, wir sollen tanzen. Sie braucht weitere Berichte für den Kurs und sie sagt, wenn du dich nicht bereit fühlst, sollen wir aufgeben.
Ich finde, aufgeben sollte keine Option sein. Ich erinnere mich an unsere erste Tanzstunde zusammen, weißt du? Als wir uns wirklich kennengelernt haben und deine Augen funkelten, als du mir erzählt hast, seit wann du tanzt. Gib dieses Funkeln nicht auf, du hast dir so viel nehmen lassen. Lass dir nicht auch noch den Tanz und deinen Traum nehmen. Fang wieder an, dich zu bewegen, dein Herz fliegen zu lassen. Ich helfe dir dabei. Ich weiß, wie du wieder fliegen kannst, Ahri.
Wenn du willst, kannst du morgen Nachmittag vorbeikommen. Du kannst traurig kommen oder leer, voller Gefühl, ist mir egal. Nein, ist mir nicht egal, na ja, du weißt, was ich meine. Ich bin da und akzeptiere es. Oh, das war jetzt eine lange Gedankennachricht.
Ehrlich lang.
Taemin.

Ich wollte wieder frei sein, wollte es so sehr, dass es wehtat. Ich trat auf die Klingelfelder zu und suchte seinen Namen, als die Doppeltür unsanft aufgestoßen wurde und ich gegen eine Brust prallte. Ich taumelte zurück und hörte ein Stöhnen.
»Verflucht, was stehst du denn direkt vor dem Eingang?«, rief eine Männerstimme und ich blickte erschrocken auf. Silberblonde Haare, Farbflecke auf der Wange. Der Mann musste ein wenig älter sein als ich und rieb sich mit der Hand über seine Brust.
Hatte ich ihm wehgetan?
Ich fand meine Stimme nicht. Kramte nach ihr, presste etwas hervor: »Tut ... tut mir leid. Entschuldigen Sie bitte.« Während

ich mich mehrmals verbeugte, schrumpfte mein Selbstbewusstsein auf die Größe eines Atomkerns zusammen.

»Ist okay«, sagte er und ich starrte ihn unsicher an. Dann fuchtelte er mit der Hand, als würde er mir befehlen, aus dem Weg zu gehen. Also sprang ich auf die Seite und er marschierte an mir vorbei, irgendwas vor sich hinmurmelnd. Wie konnte man so unhöflich sein? Er duzte und fuhr mich an. Obwohl wir beide an dem Zusammenstoß beteiligt gewesen waren. Ich sah ihm nach und betrachtete seine dunkle Jeansjacke von hinten, auf der Farbkleckse über Farbkleckse zu sehen waren.

»Ahri?« Aus der Gegensprechanlage ertönte Taemin.

»Ja. Ich bin's«, sagte ich und meine Stimme brach. Vielleicht, weil ich seine vermisst hatte.

»Die Aufzüge sind hinten rechts, zwölfter Stock.«

Der Summer vibrierte. Ich stieß eine Hälfte der schweren Eingangstür auf und trat in das Wohnhaus, immer einen Schritt vor den nächsten.

Unendlich froh darüber, allein im Aufzug zu sein, lehnte ich mich gegen die Wand und atmete durch. Ein *Ping* bedeutete mir, dass ich angekommen war, und ich trat auf einen Flur. Hier war es eng und schmal, in diesem Stockwerk befanden sich nur drei Wohnungen. Eine Wohnung mit Kinderwagen davor, der den halben Gang versperrte, eine Tür ohne eine Klingeltaste und gegenüber von mir eine dritte. Die sich plötzlich öffnete.

Taemin trug Dunkelgrün. Sein lockeres Shirt hatte die Farbe von unserer Zimmerpflanze und ich mochte es. Seine fransige Jeans und auch sein Ohrring waren in matten Nachtfarben gehalten. Ich starrte ihn an. Seine Wangenknochen, der offene Blick, der nicht deutbare Gesichtsausdruck. Freundlich. Überrascht. Als würde er etwas Sinngebendes betrachten. Er starrte zurück.

Niemand sagte etwas und in diesem Moment, als er mich musterte, sich mit einer Hand am Türrahmen abstützte und einfach wieder da war, kamen mir alle Momente mit ihm in den Sinn. Da war Taemin, als er tanzte. Mit mir. Wie er mir sagte, ich sei nicht allein mit dem Kopf voller Gedanken. Im Café *Oblivion*, Teegespräche und dunkles Lachen. Seine Nachrichten zu bunten Himmeln und sein Grinsen, das mir gefallen hatte. Mehr als gefallen, so sehr hatte ich es gemocht! Und dann war ich gestürzt und er hatte mich aufgefangen, mir Umarmungen angeboten. Wir hatten zusammen in meinem Bett gelegen, ich konnte mich kaum daran erinnern, wie taub und blass diese Erinnerungen doch waren. Ich hatte geweint, er hatte die Tränen eingefangen, akzeptiert, und dann hatte ich ihn ignoriert. Wie es nicht zu mir passen wollte. Ich wünschte mir eine Zeitmaschine. Damit ich ihn ganz festhalten konnte, nicht wieder wegstoßen.

Fünf Wochen hatte ich ihn nicht gesehen. Da waren nur ein paar Nachrichten gewesen. Und mir wurde bewusst, wie viele Momente es da schon gegeben hatte. Mit ihm, uns, Augenblicke, die uns Vertrauen schenken sollten und uns an einem Regennachmittag alle entrissen worden waren. Jetzt standen wir hier, sahen uns an, kannten uns noch und waren uns trotzdem etwas fremd. Ich atmete zittrig aus und Taemin blinzelte.

»Hey.« Seine Stimme klang belegt. Ein Beben ging durch meine Brust. Etwas zwang mich, einen Schritt zu ihm und seiner offenen Tür zu machen. Irgendwie kamen mir Worte über die Lippen.

»Hey, Taemin.«

Und er lächelte mir entgegen. Nicht breit, aber leicht und freundlich. Ich war willkommen. Wie er es versprochen hatte. Er hielt mir seine Wohnungstür auf und ich schlüpfte an ihm vorbei in den Eingangsbereich. Rechts war ein kleiner Flur, in dem ein Schuhregal stand. Links begrüßten mich eine große, offene Küche und ein Wohnbereich mit einer gemütlichen Couchlandschaft. Hohe Fenster, die einem den Blick in den Himmel zeigten und auf die Stadt hinunter. Ganz hinten ging ein Flur ab. Schwarz und Weiß wechselten sich in dieser Wohnung ab. Ein paar Bilder hingen an der Wand, sie zeigten die Stadt und ein Mädchen mit einem breiten Lächeln. Vielleicht Linya? Sie war wunderschön. Eine grüne Pflanze stand neben dem dunklen Sofa, hier war nicht viel Dekoration zu finden und irgendwie passte es zu Taemins

Ehrgeiz.

Diese Wohnung war seine Ordnung.

»Du kannst die Schuhe anlassen«, sagte er hinter mir und ich schluckte, weil seine Stimme so nah klang. Er ging dicht an mir vorbei und auf die Küchenzeile zu, ich folgte ihm mit leisen Schritten.

»Möchtest du was trinken? Essen?« Als ich nicht gleich antwortete, fragte er: »Tee? Oder ...« Er brach ab, dann stützte er seine Hände an dem Küchentresen ab und beugte sich leicht nach vorne.

»Wie geht es dir heute, Ahri?«

Ich betrachtete seine Hände, die schlanken Finger mit den schönen Ringen, fokussierte die Herdplatte hinter ihm, aber nicht sein Gesicht.

»Es geht mir okay.« Es war nicht mal gänzlich gelogen. Ich glaubte selbst dermaßen daran, dass es auch beinahe so war.

»Tut mir leid. Dass ich jetzt erst geschrieben habe.« Er presste kurz die Lippen zusammen und rieb sich mit der Hand über den Nacken. »Ich bin ein Feigling.«

Jetzt sah ich ihm doch in die Augen. Sein Blick. Immer sein Blick, so konzentriert, durchdringend, klar.

»Ich habe gar nicht geschrieben. Also bin ich der größere Feigling.«

Taemin hatte die Wirkung auf mich, dass ich sagte, was mir im Kopf umherschwirrte. Gedanken, Worte, Sätze und ganze Geschichten kamen mir in seiner Gegenwart über die Lippen. Keine Ahnung wieso, vielleicht weil ich wusste, dass er zuhörte. Und das immer. Taemin stieß sich von dem Steintresen ab und kam um die Theke herum auf mich zu, ein kleines Lächeln schlich sich in seine Züge.

»Nennen wir uns lieber Helden. Das passt viel besser.« Er blieb vor mir stehen, ich bemühte mich, ruhig zu atmen. »Wir haben versucht zu leben, Ahri.«

Er erinnerte sich an meine Nachrichten und an meine Worte, unsere Gespräche und auch an meine stummen Antworten. Und ich dankte ihm still dafür.

»Wie geht es dir, Taemin?«, fragte ich ihn und er schien überrascht, aber sein Lächeln verschwand nicht.

Wie ich antwortete er vage. »Ich denke, auch ganz okay. Gut, schlecht, irgendwas dazwischen.«

»Ja, so geht es mir auch.« Ich sah wieder hinter ihn.

»Taemin, können wir heute einfach ...« Ich konnte nicht weitersprechen. Es schnürte sich immer alles zusammen, so fest. Taemin legte den Kopf schief, um mir in die Augen sehen zu können, und als ich seinen Blick erwiderte, lockerte sich die Schlinge um meinen Hals. Stück für Stück wurde das Atmen leichter und ich konnte schlucken, konnte aussprechen, was ich dachte: »Können wir heute einfach nicht über die letzten fünf Wochen sprechen? So als wäre alles wie davor?«

Er nickte. Obwohl wir beide wussten, dass man fünf Wochen und einen Tod nicht einfach vergessen und ignorieren konnte, mussten wir es jetzt versuchen. Weil ich mich für den heutigen Tag schon genug getraut hatte – darüber zu reden, würde ich nicht schaffen.

»Weißt du was?«, fragte er einfach und tat, als wäre alles wie zuvor. Für mich versuchte er es.

»Was?«

»Ich bin nervös.« Taemins Blick grub sich in meinen. Oder meiner in seinen. Ich hatte keine Ahnung, jedenfalls konnte ich nicht mehr wegsehen. Und er war nervös, hatte es mir gesagt, als wäre es das Normalste auf der Welt. War es ja irgendwie auch.

»Ich glaube, ich bin nervös geboren, Taemin.«

Er lachte für uns beide. Mein Mundwinkel zuckte leicht. Vielleicht wurde das mit dem Lachen ja wieder. Er würde es für mich wiederfinden.

Und ich glaubte, so war es wirklich.

»Suchen wir einen Song für unseren Tanz?«

Sein Gesichtsausdruck wurde geheimnisvoll. »Ich denke, ich habe den richtigen schon gefunden. Er wird dir gefallen.«

In mir kribbelte etwas, überall, ich war wie geladen, aufgeregt.

Hatte ein bisschen Angst und viel mehr Mut.
»Können wir dazu tanzen? Jetzt, meine ich?« Ich wollte fliegen wie früher, fallen, Kopf aus und Körper ein. Ich schätzte ab, wie viel Platz wir in diesem Wohnzimmer zum Tanzen hätten. Aber Taemin schüttelte kaum merklich den Kopf.
»Ich möchte dir etwas zeigen.« Er streckte die Hand aus, nur um sie gleich darauf wieder fallen zu lassen. Dann drehte er sich um und steuerte den Flur hinter dem Sofa und den Sesseln an. Ich kam ihm nach, während ich versuchte, Luft zu bekommen und meine Wangen auf eine Normalfarbe zu verfluchen. Ich wusste, sie waren himbeerrosa. So war es immer bei mir. Kirschrote Wangen und ein flatternder Herzschlag.

Taemin ging bis zur letzten Tür des Flurs und öffnete sie. Langsam trat ich neben ihm in den Raum. Ich brauchte das Tanzen so sehr. So sehr wie das Lächeln meiner Schwester.

Taemin

Ahri musterte das Zimmer, ihre Lippen öffneten sich leicht, ihre Brust hob und senkte sich schneller. Ich wusste nicht, was sie wahrnahm, wir standen in meinem leeren Tanzraum. Hier gab es nichts als Wände, Boden, Fläche, Fenster, Spiegel.

Sie machte einen Schritt nach vorne und ich schloss die Tür hinter uns. Ahri starrte auf die Spiegelwand, sie blinzelte kurz, dann bewegte sie sich gar nicht mehr. Ich stellte mich neben sie und betrachtete uns im Spiegel. Zwei Menschen, die viel und wenig, zusammen und allein waren. Ihre Hände bebten leicht und ich war versucht, ihre Hand in meine zu nehmen. Es hätte nur wenige Zentimeter gebraucht, um sie zu halten. Wie sehr ich mir wünschte, sie zu berühren. Ihr Blick ließ mich innehalten, sie starrte sich selbst an und schien kurz wie versteinert. Dann schluckte sie und ich wusste, sie kämpfte. Ich wusste es, hatte es schon immer gesehen. Einfach, weil ich diese Situationen besser kannte, als mir lieb war.

»Ahri. Wir müssen nicht tanzen«, fing ich an, augenblicklich schüttelte sie den Kopf. Dann riss sie sich von der Spiegelwand los.

»Spiegel sind wie Erinnerungen«, flüsterte sie unendlich leise und ich nahm ihre Hand doch. Hätte sie schon so viel früher nehmen sollen, ich musste meinen Mut und mein Versprechen wieder zusammenkratzen.

Sie waren noch da. Ich musste sie nur ergreifen.

Ahris Worte sagten mir nicht, was genau es bedeutete, doch es reichte mir, um zu erahnen, was sie meinte. Spiegel zeigten ihr Traurigkeit. Ihre eigene Trauer. Und er zeigte ihre Erinnerungen, nicht an sie, sondern an jemanden, der wie Ahri ausgesehen hatte. In ihren Zügen waren immer die Erinnerungen an Sun. Sie würden dort haften, man würde daran zurückdenken, Ahris

Augen waren auch Suns, ihre Lippen, ihre Nase. In diesem Moment bereute ich es mehr denn je, nicht bei ihr geblieben zu sein.
Warum, warum, warum?
Jetzt war die Zeit, es besser zu machen.
Taemin, wenn dich jemand anfleht zu gehen, respektiere es. Aber lauf nur so weit, dass du auch im richtigen Moment wieder zurückfindest. Diese Worte waren so wahr und vielleicht hielt ich deswegen seit drei Wochen an ihnen fest. Weil ich noch immer Hoffnung in mir hatte. Dass ich irgendwann zu Ahri zurückfinden würde.

»Tanzen wir?«, fragte ich und strich vorsichtig mit dem Daumen über ihren Handrücken, sie senkte den Blick. Ich hörte auf damit. Es war ein Auf und Ab. Wie die blauen Wellen des Meeres. Als ich dachte, sie würde wieder nicht antworten, nickte sie.

»Okay. Ich hoffe, ich schaffe es.« Ihr Gesichtsausdruck war entschlossen, trotzdem wirkte sie nervös, genau wie ich.

»Was sagt dein Herz?«, fragte ich vorsichtig und sie legte ihre freie Hand auf ihre Brust, irgendwo dort musste es wild schlagen. Schnell, laut, vielleicht zitterte es. Wie meins. Ich drückte leicht ihre Hand.

»Es sagt, es ist okay.«

Also ließ ich sie los, ging zu der Musikanlage und klickte auf meinem Laptop einen Song an. Er erinnerte an uns. An Ahri und die Stille der Welt, unsere Momente und einen gefühlvollen Tanz. Einen, der tief und traurig und doch schön sein konnte. *Moment of silence* von *Lucidious*.

Die ersten Klänge spielten und ich ging langsam auf sie zu. Die Musik lenkte uns. Als ich dicht hinter sie trat und meine Hände vorsichtig auf ihre Hüften legte, waren da Gedanken, wurden zu Worten, wurden zu Formen.

»Schwing dich vorsichtig nach vorne«, murmelte ich. Sie zögerte. »Ich halte dich.«

Sie tat es und ließ sich fallen, ich hielt sie an der Hüfte und als

sie sich wieder zurückschwang, drehte ich sie herum.
Wir sahen uns an.
Schmetterlinge im Bauch nannte man es? Es fühlte sich nicht an wie Schmetterlinge. Eher, als schüttete jemand meinen Bauch mit Süßigkeiten voll und ich erlitt einen Zuckerschock.
Süß. Schwer. Leicht. Schön. Unschön. Alles. Nichts.
Meine Herzschläge trommelten aus dem Takt.
»Was wäre, wenn ich am Anfang auf dem Boden sitze und du um mich herumgehst? Mit den ersten Geigen- und Klavierklängen?«, fragte sie über die Musik hinweg und ich nickte. Sie kauerte sich auf den Boden und ich ging mit federleichten Schritten um sie herum, während sie sich langsam öffnete. Wie eine Blume, die ihre Blüten aufbrach und den Morgenhimmel begrüßte. *Lucidious'* tiefe Stimme sang die ersten Strophen erneut und ich trat nah an Ahri heran, als sie die Arme nach oben streckte, griff ich danach und zog sie elegant zu mir nach oben.

Der Songtext begleitete unseren Tanz und Ahri ließ sich wieder fallen, genau wie wir es vorher getan hatten. Wie damals bei unserem ersten Tanz. Es war, als hätten wir genau dort angesetzt. Wir machten einfach weiter. So war es immer im Leben. Ich war da und hielt sie, drehte sie herum und trug ihren gestreckten Körper, wann immer sie sprang, fiel, flog.

»Nein, das sieht komisch aus.«
Wir probierten etwas anderes.
Der Sänger sang von Schmerz und dem Verlorensein. Was, wenn man seinen Weg nie wieder fand?
»Das tut am Knie weh, könnten wir es umgekehrt machen?«
Wir machten es so.
»Hier wird die Musik etwas ruhiger. Was ist, wenn wir unsere Bewegungen wilder werden lassen?«
Wir akzeptierten die Ideen des anderen.
»Kannst du dich noch weiter aus der Figur lehnen?«
Wir nahmen Kritik an.
»Das finde ich nicht so gut.«
Wir widersprachen einander.

»Ich finde das Lied schön, Taemin. Es erinnert mich an uns.«
Ahri kämpfte, ich rang um Selbstbewusstsein und Mut. Eine Blase. Unser Tanz spielte sich in einer Blase ab und die Musik trug sie durch den Raum, stupste sie an und ließ sie weit treiben. Der Song spielte einmal. Zweimal. Mehrmals und immer weiter, wir probierten neue Figuren und Formen aus. Als würden wir das jeden Tag tun, schon lange. Wir berührten uns, hielten uns, vertrauten einander und fanden einen gemeinsamen Rhythmus. Ein bisschen etwas von ihrem Takt. Ein wenig von meinem. Und unsere eigene Musik spielte, trommelte und tanzte.

Immer wenn es am schönsten war, sollte man aufhören. Aber wir tanzten weiter und der Moment verblasste. Unsere Blase platzte. Keine Ahnung, ob Ahri den Liedtext realisierte, was in ihrem Kopf vorging. Vielleicht hatte sie die Gedanken versucht zu verdrängen und nun purzelten sie alle gemeinsam heraus.

Als die Lyrics von der Sonne sprachen, die irgendwo da draußen war, man selbst aber nur im Regen stand, wandte sie sich ab und fand sich im Spiegel wieder. Große Augen starrten ihr entgegen und die Süßigkeiten in mir wurden zu schweren Steinen. Eine Träne lief ihr über das Gesicht, über ihr Kinn und tropfte auf ihr graues Shirt. Ich streckte meine Hand aus und legte sie vorsichtig auf Ahris Schulter, dann drehte ich sie behutsam vom Spiegel weg und zog sie an meine Brust. Meine Hand an ihrem Hinterkopf, die andere auf ihrem Rücken, Kreise malend, niemals endend.

»Es ist okay«, raunte ich in ihr Haar. Sie weinte. Tat es still. An diesem Nachmittag lernte ich, dass es nie leicht sein würde, wieder neu anzufangen. Einfach weiterzumachen. Den Tod und den Schmerz, alles, was zu überwinden war. Weil einen Menschen zu viel an den Tod und einen verlorenen Freund erinnerte. Mit der Zeit musste man lernen, sich den Dingen zu stellen und in ihnen mehr zu sehen als nur Scherben. Schönes und Wertvolles in den Narben erkennen. Es galt, sie zu akzeptieren und lieben zu lernen, denn Narben, Scherben, Diamanten, sie waren Teile unserer Herzen und wenn wir sie lieben lernten, ließ es sich leichter atmen.

»Tut mir leid«, schluchzte Ahri.

»Das muss es nicht.«

»Ich werde gehen. Du musst dich nicht mit mir abgeben.«

Es war wie immer seit dem Unfall. Sie wollte sich von mir lösen. Ich ließ nicht los. Nicht ganz. Ihre rechte Hand behielt ich in meiner und drückte sie.

»Ich bin gern bei dir.«

Mutig sein.

Sie schüttelte den Kopf. »Lüg nicht, Taemin.«

»Du weißt, dass es stimmt.«

Sie riss sich los und hielt auf die Tür zu. Ich glaubte, ihr Herz schlug genauso schnell wie sie vor mir weglaufen wollte.

»Warum rennst du weg, Ahri?«

Keine Antwort. Ich hörte das Öffnen der Tür.

Die Stimmung veränderte sich, *Lucidious* fing erneut an, von stillen Momenten zu singen. Wir wurden laut. Über die Musik hinweg, Worte gruben sich in unsere Herzen.

Ich kannte uns so nicht.

»Wie lange willst du noch allein sein?«, rief ich aus Frust und sie blieb stehen, sah wütend über die Schulter zu mir und drehte sich dann wieder ganz zu mir um.

»Keine Ahnung, Taemin!« Zwei Tränen. Vier. »Bis ich mich wieder selbst akzeptiere!« Ihre Stimme war jetzt lauter, gequälter, einsamer. Ihre Worte beherrschten meinen Kopf, lagerten sich dort ein und nahmen mich gefangen.

»Dann lass dir von jemandem helfen, der dich schon akzeptiert!«, brüllte ich und kam auf sie zu. Sie wich zurück, aus der Tür und auf den dunklen Flur davor.

»Ich kann dir einfach nichts geben. Nichts. Ich habe gar nichts mehr!« Ihre absolute Wahrheit. Also gab ich ihr auch meine.

»Und ich? Ich habe doch auch nichts! Was gebe ich dir schon? Eine Umarmung? Ja. Verdammt, eine Umarmung, und das reicht ja vielleicht schon!« Meine Stimme überschlug sich, wie immer, wenn ich laut sprach. Meine Ohren rauschten. Muscheln und

Meer neben lauten Gedanken.

»Ich weiß nicht, warum ich wegrenne, Taemin«, sagte sie bitter. Im Hintergrund drang die Musik aus dem Tanzzimmer zu uns, in meinem dunklen Flur standen wir uns gegenüber.

»Dann tu es nicht. Bleib einfach bei mir.«

»Warum? Warum tust du das? Warum, Taemin?«, stammelte sie und erneut lösten sich Tränen aus ihren Augen, rannen über ihr Gesicht und hinterließen Spuren auf ihren Wangen. Sie lief weg. Irgendwo zwischen meinem Schlafzimmer und weiter vorne erreichte ich sie und stellte mich direkt vor sie.

»Weil du mir nicht egal bist, Seon Ahri.«

Wir saßen lange Zeit auf dem Boden und ich hielt sie. Sie trauerte. Es war wie damals in ihrer Wohnung, nur dass jetzt fünf Wochen vergangen waren. Ihr Herz war noch immer offen und heilte nur langsam, aber ich war mir sicher, sie würde es überstehen.

Wunden heilten.

»Es ist ein langer Weg, Ahri.« Meine Lippen berührten ihre Schläfe, sachte, vorsichtig, nah. »Ich gehe ihn mit dir, wenn du willst.«

Sie war mir so nah, so nah, ich konnte all die Braunschattierungen ihrer Iriden erkennen.

»Den ganzen Weg?« Als müsse sie sich versichern, dass sie es richtig gehört hatte.

»So weit wir kommen. Den ganzen Weg.«

Sie vergrub ihr Gesicht erneut an meinem Hals, ich konnte ihre nassen Wangen spüren, hoffte, ihr genug Trost geben zu können.

»Ich wollte nicht laut werden«, gab ich leise zu.

»Ich auch nicht.«

»Aber immer leise ist vielleicht auf Dauer langweilig.« Ich strich das Wellenmuster ihres Shirts nach.

»Ja, vielleicht. Tut mir trotzdem leid.«

»Solange wir nicht schreiend auseinandergehen. Das ist immer

unschön.«
»Sie nickte. Eine Weile blieben wir still.
»Ich habe dich noch nie *verdammt* sagen hören.«
»Habe ich das gesagt?«
»Ja. Und du kannst mir verdammt viel geben.«
Ich antwortete nicht, ich glaubte, das war okay. Manchmal gab es gar keine Antworten, die passend oder nötig wären.
»Danke.«
Sie musste sich nicht bedanken. Ich nahm es dennoch an und behielt ihre Worte bei mir, verschloss sie sicher.
Mehr Zeit verging, in der wir einfach zusammen waren. Ahri betrachtete meine rechte Hand, die noch immer ihre hielt. Den Ring, den ich an meinem Zeigefinger trug. Silbern, filigran, mit Gravur. Vorsichtig strich sie über die Schriftzeichen.
»Tänzerherz?«, flüsterte sie und fuhr noch einmal über den Silberring. Ein Kribbeln ging durch meine Brust, durch meinen ganzen Körper, meinen Kopf. Ich schluckte, nickte.
»Meine Schwester hat mir diesen Ring zum Geburtstag geschenkt. Letztes Jahr. Damit ich nicht vergesse, dass auch in mir ein Kämpferherz schlägt.«
Ihr Gesichtsausdruck wurde weich, als wüsste sie genau, wovon ich sprach, war ja vielleicht auch so.
»Und in dir schlägt ein kämpfendes Tänzerherz?«, fragte sie.
»Ja, das war der Gedanke.«
»Das ist schön, finde ich. Vergisst du dein Kämpferherz oft?«
»Ziemlich oft. Linya erinnert mich wieder und wieder daran. Und Chiron.« Ich sah auf sie hinunter. »Und jetzt du.«
Ich glaubte, sie versuchte zu lächeln. »Deine Schwester ist ein Wunder. Sie ist voller Stärke. Vermisst du sie?«
Ein kleiner Stich in meiner Brust.
»Ja, das tue ich.«
»Ich vermisse meinen Bruder auch.« Ihre gemurmelten Worte stachen noch tiefer. Ein Zittern ging durch ihren Körper und ich spürte es. Vermissen. Vermissen war etwas Grausam-Schönes. Ich fragte nicht, wann sie ihren Bruder zuletzt gesehen hatte. Viel-

leicht riss ich damit eine Wunde auf. Manchmal hatte ich mich gefragt, was er tat und ob er je anrufen würde.

»Allein zu gehen ist nicht besonders schön, Taemin«, nuschelte sie und mein Herz zog sich zusammen.

»Ich weiß.« Langsam strich ich ihr über den Rücken und sprach aus, was ich mir schon vor Wochen zum Versprechen gemacht hatte: »Lass es uns einfach gemeinsam durchstehen.«

»Ein Versprechen?«

Ich liebte ihre Fragen, die sie nervös stellte. Sie schluckte. Und ich versprach es ihr. Tief in mir wusste ich, dass Versprechen gefährlich waren. In diesem Moment war es richtig. Und vielleicht würde es das für immer bleiben. Für immer oder lang genug.

»Versprochen.«

Kapitel 30

Ein Teil meiner Seele

Akri

Nachdem wir eine ganze Cookie-Eispackung von Taemin in uns gelöffelt hatten, verabschiedete ich mich an der Tür von ihm. Er hob die Hand und strich mit dem Daumen an meiner Unterlippe entlang, seine Augen tiefbraun.

»Schokomund«, sagte er leise und mein Schokomund zuckte leicht. Die Berührung kribbelte auch dann noch, als er die Hand schon sinken ließ.

»Danke, Taemin«, flüsterte ich. »Dass du mich nicht vergessen hast. Und so.« Ich wippte auf meinen Herbststiefeln herum und er zeigte auf seinen Kopf.

»Du bist ziemlich oft da drin. Wäre schwierig, dich einfach so zu vergessen.«

Als ich den Flur entlang von ihm wegging, hallten seine Worte in meinen Gedanken nach. Eine junge Mutter versperrte den Aufzug, die mit ihrem Kinderwagen zu kämpfen schien, also beschloss ich, die Treppe zu nehmen. Im siebten Stock bereute ich es schließlich. Meine Beine brannten, also setzte ich mich kurz auf die Treppenstufen, um durchzuatmen. Ich hatte keine Lust mehr, runterzulaufen, das Tanzen und der Nervenzusammenbruch waren schon anstrengend genug gewesen. Taemin wohnte im zwölften Stock und wenn ich lebend unten ankam, würde ich auf einen Gewinnerpreis bestehen. Ich hörte schwere Schritte und sprang schnell wieder auf, ging weiter. Der unhöfliche Mann von vorhin kam mir entgegen. Er sah aus, als hätte man ihm eine Zitrone zu essen gegeben.

»Hey, du! Was ist da mit dem Aufzug los?«, fragte er geradeheraus und ich war unglaublich verwirrt, weil er mich schon wieder einfach so duzte. Es fühlte sich ungewohnt an.

»Weiß ich nicht«, murmelte ich, log dabei und wusste selbst nicht warum. Der Mann zog seine linke Augenbraue hoch.

»Sag mal, ich hab dich hier noch nie gesehen. Bist du neu eingezogen?«

Ich schüttelte eilig den Kopf. Oh, ich war so schlecht in solchen Dingen. »Ich habe einen Freund besucht.«

Er sah aus, als wäre es ihm egal. Warum hatte er dann gefragt? Bevor ich weiter darüber nachdenken konnte, drängte er sich an mir vorbei.

»Schönen Abgang«, rief er und joggte die Treppe nach oben. Ich lief so schnell ich konnte nach unten, das tat ich gern, wenn mir Situationen unangenehm waren.

Die Oktobersonne stand dem Horizont schon nah und ließ ihn in leuchtenden Farben strahlen. Orangegelb, rot und über mir zeigte sich sanftes Lila. Ich blieb stehen und legte den Kopf in den Nacken, ließ den Blick über die Himmelswölbung wandern und nahm all die bunten, farbigen Wolken wahr. Sie zogen über unseren Köpfen hinweg, als hingen sie an einem Schiff, das über den Himmel zog. Ich genoss den Anblick, wie die Sonne den Tag verabschiedete und langsam die Nacht ankündigte.

Sun hätte diesen Himmel geliebt.

Ich: Der Himmel ist wundervoll, Taemin.
Ich: Sieh dir all die Farben an.

Taemin: Blau. Hellblau. Dunkelblau.

Taemin: Mittelblau. Orange. Heller als Rosa und Dunkelgelb.
Taemin: Sonnenuntergänge stecken irgendwie voller Hoffnung.

Ich: Weißt du, was ich mir manchmal vorstelle?

Taemin: Was denn?

Ich: Ich stelle mir vor, wie ich meine Sorgen und Ängste, auch die Traurigkeit nach oben zu den Farben schicke. Und dann gehen sie alle zusammen mit der Sonne unter.
Ich: Okay, klingt seltsam, oder?

Taemin: Nein, finde ich nicht.
Taemin: Klingt schmerzhaft-mutig.

Ich steckte mein Handy zurück in meine Manteltasche und wandte den Blick ab, konzentrierte mich auf die Straße und mein pochendes Herz, das jeden zweiten Schlag ein bisschen schmerzte. Einfach, weil Sun-Nyus Herzschlag neben dem meinen fehlte.

Erschöpft kam ich an meiner Etage an und trat aus dem Aufzug, meine Beine klagten schon von Muskelkater. Tanzen und Treppensteigen war keine gute Kombination. Das würde die nächsten Tage schmerzhaft werden. Ich war es gewohnt. Mit meiner Leidenschaft ging auch immer Anstrengung und ein bisschen Schmerz einher. Ich war nicht mit einem tanzenden Körper geboren worden, ich hatte meinen nur zu einem gemacht und ich würde es niemals bereuen.

Ich bog um die Ecke und blieb abrupt stehen, starrte auf meine Wohnungstür, oder besser gesagt auf das, was sich davor abspielte. Zwei Koffer, eine Plastiktüte.

»Siwon?«, flüsterte ich und meine Worte hallten von den stillen Wänden wider. Kurz hielt meine Starre an, dann lief ich los, kniete mich zu ihm auf den Boden und umfasste sein Gesicht. Er hatte eine aufgeplatzte Lippe. Augenringe. Dunkel, zu groß. Sein Blick war müde. Seine Haare waren fettig, nie hatte er ungewaschene Haare gehabt. Siwon achtete auf sein Äußeres wie kein Zweiter. Ihn so zu sehen, zerriss mir das Herz.

»Wie lange sitzt du schon hier?«, fragte ich und zwang ihn, mich anzusehen. »Du kennst doch den Code!«

»Hey, Ahri«, sagte er heiser und umfasste meine Handgelenke mit kalten Fingern. »Kann ich bei dir sein?«

Keine Ahnung, was diese Frage genau bedeutete. Wann, für wie lange? Warum jetzt und vor ein paar Wochen nicht? Aber in diesem Moment war der Sinn seiner Frage gleichgültig.

»Natürlich, Siwon. Das weißt du doch.«

Ich umarmte ihn, vergrub mein Gesicht an seinem Hals, spürte seinen Puls an meiner Wange schlagen, bemühte mich, ruhig zu bleiben. Mir wurde bewusst, wie sehr ich ihn vermisst hatte, wie sehr ich ihn brauchte. Er war auch ein Teil meiner Seele hier auf Erden. Ein ganz wichtiger. Zu wichtig, um ihn zu verlieren.

»Lass uns reingehen«, murmelte ich und stand auf, hielt ihm meine Hand entgegen. Er nahm sie und ich zog ihn hoch. Ich tippte den Code ins Schloss ein und öffnete die Tür, hielt sie auf, damit er seine Koffer in die Wohnung bugsieren konnte. Was war nur passiert? Dass er so bei mir ankam, so mitgenommen und verzweifelt? Die Sorgen explodierten in meinem Kopf und ich schlug die Tür ein bisschen zu heftig zu.

Wir zuckten zusammen.

Ich lehnte meinen Rücken gegen den geschlossenen Ausgang und betrachtete meinen Bruder. Er zog seine Schuhe aus, stellte sie ins Regal und setzte sich dann auf den Holzwürfel, den wir als Hocker zum Schuhe anziehen benutzen. Als wären wir alte Menschen und zu schwach, um uns zu bücken und die Balance zu halten. Sun und ich waren faul. Nur ich ... ich war faul.

»Ich bin so am Arsch«, fing er irgendwann an und ich verschränkte die Arme vor der Brust, weil sie sonst zu zittern begannen.

»Steckst du in Schwierigkeiten?«, fragte ich unsicher und fürchtete mich vor seiner Antwort. Ich hatte Angst um ihn.

»Nein, nichts Öffentliches.«

»Okay.« Ich wartete, bis er mir erzählte, was vorgefallen war. Er stützte seinen Kopf in die Hände und sah auf den Boden. Seine Haare waren länger geworden, sie hingen ihm über die Ohren und standen an der Stirn wild ab.

»Ich habe mich von Eun-Mi getrennt.«

Ruhig atmen. Nicht gleich den Fragenhagel losprasseln lassen. Einfach abwarten. Ich knibbelte an meinen Fingernägeln herum und mir wurde noch einmal bewusst, wie unendlich verletzt er schien. Es tat weh, ihn so zu sehen.

»Also, das ist drei Wochen her. Ich ... ich habe mein Studium aufgegeben. Ich habe in einem Hotel gewohnt. Aber es wird langsam teuer und ... jetzt bin ich hier.« Er hob langsam den Kopf. Verzweiflung stand in sein Gesicht geschrieben, so große Niederlage und ein endloser Verlust.

»Okay. Ist okay, Siwon. Wir bekommen das wieder hin«, versicherte ich ihm und trat auf ihn zu. Er schüttelte den Kopf.

»Ich weiß nicht, wie.« Seine Lippen fingen an zu zittern und ich legte meine Hände auf seine Knie. Ich musste für ihn stark sein. Für uns.

»Wir finden eine Lösung! Die gibt es immer.«

»Wie kannst du so gefasst sein?«

Ich lachte auf, es klang ein bisschen echt und ein wenig falsch. Er erwiderte es nicht, in seinen Augen wirbelte ein Sturm.

»Ich habe es noch nicht realisiert. Die Fassungslosigkeit kommt erst später. Oder ich bin einfach komisch.«

Er fuhr sich mit der Hand durch seine schwarzen Haare und atmete schwer aus. »Dann sind wir beide komisch.«

Ich umarmte ihn noch einmal, drückte ihn so fest ich konnte an mich. Diesmal erwiderte er es und legte seine Arme um meinen Rücken. Wieso war er erst jetzt gekommen? Drei Wochen. Was war passiert?

Dann fing er an zu zittern und zu weinen, er löste sich aus der Umarmung und sah mich an. Siwon fuhr mit seinen Tränenaugen jeden Zentimeter meines Gesichts nach, dann fiel sein Kopf wieder an meine Schulter und er bebte vor Traurigkeit.

»Du siehst aus wie sie. Du siehst ihr so verdammt ähnlich.«

»Ich weiß.«

»*Daydream*, ich fühle mich so einsam«, flüsterte er in meine Haare und ich kniff die Augen zusammen. Nicht schon wieder weinen. Bitte nicht.

»Ich auch. Die Welt ist so still.«

Ohne sie. Ohne unsere Schwester.

Ich weinte nicht. Aber auch wenn man Tränen nicht sieht, sind sie oft da. In den Herzen der Menschen, in ihren Seelen. Im Fluss ihres Lebens. So oft weinen wir stumm und leise.

»Trägst du die Kette noch?«

»Jeden Tag, *Nightmare*. Jeden Tag.«

»Sie hat mich gestern daran erinnert, dass du noch da bist. Und ich dich brauche.«

Um uns zu erinnern.

Der blaue Stein an der silbernen Kette hatte ihn hierhergebracht. Wann immer ich ihn vermisst hatte, war ich mit den Fingern über den glatten Stein gestrichen. »Ich brauche dich auch, *Nightmare*.«

Seine Umarmung fühlte sich nach Familie und Liebe an. Alles, was ich glaubte verloren zu haben.

»Und jetzt?«, fragte Siwon nach einiger Zeit und ließ mich los, wir sahen uns erschöpft an.

»Jetzt gehst du ins Bad, ich bestelle etwas zu essen und wir sehen einen Film.«

»Wir ... einfach so?«

Ich stand auf und ignorierte dabei meine schmerzenden Knie. »Reden wird überbewertet. Lass uns noch einen Abend alles verdrängen.«

»Klingt gut.«

Als er aufstand, fragte er: »Wie geht es dir, *Daydream*?«
»Es geht mir gut.«
Die Lüge schlug uns beinahe nieder.
»Und dir, *Nightmare*?«
»Immer gut.«
Wenn Lügen Herzen brechen könnten, wären unsere jetzt zersprungen. Weil wir uns nach allem belogen. Uns selbst, einander, die Welt.

Aber so wie wir aussahen, wie wir sprachen und einander an alles erinnerten, was wir verloren hatten, war es egal, für was wir uns entschieden. Lüge oder Wahrheit.

Unsere Herzen waren ohnehin gebrochen.

Kapitel 31

All die endlosen Stunden und 50.400 Minuten

Akri

Wir schauten *Aladdin*. Die Live-Action-Neuverfilmung glänzte und leuchtete und ich liebte die Schauspielerin von Prinzessin Jasmin. Sie war wunderschön. Stark und mutig. Sie sprach und war nicht stumm, obwohl sie mit leisem Herzen geboren werden sollte.

Mein Bruder lag neben mir, verfolgte das Geschehen ohne Kommentar. Ich wusste, er liebte Disneyfilme. Wir hatten sie schon früher gemeinsam gesehen, geliebt, dreimal, siebenmal neu angefangen. Aber heute lachten wir nicht, wir sangen die Songs nicht mit. Die Passagen wurden allein durch den Film gesprochen, sonst quakte immer einer von uns mit und nahm die Handlung vorweg. Nicht jetzt.

Wir lagen in meinem Zimmer, unsere Kimchi-Reisschalen hatten wir bereits geleert, Siwons Koffer lagen auf dem Boden und richtete Chaos an. Aus dem Badezimmer kam warme Luft. Siwon hatte heiß geduscht und vergessen, die Tür zu schließen. Wir hatten keine Lust gehabt, noch mal aufzustehen, die Lüftungsanlage würde es bald ausgleichen. Ich betrachtete meinen Bruder.

Warum hatte er sich von Eun-Mi getrennt?
Warum hatte er sein Studium abgebrochen?
Warum war er in einem Hotel gewesen?
Jetzt war er da. Und war es nicht wirklich.

»Was war ihr Lieblingsfilm?«, fragte er leise und ich bemerkte, wie er die Lippen danach aufeinanderpresste. Die Frage tat kaum weh, sie stieß gegen mein taubes Herz und ich antwortete einfach, ohne groß darüber nachzudenken.

»*Mulan*. Sun mochte Frauen, die nicht als Königin geboren wurden und trotzdem zu einer werden.«

Damit entlockte ich ihm ein winziges Lächeln. Klein, aber da.

»Weißt du, was sie einmal gesagt hat?«

Siwon drehte den Kopf zu mir. »Nein, was denn?«

Ich stellte den Ton am Computer etwas runter, weil meine Worte nicht stark genug gewesen wären, um alles zu übertönen.

»Mulan hat Sonne im Herzen. Und so wollte Sun-Nyu auch sein. Ein Charakter, der durch Stärke lebt und nicht durch den glänzenden Mann an ihrer Seite.«

Sie hatte es damals gesagt, sie war einfach überzeugt gewesen von diesem Film. Sie als endlose Romantikerin. Für mich blieben es immer Anna und Jasmin. Weil sie trotz ihres Prinzen allein glänzen konnten.

»Ja, das hört sich nach ihr an«, erwiderte mein Bruder und ich nickte. Wir hatten das Thema verdrängen wollen, irgendwie fanden wir es doch, vielleicht hatten wir schon zu lange gewartet.

»Wie war es für dich?«, fragte er irgendwann und ich wandte meinen Blick von Jafar und seinem Schlangenstock ab.

»Du meinst, in den letzten fünf Wochen? All den endlosen Stunden und den 50.400 Minuten?«

»Woher weißt du, wie viele Minuten es waren?«

»Hab heute Morgen im Internet nachgesehen.«

»Ja. Also in dieser ganzen Zeit.«

Ich setzte mich auf und lehnte meinen Kopf an das Kopfteil hinter mir, atmete tief ein.

»Es ging mir nicht gut, Siwon.« Es war lange her, dass ich ihm die ganze Wahrheit erzählt hatte. Einfach zu lange her. »Ich war allein. Keine Uni. Keine Freunde. Nur ich und diese Wohnung, in der mich alles an sie erinnert.« Ich schloss die Augen und wollte nicht zu genau über die letzte Zeit nachdenken. »Wie war es bei dir?«

Es raschelte, dann spürte ich seinen Arm an meiner Schulter. Er hatte sich ebenfalls aufgesetzt. Man konnte dann besser denken. Sagte ich mir zumindest. Vielleicht half der Glaube daran schon.

»Ich war nicht bei der Beerdigung. Warst du ... warst du die ganzen drei Tage in der Trauerhalle?«

»Nein.« Ich öffnete meine Augen wieder.

»Bist du nach der Verabschiedung gegangen?«

Wir waren damals auf Opas Beerdigung gewesen. Ich konnte mich nicht daran erinnern, wir waren gerade mal anderthalb Jahre alt gewesen. Aber Mama hatte davon erzählt, wie wir alle drei Tage bei ihm in der Trauerhalle geblieben waren. An seiner Urne und ihm einen seligen Abschied gewünscht hatten. Wir hatten damals viel Geld bekommen von Freunden, sogar mehr als es sonst üblich war. Ich fragte mich, ob Mama auch etwas für Sun bekommen hatte. Ob dort auch fünfzigtausend Won auf ihrem Tisch gelegen hatten.

»Ich war am ersten Abend bei der Trauerhalle. Aber ich bin wieder gegangen. Ich konnte sie noch nicht loslassen, ich wollte mich nicht verabschieden. Ich habe es nicht geschafft.«

»Ging mir genauso. Alle sagen immer, Beerdigungen sind wichtig und notwendig. Mich hat es nur mehr kaputtgemacht. Ich wollte sie nicht in einem Sarg sehen. Dann wäre sie auch in meinem Kopf tot gewesen.«

Er sagte, was ich fühlte. Was ich dachte.

»Mama ist dort gewesen. Und Oma Miga.«

»Oma?«

»Ja. Die ganzen drei Tage. Mama hat es erzählt.«

Wir schwiegen ein wenig. Für Mama. Oma. Unsere Schwester.

»Und Papa? Wahrscheinlich weiß er nicht mal von dem Unfall«, stieß Siwon verächtlich hervor und ich wusste, er hatte unserem Vater nichts verziehen. Nicht unsere Jugend ohne ihn, nicht Siwons Verpflichtung, Medizin zu studieren.

Ich dachte an die Nacht, in der ich Papa geschrieben und er um halb vier geantwortet hatte. Er wusste von Suns Tod. Natürlich wusste er es, nur war er wie immer nicht für unsere Familie da. Zumindest nicht direkt. Siwon gegenüber erwähnte ich es nicht, weil er Papa nicht wegen ein paar Weltraumnachrichten verzeihen würde.

»Das hat sie nicht verdient. Wir ... wir haben als Familie so versagt, *Nightmare*«, flüsterte ich und er rieb sich mit der Hand über seine Brust. Tat es da auch so weh wie in meinem Herzen? Vermutlich. Wie könnte es auch anders sein?

»Ich war noch nicht einmal in ihrem Zimmer.«

Siwon setzte sich ganz auf und nickte in Richtung Tür. »Gemeinsam?«

»Jetzt?«

»Ja?« Er streckte mir seine Hand entgegen und wir standen auf, ließen Aladdin allein weiterkämpfen und machten uns auf in unseren eigenen Kampf. Mein Herz polterte und flatterte. Wie damals dieses rot-weiße Absperrband an der Unfallstelle. Wild, ängstlich.

»Siwon? Ich habe ein bisschen Angst.«

»Ich auch.«

Wir traten zusammen in den Flur und standen ihrer Zimmertür gegenüber. Sie war geschlossen. Seit fünf Wochen.

»Aber weißt du, was ich noch habe?«

»Was?«, wisperte ich und drückte seine Hand.

»Ein bisschen Mut.« Er drückte zurück. Und ich hatte das erste Mal nach zu langer Zeit das Gefühl, den wirklichen Siwon bei mir zu haben. Jener, der offen und ehrlich war und den ich über alles liebte, seit wir das erste Mal Luft geholt hatten.

Taemin

»Verliebt nennt man diesen Gesichtsausdruck«, erklärte Chiron und ich machte ihm Platz, ließ ihn in die Wohnung. Er rannte in meine Küche und riss den Kühlschrank auf. »Scheiße Mann, ich war auch mal sportlicher!«

»Das würde ich jetzt so nicht unterschreiben«, murmelte ich im Scherz. Er hörte es nicht, er war zu sehr damit beschäftigt, Wasser hinunterzustürzen. Ich stand noch immer an der offenen Tür. »Warum bist du überhaupt so außer Atem?«, fragte ich und warf sie ins Schloss.

»Weil die Teenie-Mutter von nebenan ihren Kinderwagen im Aufzug stehen gelassen hat! Verdammt, ich sollte sie anklagen!«

Ich lachte laut auf und stellte mir vor, wie er all die zwölf Stockwerke fluchend nach oben gelaufen war. Unsere einzige Nachbarin in diesem Stockwerk war besagte Mutter, die seit letztem Jahr ein Kind hatte und jünger war als ich. Es sah aus, als hätte sie von niemandem Unterstützung und bekäme auch sonst im Leben wenig auf die Reihe. Sie tat mir irgendwie …

»Hab jetzt kein Mitleid mit ihr! Ich verklage sie schon nicht!«, äußerte sich mein Freund aus der Küche. Wir kannten einander zu gut. Deshalb ging ich nur wenige Freundschaften ein. Aber wenn, dann bedeuteten sie mir die Welt.

»Erzähl mir jetzt mal von diesem Gesichtsausdruck!«, sagte er und stellte die leere Wasserflasche auf den Tresen, auf dem noch die ebenfalls leere Eispackung stand.

»Wieso bist du hier?«, fragte ich und überging seine Frage.

»Warum lachen deine Augen so?«

»Augen können nicht lachen. Weswegen bist du gekommen?«

»Weil ich jetzt endlich eine Mitbewohnerin brauche.«

»Ich hab vergessen, den Artikel für deine Wohnung online zu stellen!« Erschrocken fuhr ich mir mit den Händen durch die

Haare.

»Dachte ich mir. Also bin ich vorbeigekommen, um dich zu erinnern. Puma will nicht, dass ich Überstunden wegen Geld mache.«

Puma war die Ladenbesitzerin des Geschäfts gegenüber dem Spielplatz. Wir gingen dort abends manchmal essen und trinken, kauften unsere Lebensmittel dort. Viel brachte Chiron die Arbeit nicht ein. Es reichte gerade so.

»Ich stelle es heute Abend auf die Uniseite!«, versprach ich ihm. Er nickte. »Wäre echt gut, wenn es funktionieren würde.«

»Wird es, Chiron.«

Sein Blick aus graudunklen Augen war nicht so optimistisch wie meiner und plötzlich riss er sie weit auf. »Warte mal! War sie vorhin hier?« Seine Stimme klang besorgt. Ich wollte antworten, nur ließ er mir keine Chance dazu. »Die Kleine mit den großen Augen und den leisen Worten?« Mein bester Freund schlug sich gegen die Stirn. »Ich war so scheiße unhöflich zu ihr!«

»Du hast mit Ahri gesprochen?«

»Zweimal.«

Ich verstand gar nichts. Und seit wann hatte er ein schlechtes Gewissen, wenn er unhöflich zu jemandem gewesen war?

»Wir sind zusammengestoßen, als sie zu dir kam. Und als sie wieder ging, sind wir uns auf der Treppe begegnet.«

»Ahri musste auch alle zwölf Stockwerke laufen?«

»Wie viel Zuneigung du für sie aufbringst, und bei mir? *Nada! No un poco!*« Sein Spanisch klang so gut wie mein Finnisch. Ich hatte es noch nie gesprochen.

»Wie unhöflich warst du?«

»Ein wenig.«

»War sie sehr schüchtern?«

»Ja.«

Ich musste an ihre dunklen Augen denken und an ihr schönes Lachen, ihre wertvollen Worte. Chiron war ein ganz anderes Kaliber als ich, es war ihr wohl sehr unangenehm gewesen.

»Es tut mir leid. Sag ihr das!«

»Sag es ihr selber. Wir machen einen *Disney*-Abend zusammen«, eröffnete ich ihm und hoffte, sie wäre mit Chirons Anwesenheit einverstanden.

»Ich mag Ahri. Sucht sie zufällig nach einer neuen Wohnung?« Er feixte und diesmal verdrehte ich die Augen.

»Verzieh dich!«

»Willst du was vom Imbiss?«

»Ja, gehst du hin?«

»Nachdem ich geduscht habe.«

»Sundubu Jjigae«, murmelte ich. Der scharfe Tofu-Eintopf war mein Lieblingsgericht von dem Imbiss die Straße hinunter.

Als ich aus dem Fenster sah, war die Sonne fast untergegangen. *Ich stelle mir vor, wie ich meine Sorgen und Ängste, auch die Traurigkeit nach oben zu den Farben schicke. Und dann gehen sie alle zusammen mit der Sonne unter.*

Wie wertvoll Ahris Nachrichten waren, hatte ich schon damals gewusst, aber sie erinnerte mich noch lange daran, immer und immer wieder verstand ich, wie wichtig ihre Gedanken für die Welt waren.

Für mich.

»Du und deine Suppen«, brummte Chiron und seine Schritte entfernten sich in Richtung Ausgang. Ich starrte den orangeblauen Himmel an. »Wenn ich dich so ansehe, wäre ich auch gern verliebt.«

»Bin ich nicht.«

»Leugnen bringt nichts.«

Ich zuckte mit den Schultern.

»Warum sie? Seit Jahren keine und jetzt Ahri«, fragte er von weiter weg. Ich drehte mich nicht um. Es war, als würden mir die Farben am Himmel Klarheit geben. Für wenige Augenblicke ordneten sie meine Gedanken und mein Herz.

»Sie tanzt wie ich.«

Er lachte leise, als wüsste er, was ich meinte. Vielleicht hatte er es selbst erlebt. Aber Chiron redete kaum über seine letzte Beziehung, die Trennung schien nicht schön gewesen zu sein.

Jetzt wandte ich mich doch kurz zu ihm um und er salutierte vor mir. »Bis später. Ich mach mich dann mal auf die Suche nach einer, die wie ich malt.«

Chiron war eine unendlich wichtige Seele auf dieser Welt. Ich glaubte, er wusste selbst nicht, wie einzigartig er war und ich konnte es ihm nicht sagen, dazu fehlten mir die Worte. Ich hoffte inständig, dass irgendwann einmal jemand kam und es ihm sagte. Wie unfassbar wichtig er war.

»Danke, Chiron.«

Er ging und ich blickte wieder in die Ferne. Bis zum Horizont, der das Licht der Sonne verschluckte. Langsam begannen sich meine Gedanken wieder zu drehen.

Kapitel 32

Unser drittes Herz

Ahri

Ich fuhr langsam über ihre Spiegelkommode, auf der lauter Kosmetikartikel lagen. Meine Schwester hatte sich oft und gern geschminkt. Ein bisschen Farbe für die Lider, Rouge für die Wangen, Gloss für den Mund. Sie hatte es nicht getan, weil sie sich ohne nicht schön fand, viel mehr diente es als Zusatz. Wie ein Kettchen um den schlanken Hals oder ein Ring am Finger.

Der Raum war wie immer. Natürlich war er das. Er hing ja nicht mit ihrem Leben zusammen. Plötzlich schien jeder Gegenstand kostbar, alles, was ich berührte, was ich entdeckte, wurde plötzlich zu etwas Neuem. Als hätte ich es nie zuvor gesehen und wollte jetzt erkunden, was meine Schwester damit gemacht hatte. Es tat unglaublich weh, in dieses Zimmer zu gehen, auch wenn Siwon bei mir war, wurde es nicht unbedingt leichter. Es erinnerte alles an Sun-Nyu.

Dieses Zimmer war Sun.

Die Wände strahlten warm-gelb, der Schein der Deckenbeleuchtung spendete auch der letzten Ecke Licht. Über ihrem Bett hingen drei eingerahmte Bilder in Schwarz-weiß. Ein kleiner Siwon mit Sonnenbrille. Die junge Sun-Nyu mit einer Krone auf dem Kopf. Ich als Kind, eine Zuckerwatte in der Hand. Die Bilder waren damals bei einer Geburtstagsfeier entstanden und wir strahlten voller Lebensfreude. Mir schnürte es die Kehle zu, also wandte ich den Blick schnell ab. Eine grüne Pflanze hing in einer Blumenampel, neben einem Bord an der Wand. Na ja, sie war einmal grün gewesen. Jetzt war sie braun und vertrocknet und ließ ihre Blätter nach und nach fallen. Ein zerwühltes Bett, ein unordentliches Regal. *Das Chaos sei willkommen, die Ordnung hat versagt.* Das Motto meiner Schwester wurde durch dieses Zimmer verkörpert. Es war nicht ungemütlich. Die zerknitterte Decke, die bauschigen Vorhänge, die Klamotten am Boden und über ihrem Schreibtischstuhl sahen nach Zuhause aus. Und ich vermisste sie plötzlich so stark wie nie zuvor. Es war, als wäre sie noch hier, in diesem Zimmer. Siwon lehnte an der gelben Wand und ließ seinen Blick über die Gegenstände wandern. Über all das, was uns an Sun denken ließ.

An unser drittes Herz.

»Ich erinnere mich nicht einmal daran, was sie als Letztes zu mir gesagt hat«, flüsterte ich. Mein Bruder hob den Kopf und lächelte gequält.

»Sie war am Telefon. Ich habe mit ihr telefoniert.« Das war alles, was er sagte, und sicher lag seine Welt erneut in Scherben. Noch immer.

»Das letzte Mal?«

In seinen Augen standen Tränen. Noch rann keine herab. »Sie hat gelacht, Ahri. Wie immer. Und dann war sie stumm, ich habe einen Knall gehört. Genau erinnere ich mich nicht. Ich habe ... es vergessen«, stammelte er. Und mein Herz blieb fast für ihn stehen. Weil er es miterlebt hatte. All das Schlimme, was einem passieren konnte. Ich stützte meine Hände auf das Möbelstück hinter mir und krallte die Finger in das Holz.

»Haben sie dich deshalb angerufen?«

»Ich war die ganze Zeit am Telefon.«

Ich konnte nicht atmen. Da war nichts mehr. Keine Luft, keine Gedanken. »Siwon«, hauchte ich und trat auf ihn zu. Er biss sich auf seine Lippe, genau dort, wo der Riss sein musste.

»Ich habe nichts gehört. Vielleicht war die Verbindung auch weg. Keine Ahnung. Irgendwann habe ich mit einem Mann gesprochen, er hat mir gesagt, dass es einen Unfall gab.«

Ich schauderte. Warum wurde es immer noch schlimmer?

»Wie konnte denn das Telefon nicht kaputt sein?«

»Ich weiß es nicht. Vielleicht hat ihr Körper es geschützt.«

Sun-Nyus Körper war anstelle ihres Handys kaputtgegangen. Einfach so. Aus. Ton weg, starr, tot.

»Was waren ihre letzten Worte?«

»Ich weiß es nicht mehr. Irgendwas über Teigtaschen und Einschlafgewohnheiten.« Mit diesen Worten rannen die Tränen aus seinen braunen Augen und über seine blasse Haut. Tropften von seinem Kinn und erinnerten mich an den Schmerz, der in mir tobte. Wir schlangen die Arme umeinander und hielten uns, weil es nur noch uns beide gab.

»*Nightmare?*«

»Ja?«

»Geh nicht einfach weg, okay?«

»Mach ich nicht.«

Ich drückte ihn noch fester an mich. Er erwiderte es.

»Mein Herz ist nicht mehr ganz«, wisperte ich ihm entgegen und ich spürte es stolpernd in meiner Brust schlagen.

»Bei mir ist auch nur noch ein halbes da.«

Ich löste mich von ihm und wischte die Tränen von seinen Wangen. Er durfte weinen. Ich wollte sie trotzdem auffangen.

»Wenn wir zusammenhalten, ergibt es ein ganzes«, sagte ich und lächelte vorsichtig. Ich glaubte, es klappte ein bisschen. Und es tat weh.

»Das klingt schön.«

Es war eine Sache, an der wir uns festhalten konnten. So etwas brauchten wir jetzt. Brauchten es für die nächsten Wochen. Jahreszeiten. Monate. Zusammen ein ganzes Herz.

»Ist das ihr Tagebuch?«, fragte Siwon dann und ging zu ihrem Bett, auf dem zwischen all den Kissen ein weißes Buch lag. Und weil ich alles mit meiner Schwester geteilt hatte, wusste ich so viel. Sun hatte keine App benutzt für ihre abendlichen Einträge, nein, sie hatte auf das Buch bestanden. Auf Handschrift. So wie sie auch Zettel hinterlassen hatte, anstatt Nachrichten auf dem Handy.

Mein Bruder nahm das Buch und ich setzte mich zu ihm auf den Boden, das Bett im Rücken. Er strich mit den Fingern darüber, als lüftete er alle Geheimnisse. Und vielleicht taten wir das auch. Ein schlechtes Gewissen verfolgte mich nicht, ich wusste, Sun hätte es uns erlaubt. Auch wenn sie noch hier gewesen wäre, hätte sie es mich lesen lassen. Man teilte seine Gedanken immer mit seinen Lieblingsmenschen.

»Tagebucheintrag 13.08.«, las Siwon mit rauer Stimme vor und ich lehnte mich an seine Schulter. Ich lernte, dass es auch schönen Schmerz gab. Jenen, den man ertragen konnte, weil er etwas Wundervolles einher brachte.

»Heyheyhey, liebes Tagebuch! Ahri sagt immer, sie sei zu klein für die Welt. Und ich? Ich bin zu groß. Alles ist zu groß. Mein Kopf. Mein Herz. Meine Seele, viel zu viel ist da in mir. Platz, der gefüllt werden muss und will. Liebe, Gedanken, Freude. Ich denke, wir Menschen leben auf dieser Erde, weil wir unser Leben lang versuchen, uns ganz auszufüllen. Und deswegen bin ich jetzt zu groß für mein Leben, einfach so. Manchmal wünschte ich, jemand zu sein, dem die Menschen zuhören. Dann könnte ich ihnen sagen, wie stark und bedeutend sie sind. Dass niemand zu klein ist, weil wir groß genug auf die Welt kommen. Alle mit dem gleichen Herzen und denselben guten Seelen. Japp. Ich bin Optimistin. Und ich glaube an das Positive in jedem. Fluch oder Segen? Ich werde es bestimmt irgendwann herausfinden. Für mich genau richtig werden, das ist mein Ziel im Leben.«

Mein Bruder hatte gelesen, ohne sich zu unterbrechen und nun saßen wir still in ihrem verlassenen Zimmer und ich weinte leise. Für ihre Worte.

»Ahri, sie war wundervoll für diese Welt.«

»Sie war laut und fröhlich, ehrlich und großartig. Ich hätte ihr alles gewünscht ...«

»Alles, nur nicht das«, beendete er meinen Satz und ich wischte mir über die tränennassen Augen. Nicht immer weinen. Das brannte nur und half doch sowieso nichts. Seit dem Unfall hatte ich kaum ihren Namen gesagt, ich vermisste es. Wie oft ich sie gerufen hatte, wie oft sie mir im Leben geantwortet hatte.

»Wie machen wir jetzt weiter?«

»So wie zuvor. Einfach immer weiter.«

Siwon klappte das Tagebuch zu und legte den Kopf an meinen, der an seiner Schulter lehnte. »Ich kann nicht weitermachen wie davor. Ich habe nichts mehr.«

»Erzählst du mir, was passiert ist?«

»Ich habe mein Medizinstudium aufgegeben. Ich bin kein Arzt. Ich hasse Blut und das Innere der Menschen. Nur weil Papa es wollte. Für ihn. Das alles war nicht für mich.«

Ich hatte es geahnt, schon immer. Und ich hatte es nicht angesprochen. Weil ich es nicht für nötig gehalten hatte. Jetzt war er allein durch diese Hölle gegangen.

»Ich werde nicht zu Eun-Mi zurückkehren. Ich halte es mit ihr nicht aus. Da ist nichts, was mich hält.«

Ich hob den Kopf und auch er richtete sich wieder auf. Dann setzte ich mich ihm gegenüber und suchte seinen Blick. »Du kannst hierbleiben. Solange du willst. Und wir suchen dir einen neuen Studienplatz, Siwon.«

»So einfach ist das nicht, Ahri.«

»Nein, und doch ist es möglich.«

Er wirkte niedergeschlagen. Und irgendwie war er das ja auch.

»Wir finden eine neue Wohnung für dich. Alles ganz langsam. Ich weiß noch nicht wie, lass uns einfach daran glauben, dass es nur besser werden kann.«

Endlich wurde sein Blick offen. Offen und ehrlich. Ich hatte meinen Bruder wieder. Ich hatte ihn wieder ganz. Dafür hatte ich meine Schwester verloren. Es war nie fair. Für keinen von uns war es das.

»Seit wann bist du so optimistisch, *Daydream*?«

»Die Trauer verändert einen«, sagte ich und grinste schwach. Es war nicht mal gelogen.

»Ja, das tut sie. Vielleicht ist das gar nichts Schlechtes.«

Ich stand auf, nahm seine Hand und zog ihn nach oben, wie auch schon vorhin, als er einfach vor meiner Tür gesessen hatte. »Ich hab dich lieb, *Nightmare*.«

Er lächelte und mein Herz hörte ein paar Schläge zu weinen auf. Weil ich nicht alles Wichtige auf der Welt verloren hatte. Er war noch immer da. Mein halbes Herz.

»Ich habe dich auch lieb, *Daydream*.«

Kapitel 33

Zwiebeltränen

Akri

Heute Morgen hatte ich Frau Song zum Babysitten zugesagt. Ich war davon ausgegangen, dass sie jemand neuen eingestellt hatten, aber zu meinem Glück erklärte sie mir am Telefon, dass Naomi mich sehr vermisse. Und als ich am Abend bei ihnen geklingelt hatte, war die Kleine wie ein Wirbelwind in meine Arme gestürmt.

Jetzt saßen wir auf ihrem Balkon und blickten in den dunklen Himmel, das Fell auf der Holzbank wärmte uns. Naomi wollte noch nicht schlafen und deswegen hielten wir nach Sternschnuppen Ausschau, obwohl keine für heute Nacht angesagt waren.

»Schön blau, oder?«, fragte sie.

»Ja. Ziemlich endlos«, antwortete ich und wir betrachteten den tiefblauen Abendhimmel – er war so klar heute. Zeigte uns die hellen Sterne und ein Minimum des Universums.

»Warum warst du so lange nicht da?«, wollte sie erneut wissen. Vorhin, als ich ihr beim Zähneputzen geholfen hatte, war ich der Frage ausgewichen. Die Herbstluft und die Klarheit hier draußen ermutigten mich, jetzt mit der Wahrheit zu antworten. Meine Sicht verschwamm leicht. Bevor ich etwas sagen konnte, fragte Naomi: »Hast du Zwiebeln geschnitten?«

Perplex starrte ich auf sie hinab. »Was?«

»Du weinst. Meine Mami macht das auch, wenn sie Zwiebeln schneidet.«

Eine einzelne Träne rann mir über die Wange und ich wischte sie nicht weg, weil ich langsam verstand, wie sehr die Trauer zu mir gehörte. »Ich bin ein bisschen traurig, weißt du? Meine Schwester ist nicht mehr hier und das tut weh.«

»Ah.« Das kleine Mädchen blinzelte mehrmals. »Ist sie auf Weltreise?«

Ich lachte auf und eine weitere Salzperle folgte. »Ja«, flüsterte ich. »Ja, so was in der Art.«

»Wenn ich groß bin, will ich auch eine Weltreise machen. Dann können wir vielleicht ein Häkchen hinter das Zebra setzen. Stell dir vor, die ...« Sie erzählte mir von ihrer Welt und ihren Träumen und ich lauschte ihren Kindergedanken, von denen kein einziger gebrochen war.

»Ahri?« Irgendwann rutschte sie etwas näher zu mir.

»Mhm?«

»Darf ich deine Schwester sein? Bis deine von der Weltreise zurückkommt?«

Ich zog Naomi ganz fest an meine Seite und legte meine Arme um ihren zierlichen Körper. Sie kuschelte ihren Kopf an meinen braunen Pullover. »Ja, Naomi. Das darfst du sehr gern.«

Als ich dachte, sie wäre in meinen Armen eingeschlafen und ich sie in ihr Bett tragen wollte, flüsterte sie: »Ich habe einen neuen Wunsch für die Traumliste.«

»Ja? Welchen denn?«

Sie hatte die Augen bereits geschlossen und ich legte sie in ihr warmes Bett, steckte die hellgrüne Decke um sie herum fest und schaltete das Licht aus. Sie lächelte, als sie antwortete: »Alle Zwiebeln der Welt verstecken, damit du wieder lächeln kannst.« Dann schlief sie ein und ich schrieb es auf.

Taemin

Die Stimme meiner Mutter zitterte und sie flüsterte, als sie mich spät abends anrief und so ehrlich war wie nie zuvor.

»Du hast mir gefehlt, Min. Ich habe nicht angerufen, weil ich dachte, du bist wütend auf mich. Jetzt müssen wir zusammenhalten. Du, Linya und ich.« Ihr Spitzname für mich wirbelte die Sehnsucht so heftig in mir auf, dass ich mein Handy vom Ohr nahm und sie auf Lautsprecher stellte – meine Hand zitterte sonst zu sehr. Ich wollte sie fragen, was sie dazu bewegte, nach einem Jahr plötzlich wieder anzurufen. Vermutlich hatte sie selbst keine Antwort darauf, denn manchmal hörte man einfach auf sein Herz und tat Dinge, die keine Erklärung brauchten.

»Bist du da?«, fragte sie und ich räusperte mich.

»Ja.« Ich atmete einmal tief ein und aus. »Ich war nicht wütend, Mam. Das war ich nie. Ich war traurig, weil ihr nie an meine Träume geglaubt habt.«

»Das habe ich immer«, flüsterte sie.

Ich konnte es dir nur nicht sagen, führte ich ihren Satz in Gedanken fort. Ich betrachtete mein Handy, das ich auf meiner Bettdecke abgelegt hatte. Auf dem Bildschirm leuchtete mir das Wort *Mam* entgegen.

»Seid ihr im Krankenhaus?«

»Ja. Ihr Herz hat einen Aussetzer gehabt.« Ihre Stimme brach bei dem Wort *Aussetzer* und ich hätte mir am liebsten ein Ticket nach Seoul und zu ihnen gekauft. »Mam?«

»Ja?«

»Wie geht es dir? Ganz, ganz ehrlich.«

Sie schniefte und mein Herzschlag verrutschte in seinem Takt.

»Was, wenn es kein neues Herz gibt? Wie lange werden wir es alle durchhalten? Die ganzen Arztbesuche und das vorsichtig sein, die Medikamente und ihr fehlendes Lachen?«

»Nein, Mam, ihr Lächeln ist noch da. Und daran halten wir fest. Es wird ein Herz geben, sie steht fast ganz oben auf der Transplantationsliste.« Linya stand schon viel zu lange auf dieser Liste. Ich biss mir auf die Innenseite meiner Wange. Dieses *fast* machte mir mehr Angst als alles andere. »Sie kämpft und sie muss wissen, dass wir das auch für sie tun.«

Sie hatte angerufen, weil sie kurz vor dem Aufgeben war und weil sie wusste, dass ich noch Hoffnung hatte. Aber ich konnte nicht sagen, ob meine für uns beide ausreichen würde.

»Mam, du solltest dich jetzt ausruhen. Vergiss nur nicht, dass du mich jederzeit anrufen kannst.«

»Ich weiß«, sagte sie leise. »Du auch.«

Als ich auflegen wollte, wisperte sie: »Irgendwann will ich dich tanzen sehen, weil das Tanzen für dich gemacht ist, Min.«

»Was? Warum sagst du das?«

»Weil du schon früher durch unsere Küche getanzt bist. Dabei hast du fröhlich gelacht und ich vermisse diesen fröhlichen Taemin.«

»Irgendwann kannst du mich bestimmt wieder tanzen sehen.«

Ich legte auf, bevor die Traurigkeit zu stark werden konnte. Meine Unterlippe zitterte und ich hielt mit aller Macht die Tränen zurück, während ich nach oben an meine Zimmerdecke sah.

Ich vermisse diesen fröhlichen Taemin.
Ich vermisse diesen fröhlichen Taemin.
Ich vermisse diesen fröhlichen Taemin.

Als Mams Stimme in meinem Kopf zu laut wurde, rief ich Ahri an.

»Hast du kurz Zeit?«

»Ja, Naomi ist gerade eingeschlafen, was gibt's?« Ihre Stimme vibrierte durch mein Zimmer und ich stellte die Freisprechanlage aus, damit ich sie ganz nah an meinem Ohr hören konnte.

»Ich glaube, mir geht es gerade nicht so gut, Ahri«, sagte ich leise und lauschte ihrem Atem.

»Willst du darüber reden? Oder über etwas anderes?«

»Über etwas anderes.«

Also fing sie an, von Planeten zu erzählen. Von dem Kosmos um uns herum. Sie erzählte mir, dass sie Tagebuch schrieb und es ihr am Abend half, mit geordnetem Kopf schlafen zu gehen. Dann beantwortete sie meine Frage, die ich ihr vor Wochen gestellte hatte.
Was ist dein Grund?
Ihr Grund zu tanzen klang schön. Und ich wollte das Video sehen, also versprach sie, mir die gebrochene Eisprinzessin zu schicken. Sie fragte mich, was meine Lieblingsfarbe sei und ich antwortete: »Lila. Weil ich mal irgendwo gelesen habe, dass lila eine heilende Farbe ist.«

Sie sagte, dass sie mein lila Herz mochte und ich sie ein bisschen geheilt hatte. Mit ihrer Stimme im Ohr schlief ich ein.

Kapitel 34

Mit der Zeit heilen die Wunden

Ahri

Es war Montagmorgen. Kalt, nass, windig. Eine graue Suppe, die man Himmel nannte, Menschen, die einen gegen die Innenwand der Bahn drückten. Ich hatte es nicht vermisst. Weil ich früh dran war, beschloss ich, eine Haltestelle früher auszusteigen und bis zur Universität zu laufen. Noch ein bisschen den Herbst betrachten und Frühstücksduft aus den Cafés riechen. Während ich mit langsamen Schritten in den Morgen lief, konzentrierte ich mich auf die Stimme meiner Mutter. Ich hatte sie angerufen, um nicht allein gehen zu müssen, vielleicht einen Mutzuspruch zu bekommen, einfach Mama im Ohr zu haben.

»Bleibt Siwon jetzt bei dir in der Wohnung?«, fragte sie in diesem Moment und ich wich einem Mann aus, der auf die Haltestelle zurannte, aus der ich gerade kam.

»Nicht für immer.« Ich konnte mir vorstellen, wie sie die Stirn runzelte und meine vage Antwort zu verstehen versuchte.

»Wollt ihr nicht zusammenleben?«

»Wir haben beschlossen, allein zu wohnen. Weil wir uns nicht vom anderen abhängig machen wollen, Mama«, sagte ich und war froh um die Lautstärke auf der Straße. Niemand hörte mir zu, die meisten Menschen folgten ihrer Musik, ihrem Gesprächspartner oder ihren Gedanken.

Ich hatte mich von Sun-Nyu abhängig gemacht und sie sich von mir. Jetzt stand ich hier und wusste kaum, wer ich ohne sie war, ich durfte das nicht auch mit meinem Bruder tun.

»Ich muss herausfinden, wer ich allein bin«, erzählte ich ihr von meinen Ideen. »Wir sind zusammen auf die Welt gekommen, waren nie getrennt, wir stützen uns aufeinander, helfen uns. Und das können wir noch immer, trotzdem ist es jetzt einfach Zeit, auch ein bisschen selbständig zu werden.«

Siwon und ich hatten gestern lange gesprochen. Auch darüber und wir waren uns einig gewesen, wollten uns selbst kennenlernen.

»Diese Erkenntnis ist so unendlich wichtig, Ahri. Nicht zu dem Preis, den wir zahlen mussten. Sieh es dennoch als Chance, zu wachsen. Habt ihr schon eine Idee für Siwon?«

»Wir machen uns auf Wohnungssuche für ihn.«

»Apropos Wohnung«, sagte sie und ich sah mich kurz verwirrt um. Wie lange ich diesen Weg schon nicht mehr gegangen war. Rechts, dann links. Ich bog um eine Hecke am Wegrand. »Ich werde auch umziehen. Zu Miga.«

Sie wollte zu Oma ziehen? Zu ihrer eigenen Mutter. Raus aufs Land. Weg von hier.

»Ganz ausziehen?«

»Ich verkaufe das Haus. Und erbe später das deiner Großmutter. Es wird mir bei ihr besser gehen als hier in der Stadt. Und ich werde im Kindergarten arbeiten und Miga mit dem Hof helfen.«

Wir alle hatten mit diesem Verlust zu kämpfen und wir alle traten neue Wege an. Es war richtig so. Ich fragte sie nicht, was Papa davon hielt. Ob er überhaupt noch etwas von dieser Familie hielt, ob er noch immer in Amerika steckte und ob er je zurückkäme.

»Wenn du Hilfe brauchst, melde dich. Siwon und ich können dir bei dem Umzug helfen.« Ich hatte plötzlich das starke Bedürf-

nis, sie zu umarmen. Einfach wieder bei ihr zu sein.
»Das ist lieb, aber hier im Haus laufen schon die Möbelpacker! Ich komme zurecht.«
»Ich vermisse dich, Mama.«
»Ich dich auch, Ahri.«
Ich atmete zittrig aus und riss mich dann zusammen, in der Öffentlichkeit tat man immer, als sei man stark. Man funktionierte einfach.
»Mit der Zeit heilen die Wunden.«
Ich wollte ihr glauben, so sehr. »Okay, also ... ich bin fast bei der Uni.«
»Hab einen guten Neustart! Ich glaube an dich. Immer.«
Ich lächelte und schulterte meinen Rucksack neu, er war ein bisschen hinuntergerutscht. Wir legten auf und ich steckte mein Handy in die hintere Hosentasche meiner High-Waist-Jeans. Sie hatte einmal Sun-Nyu gehört, heute trug ich sie wie ein Schild des Selbstschutzes. Ich lernte, mit dem Verlust umzugehen. Über fünf Wochen und zu viele Minuten hatte ich einfach nichts getan, es wurde Zeit, sich wieder ein klein bisschen in die Welt zu wagen. Heute war die erste Stunde praktisches Tanzen, ich betrat den Campus und steuerte direkt auf die Studios zu. Dort verlangsamte ich meine Schritte, wusste nicht, ob Taemin kommen würde. Gestern Nacht am Telefon hatte seine Stimme so fern geklungen. Und ich war mir nicht sicher, ob er heute hier auftauchen würde. Also musste ich mich diesem Neustart allein stellen.
Ich sah auf die gläserne Doppeltür des Tanzstudios und an mir zog eine Gruppe Mädchen vorbei, sie traten ein und verschwanden nach unten zu den Umkleiden und den Sälen.
Seola würde dort sein. Und ihre Blicke würden mich hassen. Ich atmete ein und aus. Noch einmal. Viele Male, und dann ging ich, ohne weiter nachzudenken, einfach in das Studio, durch die Eingangshalle zu den Treppen und nach unten. Unsicher. So unendlich langsam und doch viel zu schnell. Ich bog in den Gang der Umkleiden und trat in die erste Damenumkleide. Weil ich wusste, hier war nie jemand. Ich suchte mir einen Spind ganz

hinten und als ich mich umdrehte, erstarrte ich.

Vor mir stand ein Mädchen mit hellbraunen Haaren und Pony, sie lächelte mich an. Ich kannte sie. Choi Lua. Sie tanzte zusammen mit Hyun für die Partnerarbeit. Ich schluckte und wusste nicht, was ich tun sollte. Ich stand einfach da und starrte sie an.

»Hi!« Sie verbeugte sich leicht und ich reagierte auf diese Geste ganz automatisch.

»Hi«, erwiderte ich schnell und meine Stimme überschlug sich fast bei diesem einen Wort.

Sie zeigte auf all die Spinde um uns herum. »Alle noch frei. Such dir einen aus.« Ihr Lächeln verblasste keine Sekunde und ich fühlte mich ein kleines bisschen wohler. Ziemlich dumm von mir zu denken, dass jeder Mensch einen Grund hätte, mich irgendwie komisch zu finden.

»Danke.« Ich stellte meinen Rucksack auf die Bank vor einen Schrank, der mir am nächsten stand. Sie setzte sich auf einen Kasten und schnürte sich ihre Tanzschuhe zu. Choi Lua war bereits umgezogen und ich wurde die Frage nicht los, wieso sie diesen Raum gewählt hatte. War sie hier immer allein?

Plötzlich richtete sie sich auf. »Wie unhöflich! Ich habe mich gar nicht vorgestellt. Choi Lua!« Sie faltete die Hände und verbeugte sich noch einmal. Sie war unglaublich höflich und ihre Augen strahlten so gutmütig. Ich wollte ihr danken. Weil sie mir allein dadurch ein besseres Gefühl gab.

»Dein Name ist schön. Ich heiße Seon Ahri«, erwiderte ich und meine Stimme hörte sich kräftiger an als bei meinem ersten Wort. Lua band auch ihren zweiten Schuh, dann stand sie auf und nahm ihre Wasserflasche von der Bank.

»Ich gehe schon mal rein. Ich hoffe, du hast heute einen guten Tag, Seon Ahri.« Sie winkte mir einmal kurz zu. Ihr Zopf schwang hinter ihr hin und her und ihr Pony fiel ihr frech in die Stirn. Dieses Mädchen war alles Gute an diesem Morgen.

»Das wünsche ich dir auch, Choi Lua.« Und ich schaffte es sogar ein wenig zu lächeln, nur sah sie es nicht mehr. Da war sie

schon durch die Tür und in den Saal geschlüpft. Ich lehnte mich an den Eisenschrank hinter mir und schloss für einen Moment die Augen.
Einen guten Tag.
Ich hoffte darauf.

»Frau Seon.« Die Professorin verbeugte sich vor mir, als ich aus der Kabine in das Tanzstudio trat. »Ich freue mich aufrichtig, Sie hier zu sehen!« Ihr Lächeln war breit und ich versuchte es zu erwidern.

»Ja. Ja, ich mich auch.« Das tat ich wirklich. Die große Halle, der dunkle Linoleumboden, die tapsenden Schritte der Studierenden, Tribünen an den Seiten und eine Lichtflut von den Fenstern weiter oben. Ich hatte das hier vermisst. Mein Studium, meinen Traum. Ich und das Tanzen an diesem Campus.

»Sollte es für Sie in Ordnung sein, kommen Sie nach der Stunde in mein Büro.« Hwang sprach leise, damit die anderen Studierenden es nicht mitbekamen. Ich nickte, mein Hals wurde trocken. Herausforderungen wollte ich so unendlich klein schreiben in meinem Leben, aber sie standen mir doch so groß gegenüber. Und so sehr sie mir auch Angst einjagten, ich wollte über diese Hürden springen. Nicht wegsehen, sondern darauf zugehen.

»Ich werde da sein, Professorin.«

Hwang neigte den Kopf. »Sie haben mein Beileid, Seon Ahri. Ich denke an Sie.«

Es war wie ein Schlag in eine heilende Wunde. Fest. Unbarmherzig. Tief. »Danke«, hauchte ich. Hwang drückte meine Schulter und nickte mir noch ein weiteres Mal zu, dann ging sie aus der Halle und in die Lehrerumkleide.

Als ich die anderen Studierenden betrachtete, war es, als wüssten sie alle, was passiert war. Seola saß nicht weit von mir entfernt, Männer scharrten sich um sie herum. Wie schon früher. Nur dass es ihr jetzt zu gefallen schien. Sie lachte und es klang falsch. So hatte sie bei uns nie gelacht, wenn wir uns Witze erzählten oder über den möglichen Auftragskiller ihrer Mutter sprachen. Damals war es so viel wärmer gewesen. Jetzt war es schön und kalt. Nicht ehrlich und warm.

Ich ging an ihrer Gruppe vorbei und hoffte, sie würde mich nicht bemerken. Doch das tat sie und ihr Blick traf den meinen. Keine Worte. Nur Wut und Abneigung. Sie zertrampelte meinen Mut mit einem Augenaufschlag und ich stolperte an ihr vorbei, suchte mir etwas abseits eine Stelle und setzte mich auf den Boden. Ich wünschte mir Taemin herbei. Seine ruhige Art. Also starrte ich auf den Eingang und erkannte Xeonjun, wie er gehetzt durch eine der Doppeltüren kam und sich hastig umsah. Er trug Dunkelblau, es passte nicht recht zu seinen goldbraunen Haaren. Sein Blick blieb an seiner Freundin hängen, wie sie zwischen all den anderen Männern saß und sich mit ihnen über Gott und die Welt unterhielt. Dann wanderte sein Blick weiter nach links zu Hyun. Dieser sprach mit Choi Lua und schien ihn nicht zu bemerken. Wieso wirkte er so unendlich verloren? Wie er dort in der Tür stand und seine Freunde suchte, sie ihn aber nicht wahrnahmen. Ich fand mich in seinem Anblick wieder, wollte wissen, was passiert war, dass auch seine Schultern herabgefallen waren.

Und unsere Blicke begegneten sich.

Seine Augen wurden groß, schmal, wieder groß, er zog seine Brauen nach oben. Er zeigte mir an diesem Morgen, wie unendlich wichtig Freunde im Leben waren. Xeonjun kam auf mich zu und ich stand mit wackeligen Beinen auf, winkte ihm. Er blieb nicht stehen. Nahm mich ganz fest in den Arm. Wie in diesen Videos, die man in den sozialen Medien immer gezeigt bekam, wenn sich zwei Freunde eine lange Zeit nicht gesehen hatten und dann am Flughafen aufeinandertrafen. Seine Umarmung fühlte sich so echt an und ich drückte zurück. Natürlich drückte ich zurück.

»Du bist wieder da, Schneewittchen«, sagte er, als könnte er es selbst nicht glauben.

»Tut mir leid, ich habe dir gar nicht Bescheid gesagt.«

»Schon okay. Jetzt bist du da.«

Meine Mama. Meinen Bruder. Taemin. Xeonjun. Sie alle hatte ich ignoriert, weggestoßen, jetzt kamen sie langsam zurück zu mir und ich merkte, wie stark ich sie vermisst hatte. Dass wir Menschen im Leben brauchten, die wir Freunde nennen konnten. Meine Augen brannten, mit einem Blinzeln hielt ich die Emotionen zurück. Nicht hier. Ich vergrub meinen Kopf an seiner Schulter, weil sie mir Trost bot.

»Hab dich vermisst«, murmelte er und schob mich dann ein Stückchen von sich. Ich lernte heute von ihm, wie loyal und einfühlsam er war. Der witzige Xeonjun. Ich lächelte ihn traurig an. Alle schienen bereits von dem Tod meiner Schwester zu wissen, obwohl sie hier aus dem Kurs kaum jemand gekannt hatte. Denn die Menschen sprachen gern über Dinge, die einem anderen widerfahren waren. Je schlimmer, desto besser. Vielleicht verdrängten sie damit ihr eigenes Leben.

»Und ich dich, Xeonjun«, brachte ich heraus und er grinste frech, ich hatte seine leichte Art vermisst. Er setzte sich und zog mich zu ihm herunter, damit ich nicht allein herumstand.

»Danke für deine Herzbrecher-CD. Sie hat mich wirklich ein bisschen geheilt.«

Xeonjun zog die Nase kraus. »Welcher Song hat dir am meisten geholfen?«

Als mein Herz brannte, hatte ich *Atlantis* gehört. Um an Wasser und Blau und alles Schöne zu denken. Nicht an die Trauerflammen, die sich mein Herz holen wollten.

»*Atlantis. Seafret.* Hab's in Dauerschleife gehört.«

Verständnis schlich sich in seine Züge. Vielleicht war ich nicht die Einzige, die brannte und sich dann Wasserlieder anhörte.

»Wie schlimm ist es gerade?«, fragte er ehrlich. Ich zuckte mit den Schultern.

»Jetzt ist es okay. Aber …« Mein Blick wanderte zu seiner Freundin und ich musterte Seola aus der Ferne. »Sie ist nicht wie früher.«

Xeonjun schnaubte und ich war überrascht, diese Reaktion von ihm zu bekommen. Ich fragte nicht. Er erzählte es einfach, vielleicht, weil da kein anderer war, dem er es erzählen konnte.

»Sie hat sich von mir getrennt. Oder ich mich von ihr. Keine Ahnung. War nicht schön.«

»Das tut mir leid.«

»Muss es nicht. Ist besser für uns beide«, antwortete er. »Es ist schon drei Wochen her. An dem Tag, als du ihr von Sun erzählt hast, sind wir auseinandergegangen.«

»Du hast mir nichts davon erzählt, als du mich besuchen gekommen bist.«

»Nein, das wäre nicht der richtige Moment gewesen.«

Ich schluckte, stieß ihn dann leicht mit der Schulter an und lenkte seinen Blick von Seola weg. »Dann hält das Leben einen neuen Weg für dich bereit, Xeonjun.«

Er schüttelte amüsiert den Kopf.

»Was ist?«

»Nichts.« Dann: »Dachte, du kommst nicht mehr.«

Ich band meinen Schuh neu, einfach um etwas zu tun. »Ich habe Zeit gebraucht«, erklärte ich und er nickte verständnisvoll.

»Taemin, hat er dir geschrieben? Hast du ihn in letzter Zeit gesehen?«, fragte er neugierig und stützte die Ellbogen auf seine angewinkelten Knie. Ich sah auf.

»Weißt du, wo er ist?«

»Nein. Habe ihn heute noch nicht gesehen.«

Ich seufzte und band auch den anderen Schuh.

»Wie steht es zwischen euch?«, wollte er wissen, weil ich ihm auf seine vorherigen Fragen nicht geantwortet hatte. Mein Herz setzte aus. Darüber zu sprechen war schwer, wenn man die Gefühle ständig verdrängte. »Zuck jetzt nicht mit den Schultern«, sagte er und entlockte mir ein kleines Lächeln. Und natürlich zuckte ich mit den Schultern.

»Wir leben einfach«, antwortete ich.

Er stupste mich an und grinste, Xeonjun grinste immer, egal, wie schwer die Welt um ihn herum gerade wog. »Das ist eine Ahri-Antwort.«

»Was ist denn eine Ahri-Antwort?«
»Eine, die nur du geben würdest!«
»Was hätte ich denn sonst antworten sollen?«
Xeonjun tat, als würde er überlegen. Wie eine Glühbirne, die plötzlich hell wurde, kam ihm die Idee. Zumindest tat er so. »Wir haben uns ineinander verliebt. Er hat mich gerettet. Wir sind zusammen. Er hasst mich. Ich habe Gefühle für ihn. Ich kann es nicht in Worte fassen«, zählte er die Möglichkeiten auf. Ich stützte mich an seiner Schulter ab und stand auf.
»Du bist komisch!«
Er lachte. »Weiß ich.«
Wir fingen an uns zu dehnen und vermieden es, zu Seola hinüberzusehen, jeder aus einem anderen Grund. Ich machte mir Sorgen wegen Taemin, hatte keine gute Körperhaltung, weil ich mich unsicher fühlte.
Anfänge waren selten perfekt.
Und so machte ich einfach immer weiter. Hwang übte heute mit uns Ballettfiguren, um unsere Haltung zu verbessern. Ich streckte meinen Rücken, schwang die Arme elegant über dem Kopf und stand auf den Spitzen meiner Schuhe. Ich hatte dieses statische Tanzen nie wirklich gemocht, heute konnte ich mich damit identifizieren. Die harten, eleganten Posen erinnerten mich an die Mauer in meinem Inneren. Dahinter versteckte sich alles Ehrliche und ich war froh, dieses Gefühl mit meiner Haltung zu vermischen. Es tat mir gut, dieses Tanzen war heute genau richtig.
Die Professorin sagte gerade eine Pause an und ich drehte mich zu Xeonjun um. »Ich geh ihn kurz anrufen«, gestand ich ihm.
»Wenn du ihn erreichst, schöne Grüße.« Xeonjun zwinkerte mir zu und ich verdrehte die Augen. Ich war ihm so dankbar. Wollte es ihm sagen, da machte er eine wedelnde Geste, damit ich endlich verschwand.
Ich steuerte die erste Tür an und trat in den Flur, der nach oben zum Eingang führte und rechts zu den Damenumkleiden. Als ich um die Ecke biegen wollte, hielt mich jemand am Handgelenk fest, ich stolperte und fiel gegen seine Brust. Verwirrt

blickte ich Taemin an und alles in mir kam zum Stehen. Nur um gleich darauf weiterzusprinten.

»Es tut mir leid«, keuchte er außer Atmen, ohne sich mit einer Begrüßung aufzuhalten. Er umarmte mich abrupt. »Tut mir leid, Ahri.« Immer wieder sagte er es. Einmal leise, dann lauter, verzweifelter.

»Was war los?«, flüsterte ich in seinen Pullover und er drückte meinen Körper noch enger an sich, ich bekam keine Luft und konnte doch seit Wochen endlich wieder richtig atmen.

»Das Herz meiner Schwester kam dazwischen«, murmelte er. Ich verstand es, verzieh ihm. Weil das Herz seiner Schwester für ihn immer das Wichtigste war.

»Erzählst du mir davon?«

»Können wir das auf später verschieben?«

Ich nickte und er richtete die Kapuze meines Sportpullovers, vermutlich war sie verdreht, wie immer.

»Wie schwer war es?«

Ich legte meinen Kopf wieder an seine Schulter, einfach weil es sich dort gut angefühlt hatte. »Besser als gedacht«, sagte ich. Taemin nahm meine Hand und drückte sie leicht.

Ich bin jetzt da.

»Meine Schuldgefühle sind ziemlich groß«, murmelte er und ich boxte ihm leicht gegen die Brust, löste mich von ihm.

»Hör auf damit. Wenn es Linyas Herz nicht gut geht, musst du natürlich für sie da sein.«

Unsere Hände waren immer noch miteinander verschränkt, keine Ahnung, was ich fühlen oder sagen sollte. Als wäre es immer so gewesen. Mit uns.

»Ich ziehe mich um und komme gleich rein«, sagte er und löste seine Hand aus meiner. Finger für Finger. Sekunde um Sekunde. Licht für Licht erwachten die Glühwürmchen in mir.

»Wir tanzen Ballett«, sagte ich und grinste ein bisschen. Er blieb stockend stehen.

»Okay, lass uns verschwinden!« Er tat, als wolle er so weit rennen wie nur möglich und ich lachte.

»Geh dich umziehen.«

»Zu Befehl.« Taemin salutierte. Kurz bevor er um die Ecke bog, sagte er noch: »Schön, dich wieder hier zu sehen.« Er verschwand und ich presste mir die Hand auf mein schlagendes Herz. So schnell, so wild. Ohne Vorsicht. Ich erschrak zu Tode, als Taemin plötzlich wieder zum Vorschein kam und die Augen zusammenkniff. »Ich muss das korrigieren«, erklärte er und kam wieder zu mir. Legte seine Hände um meine glühenden Wangen und sein Blick wurde so warm, so unendlich warm. »Es ist immer schön, dich zu sehen, Seon Ahri.«

Mein Herz verfing sich in Umdrehungen, als er seine Lippen auf meine legte. Und mich zum ersten Mal küsste. Meine Hände fanden seine Brust, er fuhr mit dem Daumen meinen Wangenknochen entlang und knabberte an meiner Unterlippe. Als ich seinen Kuss erwiderte, lächelte er an meinen Lippen.

»Ahri«, hauchte er und ich griff in seinen Pullover, hielt mich an ihm fest. Er flüsterte gegen meinen Atem und ich vibrierte. »Du bist ...«

Keine Ahnung, was passiert wäre, wenn uns die Professorin in diesem Moment nicht gefunden hätte. Vielleicht hätte unsere Liebesgeschichte dann in diesem grauen Gang des Tanzstudios begonnen. Vielleicht war sie bereits entstanden, oder sie war noch gar nicht da. Ich wusste es nicht. Jetzt, in diesem Augenblick, mitten ins Stolpern meines Herzens und seinem angefangenen Satz, platzte Professorin Hwang und klatschte in die Hände. Wir fuhren auseinander.

»Wundervoll, Sie beide an einem Ort! Mitkommen!« Ihre Wortwahl klang viel härter als ihre helle Stimme und sie ging voran in Richtung ihres Büros.

Ich strich mir mit bebender Hand die Haare aus dem Gesicht. Taemin grinste verwegen. Auf der Treppe nach oben nahm er meine Hand und drückte sie einmal. Wir folgten Hwang und ich versuchte auf dem Weg meinen Kopf zu ordnen und vor allem mein Herz. Letzteres gelang mir nicht. Vielleicht gelang es mir mein Leben lang nicht.

Taemin

Ich hörte nicht zu. Verdammt, ich sollte zuhören, denn der Blick der Professorin war ernst. In meinem Kopf wirbelte es. Emotionen, stark, ungefiltert, einfach da und nicht zu unterdrücken.

Ich hoffte, Ahri ging es genauso. Geteiltes Leid und so. Keine Ahnung, wie das zwischen uns war. Oder was. Wie und was und warum, für wie lange, wir beide? Ich wollte sie umarmen, für immer und dann wollte ich sie wieder küssen und ihr zuflüstern, wie schön ich sie fand.

Heute Morgen hatte Mam noch einmal angerufen. Linya ging es wieder besser. Sie war stabil. Ich solle mir nicht zu viele Sorgen machen. Und dann war ich zu spät aus dem Haus gekommen, hatte die Bahn verpasst, musste warten, war verspätet an die Uni gekommen.

Ich hatte Ahri allein gelassen.

»Herr Jeong?« Die Professorin musterte mich fragend. Hilfesuchend drehte ich mich zu Ahri, sie schüttelte kaum merklich den Kopf. Ihre Aufmerksamkeit war wohl auch nicht bei der Professorin gewesen. Vielleicht unten im Gang. Was ich jetzt für einen Gedanken von ihr geben würde.

»Was ich damit sagen wollte«, fuhr Hwang fort und ich bemühte mich, ihr wenigstens für ein paar wenige Sätze zu folgen und immer zu nicken, wenn ich meinte, es wäre wichtig. »Sie sind nicht die besten Tänzer dieses Jahrgangs.«

Und damit hatte sie unsere volle Aufmerksamkeit. Ich wusste, dass wir nicht die Besten waren, aber es direkt zu hören war eine kleine Niederlage. Kein Motivationsschub. Wir bräuchten einen.

»Wollen Sie wissen, warum Sie beide in einem Team sind?«, fragte sie und wartete nicht auf eine Antwort. »Weil Sie ähnlich tanzen. Auf eine Art, die ich noch nicht in diesem Jahrgang gesehen habe.« Sie strich mit den Fingern über ihren Schreibtisch und erhob sich. Wir blieben auf den zwei Stühlen vor ihrem Pult sitzen. Aufrecht, angespannt. Mein Interesse galt nun ganz ihren Worten.

Die Professorin wandte sich den Fenstern zu. »Sie tanzen nach Gefühl. Sie geben den Mustern und Formen die Emotion, die sie brauchen, damit sie gut werden.«

Auch wenn ich gern Ahris Reaktion gesehen hätte, hielt ich den Blick starr auf Hwangs Rücken gerichtet. »Sie sind nicht die besten Tänzer«, sagte sie noch einmal und drehte sich wieder zu uns um. Ihre Arme waren vor der Brust verschränkt, ihr Blick noch ernster als zuvor. »Sie könnten zu den Besten werden. Weil Sie beide die Ehrlichkeit dieses Tanzstils verstanden haben.«

Ich neigte den Kopf, wusste ihr Kompliment und den Zuspruch zu schätzen.

»Werden Sie nächste Woche vortanzen und die Zwischenprüfung wahrnehmen?«, fragte sie und kam zurück zu ihrem Schreibtischstuhl.

Ich ließ die Entscheidung bei Ahri. Weil es ihre Traurigkeit zulassen musste. Wir hatten nicht viel, dennoch konnten wir etwas daraus machen. Eine Woche. Dann wäre das Vortanzen, das wir als Zwischenprüfung sehen sollten. An dem Familienangehörige, Freunde und Fremde zusehen konnten und Juroren aus Seoul die besten Tänzer für ein Casting auswählten. Es war ziemlich groß.

Ahris und mein Blick trafen sich und ihre braunen Augen schimmerten leicht. Trauer? Glück? Mut? Vielleicht alles zusammen.

Sie nickte. »Wir tanzen.«

Hwang schenkte uns ein sichtlich stolzes Lächeln und setzte sich langsam wieder, tippte etwas auf ihren Laptop.

»Bleibt es bei dem Lied aus Ihrem letzten Bericht?«

»Ja. *Moment of silence, Lucidious.*« Mein Englisch klang stockend, fast undeutlich. Sie verstand es dennoch. Tippte es ein.

Wir würden also tatsächlich tanzen.

»Wenn Sie Hilfe brauchen, melden Sie sich. Dafür bin ich hier«, bot die Professorin sich an, bevor wir aufstanden und uns

bedankten.
»Viel Erfolg!«
Wir gingen in Richtung Tür. »Noch eine Sache, Frau Seon.«
Ahri blieb abrupt stehen. Als hätte sie es erwartet. Ich hoffte, die Professorin wählte ihre Worte gut. »Es ist schön, Sie noch immer tanzen zu sehen.«
»Ich danke Ihnen, Professorin Hwang«, antwortete Ahri und verbeugte sich.
»Trauer bringt manchmal die schönsten Formen hervor, vergessen Sie das nicht.«
»Werde ich nicht.«
Wir verließen das Büro und traten in den Eingangsbereich des Studios. Zusammen atmeten wir laut ein und lächelten beim Ausatmen.
»Was hat sie alles erzählt?«, fragte Ahri und zog an meinem Arm, um von der Tür wegzukommen. Nicht, dass Hwang uns hörte.
»Frag bitte etwas anderes. Ich war nicht wirklich anwesend.«
»Dass wir nicht die Besten sind, habe ich allerdings klar mitbekommen«, kommentierte sie und ich fuhr mir mit beiden Händen durch die Haare.
»Ja, ab da hatte sie mich auch.«
»Fährst du dir durch die Haare, wenn du nervös bist?«
Ich liebte ihre Fragen. Willkürlich. Einfach da.
»Anscheinend«, murmelte ich und trat näher an sie heran. Musste lächeln. Immer und immer lächeln, wenn sie da war. Es fühlte sich gut an, jemanden zu mögen. Jeden Tag ein bisschen mehr. Und mehr, immer mehr.
»Was denkst du?«, fragte sie. Fühlte sie sich so, wenn ich ihr diese Frage stellte? So leer und voll zur selben Zeit?
»Ich habe keine Worte, Ahri.«
»Wir Menschen haben immer Worte.«
»Sie wären nicht wirklich schön«, erwiderte ich leise.
»Müssen sie nicht sein.«
Okay. Wenn sie unbedingt wollte.

»Ich denke, wie schön es ist, jemanden zu haben, den man jeden Tag ein bisschen mehr mag.«

Ihre Augen wurden groß und das Braun mischte sich mit dem Dunkel meines Blickes. Farbverlauf von Braun und Braun. »Hast du so jemanden?«, fragte sie und ich wollte noch nähertreten. Langsam nickte ich.

»Ich denke, die Antwort lautet ja.«

Sie biss sich auf die Lippe. Ein Kribbeln ging durch meinen Bauch. Ich fand es süß. Irgendjemand schüttete ein paar Süßigkeiten in mein Herz. Die Erinnerungen an vorhin holten mich ein.

»Was ist mit dir?«

Sie strich sich eine Haarsträhne hinters Ohr.

»Was ich denke?«

»Ja.«

»Ich weiß nicht, was gerade passiert.« Sie schob ihre Hände in die Bauchtasche ihres Sweaters. »Das denke ich.«

Ich rieb mir den Nacken und sah sie dann wieder an. »Ich weiß es auch nicht. Das ist okay, oder?«

»Ich glaub schon.«

»Nicht zu viel darüber nachdenken«, sagte ich und sie schnaubte leicht. Dann tippte sie mit dem rechten Schuh gegen meinen linken. »Ich denke immer viel, Taemin.«

»Ich weiß, lass es mich trotzdem sagen.«

Von unten erklangen die Stimmen unserer Kommilitonen und unsere kleine Blase zerplatzte, holte uns in die Realität zurück und erinnerte uns an das Grau der Wände, die Geräusche aus den Sälen, die Unterrichtsatmosphäre. Stunde eins überstanden. Ich hatte sie vollends verpasst. Trotzdem überstanden. Ahri ging in Richtung Treppen, ich folgte ihr.

»Ich ziehe mich um«, sagte sie, als wir unten angekommen waren.

»Ich warte draußen auf dich.«

Sie drehte sich um und ich ging aus dem Studio, atmete frische Luft. Oktober und Sonne. Leben und Wind.

Ich rieb mir mit der Hand über mein Herz.

Wie viel kann dieses kleine Ding in unserer Brust eigentlich fühlen?

Kapitel 35

Ich glaube, ich bin es, Sun

Ahri

Ich stolperte in die Umkleide und zu meinem Spind, setzte mich auf die Bank und versuchte Luft zu bekommen.

»Alles okay?«

Ich presste mir die Hand auf den Mund, um nicht zu schreien. Als ich hochblickte, saßen auf der zweiten Bank dieser Reihe Xeonjun und Lua.

Noch immer fassungslos nahm ich die Hand vom Mund. »Was machst du hier in der Damenumkleide?«

Xeonjun hob entwaffnend die Hände. »Ich sehe nach der einzigen Freundin, die ich im Moment habe.« Er wedelte mit der Hand in meine Richtung.

»Sag so was nicht.«

»Soll ich lügen?«

Ich beließ es dabei. Vielleicht war ich tatsächlich die einzige Freundin, die er momentan hatte. Taemin und Hyun waren immerhin männlich und zählten demnach nicht.

»Mir geht's gut«, seufzte ich und schloss die Augen. Sonst sahen sie vielleicht meine Gefühle in ihnen schimmern. Ich hörte, wie jemand aufstand.

»Habt ihr euch geküsst?«

»Xeonjun!« Ich riss die Augen auf. Er kicherte und wackelte mit den Brauen.

»Das war eigentlich nicht ernst gemeint. Aber schön zu wissen, dass es wahr ist.« Er drehte sich zu Lua um. »Wir haben beide die Wette verloren.«

»Welche Wette?«

Die zwei winkten ab und ich verstand die Welt zwischen meinen pulsierenden Gefühlen nicht mehr.

»Geht es dir wirklich gut?« hakte Xeonjun noch einmal nach und ich nickte nur, schloss wieder die Augen. »Ich brauche einen Schwur!«

Also hob ich zwei Finger und kreuzte sie. Er faltete meine Hände wieder auseinander und schlug mit der flachen ein.

»Ruf mich an, wenn du reden willst.«

»Und du mich, Xeonjun.«

»Danke, Ahri.« Er lächelte. Und ich zurück.

»Jetzt geh schon, wir wollen uns umziehen!«

»Alles klar, Ladys. Und du musst mir dringend von deinem ersten Kuss erzählen, Schneewittchen. Jetzt fängt das Leben nach deinem Glassarg an!«

»Woher weißt du, dass es mein erster war?«, rief ich ihm nach. Er ging, mit leichten Schritten und den Fingern überkreuzt, als Zeichen unseres Schwurs.

»Hab geraten. Danke für die Bestätigung.« Dann war er weg.

»Oh, wow«. Choi Lua lachte. Sie war ebenfalls aufgestanden und kramte in ihrer Sporttasche.

»Wie lange war er schon da?«

Sie zuckte mit den Schultern. Ich mochte sie, weil ich diese Geste mochte. Manchmal zählten die kleinen, unwichtigen Dinge.

»Er wollte nicht gehen, bis er nicht wusste, wie es dir geht.«

»Was ist mit ihm passiert? Er war doch sonst nie so«, sagte ich viel mehr zu mir selbst. Lua entschied sich, trotzdem zu antworten.

»Er wirkte die letzten Wochen ziemlich traurig.«

Ich konnte mir einen traurigen Xeonjun nicht wirklich vorstellen. Auch wenn ich heute einen minimalen Teil davon zu sehen bekommen hatte. Ich zog mich um und stopfte meine Sportkleidung in die Tasche. Lua schulterte ihren Rucksack und ging an mir vorbei in Richtung Tür. Plötzlich drehte sie sich wieder um. »Danke.«

»Oh. Für was denn?«

Sie verzog das Gesicht und spielte mit dem Knopf ihrer Jacke. »Dass ich heute nicht allein in der Umkleide war.«

»Das kann ich nur zurückgeben, Choi Lua.«

Während sie den Kopf schief legte, kehrte das Lächeln auf ihr Gesicht zurück. Sie hatte Grübchen. »Lua. Lua reicht.« Sie winkte und drehte sich um, dann war sie draußen und ich hatte nicht einmal die Chance gehabt, ihr zu antworten.

Ahri. Das Seon kann weg.

Bei nächster Gelegenheit würde ich es ihr sagen, denn ich mochte sie. Weil sie mir ein Lächeln schenkte und nicht gesagt hatte, dass es ihr leidtäte, was mir passiert war. Sie hatte mir einen guten Tag gewünscht und mir ihren Vornamen angeboten. Ich schätzte das sehr. Ich würde ab jetzt immer die erste Umkleide wählen, vielleicht würde ich ihr das nächste Mal meinen Vornamen und ein Lächeln schenken können.

»Wenn du jetzt einfach wegkönntest«, fragte Taemin und musterte mich interessiert von der Seite. »Wo würdest du hinwollen?«

Ich kickte einen kleinen Kieselstein vor mir her, bis er sich am Wegesrand verlor und ich eine Antwort gebastelt hatte. Mein Kopf fühlte sich an wie eine Werkstatt, wenn ich mit Taemin sprach.

»Nach Ulsan.« Ich betrachtete seine Wangenknochen, seinen geöffneten Mund. Seine Augen, die sich auf den Weg vor uns richteten. »Ans Meer.«

Wir schlenderten auf dem Campus umher und vertrieben uns

die Freistunde mit simplen Gesprächen, Gedankenschnipseln und ein bisschen Wärme für die Seele. Der Himmel war aufgebrochen, kein grau mehr, ein wenig blau und weiße Wolken.

»Warst du schon mal dort?«, fragte ich ihn und fand einen neuen Stein, den ich im Gehen anstupste.

»Sollte ich denn?«

Ich nickte eifrig. »Unbedingt. Das Meer glitzert unter der Sonne und die Luft ist dort ganz anders«, sagte ich und er lächelte. Ich hätte am liebsten gefragt, was ihn glücklich machte, aber ich hob mir die Frage für später auf.

»Wie ist die Luft denn in Ulsan?« Er hob die Augenbrauen und sah mich schräg an. Ich sah schräg zurück. Es fühlte sich in Ordnung mit ihm an.

»Sie ist freier. Na ja, du fühlst dich dort freier.« Ich umfasste mit beiden Händen die Riemen meines Rucksacks. Wenn ich etwas sehr vermisste, dann sprach ich viel und gern darüber. Und wollte es jeden wissen lassen. Ich musste augenblicklich an meine Schwester denken. Über sie sprach ich nicht gern. Ich verdrängte sie. Wann immer ich konnte, dachte ich an anderes, obwohl ich sie am meisten auf der Welt vermisste.

»Klingt nach einem Ort, der mir gefallen könnte«, erwiderte er und drehte sich zu mir.

»Du würdest es dort lieben«, sagte ich, weil ich nach Gefühl sprach. Manchmal eine gute Eigenschaft, manchmal nicht. Taemin stieß mich leicht mit der Schulter an und zog den rechten Mundwinkel zur Seite.

»Städte und Orte laufen nicht davon, Ahri«, sagte er und ich liebte seine Worte. »Irgendwann wirst du wieder dort sein. Am Meer.«

Ich blieb kurz stehen und sah ihn einfach an. Den Mann, der seit Wochen irgendwie immer bei mir war.

Du oder ich zuerst? Ich glaube, ich bin es, Sun. Ich wünsche mir jeden Tag, du hättest dich auch verlieben können.

»Ich hoffe es. Und solange habe ich einfach Fernweh«, antwortete ich. Wir gingen weiter. Am Wegesrand lagen bunte Blätter, die

Bäume waren kahl. Dafür lag das Bunt am Boden.
»Weißt du, was ich mich frage?« Seine Stimme war schön.
»Was denn?«
»Wieso heißt es Fernweh?«
»Na, weil man die Welt vermisst.«
»Das hört sich für mich eher schön an. So als heile es und verletze uns nicht.« Er zog die Brauen zusammen. Ich dachte über seine Worte nach, dann schüttelte ich den Kopf und lachte unbeholfen.
»Dieser Gedanke war komisch«, meinte er und ich ging so nah bei ihm, dass meine Schultern seinen Arm berührten.
»Weißt du was?«, fragte ich.
»Nein, was denn?«
»Ich mache ein neues Wort daraus. Was hältst du von Weltträumen?«
»Das klingt ziemlich perfekt.«
Wieder blieben wir stehen. Im Schatten eines Baumes, die Gesichter einander zugewandt. Ein bisschen nah, gegenüber, beieinander. Ganz leicht umfasste er mein Handgelenk und streichelte mit dem Daumen über meinen Puls.
»Weißt du was, Ahri?«
»Was?«, hauchte ich und er hob die freie Hand. Vorsichtig zog er ein Blatt aus meinen Haaren. Der Wind musste es dorthin getragen haben, ich hatte es nicht bemerkt. Taemin drehte es zwischen seinen schlanken Fingern hin und her, das Rotgelb verschwamm vor unseren Augen.
»Ich denke, der Herbst und ich haben etwas gemeinsam«, sagte er und seine Stimme war leise, rau, verlegen. Er fuhr sich durch die Haare. Ich mochte ihn ein bisschen mehr deswegen. Die Glühwürmchen feierten eine Party, ich konnte den Blick nicht abwenden.
»Ja, was denn?«, fragte ich. Er lächelte mir entgegen. Sein Blick lächelte, das Dunkel seiner Iriden wurde in meiner Erinnerung hell. »Wir beide mögen dich.« Taemin ließ das Blatt fallen, es segelte langsam zu Boden. Ich glaubte, mein Herz raste. Mein

Kopf war leer.

»In Filmen wissen sie immer genau, was sie sagen sollen.« Meine Stimme klang hilflos. Oder außer Atem. Ich vergaß, Luft zu holen. Er lachte leise und beugte sich ein Stück nach vorne.

»Da gibt es ein Drehbuch, Ahri.« Sein Atem tanzte über meine Unterlippe und ich lehnte mich ihm entgegen.

»Ich will auch etwas Perfektes sagen«, murmelte ich und blickte ihn aus großen Augen an, kramte in mir nach einem Satz, den ich antworten konnte. Der perfekt passte.

»Ich mag unseren freien Film. So ganz ohne Drehbuch«, meinte er, noch immer sehr nah bei mir.

»Du hast ja auch die perfekten Worte parat«, sagte ich scherzend und schob meine Unterlippe vor. Er rieb sich mit der Hand über den Nacken und schüttelte den Kopf.

»Sieh mich nicht so an«, nuschelte er. Ich verstand es trotzdem.

»Wie denn?«

Und dann drehte er seinen Kopf wieder zu mir und imitierte mich. Zog die Brauen zusammen, schob die Unterlippe vor, seine Augen wurden schmal und ich wollte ihn umarmen.

»So habe ich nicht geschaut!«

Er nickte, sein Blick wurde noch süßer.

»Taemin!«, rief ich und boxte leicht gegen seine Schulter. Er nahm meine Hand und lief weiter den Weg entlang in Richtung *Oblivion*.

»Was macht dich glücklich, Taemin?«

Er ging schief und schob mich damit ein wenig nach rechts, ich ging mehr links. Unsere Richtung geriet ins Wanken, Slalom, irgendwas Ungerades.

»Willst du eine perfekte Antwort oder wirre Gedanken?«

»Wäre beides ehrlich?«

Er nickte, ich sah es im Augenwinkel.

»Bekomme ich beide Antworten?«

Wieder nickte er und spielte mit dem silbernen Ring an seinem Ohrläppchen. »Bunte Himmel. Der Tag, helle Momente. Irgendwie alles, was mit Licht zu tun hat. Das Tanzen oder wenn andere

Menschen lachen ...« Beinahe waren wir beim Café angekommen und wir verlangsamten unsere Schritte. »Die perfekte Antwort wäre: *Du* machst mich glücklich. Und Oktobersonne im Herzen.«
»Danke, Taemin.«
»Du musst dich nicht bedanken.«
»Mache ich trotzdem.«
Er schüttelte amüsiert den Kopf und trat auf den Eingangsbereich des Cafés zu. »Wir wären einer von diesen romantischen Filmen«, stellte er fest und machte eine Geste, dass ich vor ihm gehen sollte.
»Ich mag romantische Filme sowieso am liebsten«, erklärte ich.
»Dann weiter im Drehbuch«, sagte er und trat hinter mir ein. Mein Herz war weit und offen. Süß, warm, ein bisschen salzig, Kaffee, zu viel Gutes für Mund und Bauch. Ich liebte Cafés. Man konnte sich in ihnen verlieren. Ich roch das Essen, fühlte die Atmosphäre, wusste, wie sehr auch sie es hier geliebt hatte. Gott, warum war es so verdammt schwer? War es denn zu viel verlangt, einfach zu leben? Zu denken? Nicht immer erinnert zu werden? Der Tag war so gut gewesen, so unbeschwert. Ich hatte es verdrängen können. Aber jetzt stand ich hier und ich stellte mir vor, wie sie an einem der Tische saß, hörte sie lachen und vom Leben erzählen. Ich war schwach. In diesem Moment war ich schwach. Drehte mich augenblicklich um, wollte raus, einfach raus. Ich stieß gegen seine Brust, vorsichtig umfasste er meine Hände.
»Erinnerungen?«
Ich nickte wild, meine Augen brannten.
Nein. Nein. Nein. Bitte nicht weinen.
Er hielt noch immer meine Handgelenke, vorsichtig zog er mich mit sich.
»Ist okay, Ahri. Wir gehen wieder. Wir gehen.«
Es war so gut gewesen. Und dann hatte ich mich erinnert. Kraftlos war ich. So kraftlos im Herzen.

Kapitel 36

Jeden Tag einen ehrlichen Gedanken von mir

Taemin

In ihrem Blick stand Panik. Vermutlich auch in ihrem Kopf, ganz sicher auch in ihrem Herzen. Ich zog sie sanft aus dem Café und blieb nicht stehen, bis wir zu einer Baumgruppe gelangten. Ich setzte Ahri auf die Bank, die dort zwischen zwei Robinien stand, gelb blühten sie durch den Herbst. Ahri klammerte ihre Hände an die Bank und hielt den Kopf gesenkt. Ich war froh, dass in diesem Moment keine Studierenden auf diesem Weg liefen, wir waren allein und die Blicke der anderen würden uns nicht misstrauisch durchbohren.

Irgendwas im *Oblivion* hatte sie an Sun-Nyu erinnert und Erinnerungen waren in der Trauerphase ihre stärksten Feinde, ich sah es ihr an. Ich ging in die Hocke und stellte meine Tasche zu Ahris auf den Boden. Unsere Hände berührten sich und ich strich mit dem Daumen über ihre weiche Haut. Jemanden zu beruhigen war in der Vorstellung immer so viel leichter als in der Realität. Es tat weh, sie so verletzt zu sehen. Ich strich noch immer über ihren Handrücken. Wollte niemals damit aufhören.

»Tief Luftholen«, sagte ich irgendwann. Gemeinsam atmeten wir ein und aus, damit sie nicht allein war. Ganz langsam, nach und nach. Ihr Atem beruhigte sich etwas, sie starrte noch immer nach unten. Der Himmel würde ihr Hoffnung schenken. Die Steine auf dem Boden erinnerten uns nur daran, wie viele Brocken in unseren Leben lagen.

»Ich will weg«, flüsterte sie. Ich wusste, sie meinte nicht einfach nur weg von diesem Gelände. Raus aus der Stadt. Sie wollte woanders, ganz woanders hinreisen und neu Luft holen. Aber ich tat, als verstünde ich es nicht, denn ich konnte sie nicht gehen lassen. Wohin hätte ich sie denn gehen lassen sollen?

»Ich kann dich nach Hause bringen«, sagte ich und senkte den Kopf, um ihr ins Gesicht schauen zu können. Ich wollte ihr Braun sehen. Meine neue Lieblingsfarbe. Ihre Augen. Wollte Ahris Blick spüren, auch wenn er traurig war – gerade deshalb.

Irgendwann nickte sie geschlagen und ließ die Schultern herabfallen, ich stand vorsichtig auf und wollte meine Hand von ihrer nehmen. Ahri hielt sie fest. Sie hielt sich an mir fest und das war in diesem Moment mehr wert als zehn, dreiundvierzig, tausend Worte.

»Du musst nicht mitgehen.« Sie hielt sich weiter an mir fest. Ihre Worte passten nicht zu ihrer Körpersprache. Dann, endlich, endlich, endlich hob sie den Kopf.

Müde war ihr Blick. Erschöpft.

»Was, wenn ich es will?«

Sie blinzelte. Ich mochte diese Reaktion.

»Dann bin ich nicht allein«, murmelte sie und ich drückte ihre Hand. Sie drückte zurück. Ich hob unsere Rucksäcke mit der linken Hand auf, schulterte meinen eigenen und hängte den ihren an meinen Unterarm. Sie protestierte, ich versicherte ihr, es wäre in Ordnung. Wir gingen los und verließen den Campus, während die dritte Stunde begann. Ahris Mut war für heute aufgebraucht. Und ich hatte die erste Stunde schon verpasst, eine zweite war jetzt auch egal. Hauptsache, ich konnte helfen. Ihr helfen. *Uns.* Das erste Mal seit Wochen formte sich dieses Wort in meinem Kopf, ohne auf meine Widersprüche zu stoßen. Eine kleine Flamme Hoffnung brannte auf, flackerte, hielt dem Wind in

meinem Inneren stand. *Uns. Wir. Vielleicht.*
Ganz vielleicht würde es doch ein Uns geben.
Wir saßen auf der klebrigen Bank der Haltestelle und warteten auf den nächsten Bus. Fünf Minuten und zehn Sekunden. Vielleicht sechseinhalb, wenn er Verspätung hatte. Sie hielt noch immer meine Hand, ich ihre. Verschränkt lagen sie auf meinem Oberschenkel, ihr Kopf an meiner Schulter.

»Was macht dich glücklich, Ahri?«, fragte ich nach einiger Zeit und holte sie damit aus ihren eigenen Gedanken in die Realität zurück. Sie schien zu überlegen.

»Wenn ich einen neuen Song finde und ihn in Dauerschleife höre. So lange, bis ich ihn nicht mehr hören kann«, antwortete sie etwas verzögert. Ihre Stimme klang noch dünn. Sie hob den Kopf von meiner Schulter, ihren Blick auf die belebte Straße gerichtet. »Und dann höre ich ihn noch einmal.«

Ich lachte tonlos und tippte ihre Finger ab. Alle nacheinander berührte ich sie. Ahri merkte es nicht. Oder doch? Es war okay für sie. Und für mich. Es fühlte sich schön an, wenn es einfach so geschah.

»Musik bedeutet dir viel, hast du damals gesagt, oder?« Ich fürchtete, es falsch im Gedächtnis haben. Sie nickte.

»Musik bedeutet mir alles. Was wären wir nur ohne unsere Lieblingslieder?«, fragte sie und ich erwiderte ihren Blick. Eine Sekunde. Drei Sekunden. Konnten wir einander immer so ansehen? Das wäre, wie einen Song zu hören, den man ins Herz geschlossen hatte.

»Wir wären ziemlich still.«

»Ja. Zu still, Taemin. Die Welt wäre zu still.«

Wir sahen zusammen den Autos hinterher, den Motorrädern, allen Menschen, die sich auf den Straßen einen Weg suchten.

»Was ist dein Lieblingslied?« Sie lehnte ihren Kopf wieder gegen meine Schulter. Noch immer traurig, erschrocken. Was konnte ich ihr nur geben, dass es ihr besser ging?

Rede einfach mit ihr. Lenk sie ab. Sei da.

»Ich kann doch nicht nur eines nennen«, protestierte ich. »Da waren bestimmt gerade zwanzig Lieder in meinem Kopf.«

Sie sah auf unsere Hände. Etwas kribbelte in mir. »Eines von den zwanzig. Egal, welches«, beharrte sie, ich dachte nach.

»*Wayo*«, gab ich ihr schließlich die Antwort. »*Wayo* von *Yedam*.«

»Das kenne ich gar nicht«, murmelte sie und ich griff mir mit der freien Hand an mein Herz.

»Ich glaube, das könnte ein Lieblingslied von dir werden«, sagte ich ihr und sie versprach, es sich später anzuhören. Wenn es still war und sie nicht still sein wollte.

»Und die anderen neunzehn?«

»Die bekommst du wann anders.«

Sie hob leicht den Kopf an, ließ ihn aber augenblicklich wieder gegen meinen Arm sinken.

»Jeden Tag ein Lied?«, schlug sie leise vor und ich lächelte. Jeden Tag. Neunzehn Tage blieben mir, um ein *Lang genug* aus uns zu machen. Oder ein *Unendlich*.

»Gut, jeden Tag ein Lied für dich.« Kurz wartete ich. Dann: »Was bekomme ich im Gegenzug?«

Ahri überlegte kaum, so als hätte sie die Antwort schon lange parat gehabt. »Jeden Tag einen ehrlichen Gedanken von mir. Du fragst doch gern, was ich denke«, fügte sie hinzu. Dass es ihr aufgefallen war, dass Ahri wusste, was mir wichtig war, fühlte sich gut an. Womöglich ging es nicht nur mir so, womöglich dachte sie auch über mich nach.

Dann sahen wir wieder ins Leben und warteten. Der Bus hatte Verspätung, also saßen wir weiterhin dort. Bis sie anfing zu erzählen. Leise, so leise, aber so nah waren wir uns, ich verstand jedes Wort. Ich glaubte, an diesem Vormittag im Oktober schlich sie sich in mein Herz. Nicht nur ihre Stimme, ihr Aussehen, ihr Lachen. Ihre Traurigkeit, ihre Sehnsucht, ihre Träume. Ihre Hand wurde ein bisschen feucht in meiner, sie sprach von ihrer Nervosität, unsere Herzen schlugen schnell.

»Die Menschen haben mich manchmal gefragt, ob ich die Gedanken meiner Drillingsgeschwister lesen könne. Oder ob Sun und ich seelisch verbunden seien, weil wir doch eineiig sind.« Sie lachte, es klang hohl. Dieser Ort passte nicht zu Ahris Worten. Ranzige Haltestelle, mieser Geruch, klebrige Bank, lauter Verkehr. Er passte nicht und war doch genau richtig. Den perfekten Ort für eine Geschichte gab es nicht, solange jemand deiner Erzählung zuhörte, war es ohnehin das Kostbarste.

»Ich habe immer Nein gesagt, Taemin. Ich habe den Kopf geschüttelt und gesagt, dass so was nicht möglich ist.« Sie hielt inne. Ich ließ ihr die Zeit. »Ich glaube, manchmal waren Sun-Nyus Gedanken doch meine. Und andersherum. Irgendwie«, flüsterte sie fast erstickt und es tat mir weh für sie. »Wir waren unzertrennlich. Früher. Auch vor Wochen noch, sie war meine zweite Seele. Sun war der Platz für meine übrigen Gedanken, sie war mein Mut und meine Motivation.« Sie holte tief Luft, ich wollte etwas sagen. Wusste nicht was. Also ließ ich es und hörte einfach zu. »So viel erinnert an sie. Momente, Gegenstände, Gefühle.« Ahri hob den Kopf, ihre Augen waren glasig. Ich mochte auch das schimmernde Braun. Das Gefühl, ihr mehr geben zu wollen als nur diesen Blick, wurde stärker. »Das Leben erinnert mich an meine Schwester, Taemin. Einfach das ganze Leben und das macht es mir so verdammt schwer, wieder richtig anzufangen.«

Ich nahm meine Hand aus ihrer und strich über den Wangenknochen, formte Wort um Wort in meinem Kopf und sprach sie dann laut aus. »Vielleicht musst du anfangen dich selbst zu finden. Zu verstehen, was du liebst, was du nicht gut findest. All diese Dinge. Ob klein oder groß.«

Sie nickte langsam, als würde es einen Sinn ergeben, was ich gesagt hatte. »Ich weiß gar nicht, was ich ohne meine Schwester liebe. Oder wohin ich ohne sie reisen würde. Ich weiß einfach nicht, wer ich allein bin«, gestand sie mir und ich war ihr unendlich dankbar. Heute, morgen, immer dankbar.

»Dann finden wir das heraus. Das Leben ist nicht so kurz wie alle immer sagen. Wir haben Zeit, dich kennenzulernen.« Ich wollte ihr Mut werden. Sie hatte ihre Schwester verloren, wer war jetzt ihr Mut? Ich hatte Linya. Hatte an anderen Tagen Chiron.

Ich wollte dieser Jemand für Ahri sein. Ich hoffte, sie würde das zulassen. Irgendwann nickte sie und ich fragte mich, wann der Bus kam. Oder ob wir uns auf dem Plan verlesen hatten.

»Dann will ich auch herausfinden, wer du bist. Welche Serien du schaust und warum du den Sonnenuntergang lieber magst als den Aufgang.«

Ich lächelte und sie lächelte zurück. Wenn auch schwach, es war da. Ich lehnte mich zu ihr und flüsterte: »Klingt nach einem Plan.«

Dann fing ich an, den Plan Wirklichkeit werden zu lassen. »Du liegst knapp daneben. Ich mag den Sonnenaufgang mehr als den Untergang. Auch wenn die Farben bei Letzterem schöner sind.«

Sie schüttelte sofort den Kopf. »Nein, nicht immer! Sonnenaufgänge sind wunderschön, du musst nur den richtigen Moment erwischen.«

»Dann habe ich den wohl noch nie gesehen. Den richtigen Moment.«

»Wir können ihn uns zusammen anschauen. Irgendwann. Warum magst du ihn lieber?«

»Weil es dann wieder viele Stunden gibt, bevor die Nacht anfängt.«

»Ist das eine Geschichte für ein anderes Mal?«

Ich hatte Angst. Wollte aber, dass sie es wusste, dass sie die Erste war, der ich es erzählte. »Es ist nicht wirklich eine Geschichte«, sagte ich ausweichend. »Eher ein kleines Detail aus meinem kleinen Leben.«

»Ist mir egal, wie groß oder klein.« Sie setzte sich aufrecht hin und drehte sich zu mir. »Wenn ich dich kennenlernen will, dann alles.« Ihre Stimme hörte sich stärker an, wie ging es ihrem Herzen jetzt?

Ich erwiderte ihren Blick. Braun gegen Braun.

»Ich habe Angst vor der Dunkelheit.« Und vor ihrer Reaktion.

»Rufst du mich das nächste Mal an? Wenn es dunkel ist?«

»Ich ... was?« Ihre Antwort verwirrte mich kurz, dann ließ die Anspannung nach, weil sie mich für meine Angst nicht verurteilte. Und es bedeutete mir mehr, als ich in Worte fassen konnte.

»Dann erzähl ich dir einfach von bunten Wolken und vielleicht sind die Nacht und das Dunkel nicht mehr ganz so eindringlich.«

Mein Herz hatte sich bereits entschieden. Manchmal brauchte mein Kopf noch einige Zeit, um das zu verstehen.

»Ich habe vor Rolltreppen Angst«, sagte sie.

»Oh, woher kommt das?«

Sie zuckte mit der rechten Schulter. »Keine Ahnung. Bin beim Absteigen mal gestolpert und jetzt hasse ich diese Dinger. Was daran ist sicher?«

Ich betrachtete Ahri ein paar Sekunden lang, ihre rosa Wangen, die zierlichen Lippen. Die ich noch an meinen prickeln spürte. Wollte sie für immer küssen und für immer Angstgedanken mit ihr teilen.

»Ich nehme bei der nächsten Rolltreppe deine Hand. Ruf mich auch an.«

Drehbuchsätze und nervös gestellte Fragen. Ahri und ich. Ich fühlte mich so richtig in diesen Momenten.

»Woher kommt deine Angst? Weißt du es?«

Ich schluckte. Die Wahrheit. Die Wahrheit war schwer, aber wichtig.

»Meine Schwester ... Linya.« Ich brach ab und sah auf die Autos. Konnte Ahri nicht in die Augen sehen, ich wollte kein Mitleid darin finden. »Du weißt ja, dass Linya einen Herzfehler hat. Ihr Herz schlägt ziemlich langsam, manchmal setzt es kurz aus.«

Ahri hörte zu. Gab mir ein sicheres Gefühl, es ihr zu erzählen.

»Dieses Aussetzen und Stolpern passiert oft nachts. Wenn sie schläft. Und dann musste Mam mit ihr ins Krankenhaus fahren und ich bin mit Dad zu Hause geblieben.« Ich lachte bitter auf. »Ich weiß nicht, ob du dich erinnern kannst, ich habe von ihm erzählt. Wie er immer wütend wird und mich kontrollieren wollte. So war es auch nachts. Dann, wenn Linyas Herz beinahe stehen blieb und ich allein mit ihm im dunklen Haus war.« Meine verdammten Augen brannten. Sie suchte meinen Blick. Eine graue Bushaltestelle. Dreck, Müll neben uns, hellgrauer Himmel. Alles andere als ein schöner Ort und ich erzählte ihr von meinen Ängsten.

»Ihr Herz schlägt noch, Taemin. Und du wohnst nicht mehr dort. Konzentriere dich darauf.«

Wir trösteten uns gegenseitig, taten es noch lange nach diesem Tag. »Unsere Herzen schlagen alle. Auch im Dunklen. Unter bunten Himmeln. In schwierigen Momenten. Sie schlagen.« Ihre Worte trafen mich, unvorbereitet, ehrlich. Das Brennen in meinen Augen hörte nicht auf und ich wusste nicht, wann ich das letzte Mal vor einem anderen Menschen geweint hatte.

»Du darfst weinen, Taemin«, flüsterte sie mir zu. Wie ich ihr damals.

Ich wischte mir über die Augen und fing die Tränen auf, die sich einen Weg über mein Gesicht bahnen wollten.

»Tut mir leid«, murmelte ich unsicher.

»Das sollte es nicht.«

»Okay. Tut mir nicht leid.«

»Du musst noch viele Tränen bei mir vergießen, um meine auszugleichen«, sagte sie und ich zog die Nase hoch. Meine Brust flatterte und tat weh. So als wäre es ein guter Tag nach schmerzenden Erinnerungen.

»Danke, dass du mir von dir erzählt hast.«

»Du wolltest mich kennenlernen. Ganz oder gar nicht, oder?«

»Ganz«, murmelte sie, obwohl ich nicht auf eine Antwort aus gewesen war. Und dieses eine Wort stellte mehr mit mir an, als es sollte. Ich kam ihr näher, immer weiter in ihre Richtung, kam ihr so nah. Leuchtendes Braun, schimmernder Blick, große Augen und stolpernde Herzen. Lärm, schnelle Autos und wirbelnde Welt.

»Der richtige Moment oder einfach ein Herzgefühl?«

Sie blinzelte, legte ihre Hände auf meine Brust und ich vergaß, wie man atmete. Dann zuckte sie mit den Schultern und die Süßigkeitenpackungen in meinem Herzen explodierten, alles fiel heraus, quoll über.

»Ich lebe für richtige Momente«, flüsterte sie und ich biss mir auf die Lippe. Ich sollte aufhören ein Gentleman zu sein und sie noch mal küssen. Hier. Jetzt. An dieser Bushaltestelle, irgendwo in

Daegu, unter einem blaugrauen Himmel und weißen Wolken.
Scheiß auf richtige Momente!
»Ahri?«
»Ja?«
»Ich will ...«
»Ich lebe für richtige Momente, Taemin. Herzgefühl klingt auch ganz gut. Außerdem ...«
Ich küsste sie.
Vorsichtig legte ich meine Hände um ihr Gesicht und meine Lippen fanden die ihren. Weich auf weich. Druck gegen Druck. Atem mit Atem. Ich schloss die Augen, die Welt bestand nur noch aus Gefühlen und mein Herz tanzte. Als sie den Kuss erwiderte, wusste ich nicht mehr, wer ich war. Ich fuhr mit der Zunge über ihre Unterlippe und Ahri kam mir entgegen, unsere Zungen tanzten miteinander, ich konnte nicht aufhören, sie zu schmecken. Ich drängte mich näher zu ihr und sie klammerte die Hände an meinem Mantel fest, zwischen uns war kein Platz mehr, nur wir und ein unendlicher Kuss, der niemals hätte enden sollen. Trotzdem wich ich zurück. Atmete. Legte die Stirn an ihre, meine Hände an ihren Wangen, die rosa waren und rot wurden. Zusammen atmeten wir aus.

»Ahri, es fühlt sich gar nicht an wie Schmetterlinge im Bauch.« Ich knabberte an ihrer Unterlippe und ein kleines Lächeln erschien an ihren Mundwinkeln. »Fühlt sich an wie Süßigkeiten im Bauch, die explodieren.«

»Ich mag deine wirren Gedanken«, gestand sie.

»Dito, Ahri. Ich mag deine noch mehr.«

»Wir haben eine Menge wirrer Gedanken«, stellte sie fest und stieß leicht mit dem rechten Fuß gegen meinen linken.

»Ob es Menschen gibt, die nur klare Gedanken haben?«

Ahri schüttelte den Kopf, ihre Haare flogen umher und erinnerten mich an mein Herz. »Irgendwann sind wir alle mal unklar. Im Kopf, im Herzen, ich glaube, das ist okay, oder?«

»Ja, das ist es. Zumindest für uns.« Ich stand auf und zog sie von der Bank. »Was ist denn mit dem Bus los?«

Sie lief zu dem Plan an der Haltestelle, um ihn sich noch einmal anzusehen. »Keine Ahnung. Fahren wir mit der Bahn?«

Ich stimmte ihr zu, also liefen wir zur Bahnstation, auch wenn es immer so ungemütlich war zwischen all den Menschen zu stehen und nicht wirklich seine eigene Luft atmen zu können. Sie schob ihre schlanken Finger zwischen meine und sah zu mir auf, stand direkt vor mir und lehnte sich gegen meinen Körper. Die Bahn raste über die Stadt hinweg und ich fragte mich, ob Ahri sich in solchen Momenten wie eine Weltraumfahrerin fühlte.

»Bei mir sind es Glühwürmchen, Taemin«, erzählte sie. »Glühwürmchen im Herzen, die nach und nach ihre Lichter anschalten, wenn du da bist.«

Ich fuhr mit dem Aufzug von Ahris Wohnung nach unten. Als ich aus der Haustür trat, stand ich Seon Siwon gegenüber.

Ich war überrascht, ihn hier zu sehen, hatte Ahri nicht erzählt, er wäre untergetaucht? Wusste sie, dass ihr Bruder jetzt gerade vor ihrem Haus stand?

»Siwon.« Ich nickte ihm zu und vergrub die Hände in meinen Manteltaschen. Bilder tauchten in meinem Kopf aus, Erinnerungen an den Moment auf der Straße, seine zitternde Stimme, seine zerbrochene Welt.

»Taemin.« Er lächelte. Es gelang ihm nicht wirklich. Er erinnerte mich an seine Schwester. Ahri versuchte auch so oft zu lachen und doch wollte es in manchen Momenten nicht funktionieren.

»Ich habe Ahri nach Hause gebracht, es ging ihr nicht so gut«, sagte ich und hob den Blick, irgendwo dort lag die Wohnung.

»Danke.«

Sein *Danke* galt nicht nur meinem Bemühen um Ahri. Es galt auch dem Nachmittag vor sechs Wochen, das wusste ich. Heute sah er lebendiger aus, noch blass, nicht mehr zerschlagen. Die Ringe unter seinen Augen waren nicht so dunkel, seine Schultern straff.

»Kein Ding«, murmelte ich und hob die Hand. »Wir sehen uns.« Ich ging schon an ihm vorbei, als er rief: »Hey, Taemin!«

Ich drehte mich noch einmal um und er hob unbeholfen die Schultern. Lag wohl in der Familie. Er rang mit sich. Dann: »Danke, dass du für Ahri da warst.« Er nickte. Als müsste er sich selbst davon überzeugen, dass es gut war, mir das zu sagen. »Für sie da *bist*«, korrigierte er sich.

»Dank mir nicht dafür, Siwon. Ich würde das immer wieder machen.« Ich wusste seine Dankbarkeit zu schätzen, nur musste er mir dafür wirklich nicht danken. Er sagte nichts mehr.

»Weiß sie, dass du hier bist?«, fragte ich also geradeheraus. Ich musste es einfach wissen.

»Ich wohne seit ein paar Tagen bei ihr«, antwortete er und überraschte mich damit aufs Neue. Sie hatte nicht davon erzählt. Was okay war. Nur wie ging es ihr damit?

»Ich bin gerade auf Wohnungssuche.« Mit der Hand deutete er auf das Haus hinter sich. »Ich bleibe nicht für immer hier.« Siwon lachte stockend, als wüsste er nicht, warum er mir das erzählte und mein Hirn arbeitete.

Weil ich eine Mitbewohnerin brauche.

Fast hätte ich ebenfalls laut gelacht, Siwon war keine Frau. Doch er brauchte dringend eine Wohnung. Und mein bester Freund einen Mitbewohner. Vielleicht wäre es gut, wenn er nicht schon wieder ein Mädchen einziehen ließ, eine Beziehungspause würde ihm guttun.

»Ich habe eine Wohnung für dich«, sagte ich und hoffte darauf, dass Chiron heute einen guten Tag hatte.

»Ich ... was?«

»Ja, ein Freund sucht einen Mitbewohner. Er wohnt allein und hat ein freies Zimmer.« Ich zog mein Handy aus dem Rucksack, suchte Chirons Nummer und hielt Siwon das Gerät hin. »Du kannst ihn anrufen, ich sage ihm auch gleich Bescheid. Falls du Interesse hast.«

»Wo liegt die Wohnung denn?«, fragte er und ich meinte, ein

bisschen Hoffnung aus seiner Stimme zu hören.

»Eine Viertelstunde von hier. Lass es zwanzig Minuten sein«, antwortete ich und fügte hinzu: »Er ist mein Nachbar. Ich wohne direkt gegenüber. Die Gegend ist schön.«

Er schien zu überlegen, nach Worten zu suchen. »Keine Ahnung, warum du das alles tust, ich weiß das wirklich sehr zu schätzen, Taemin.« Siwon neigte den Kopf leicht vor mir und ich lächelte ihm aufmunternd entgegen.

»Glaub mir, Mann. Ich weiß es auch nicht. Soll wohl einfach so sein.«

»Ja. Vielleicht.« Er tippte Chirons Nummer in sein eigenes Handy. »Einfach Chiron?«, fragte er, weil ich ihn so eingespeichert hatte. »Lim Chiron.« Er ergänzte den Familiennamen und dankte mir noch einmal. »Vielleicht wird das ja wirklich etwas«, murmelte er viel mehr zu sich selbst als zu mir. Ich nahm mir vor, alles daran zu setzten, dass Chiron ihm das Zimmer überließ. Siwon würde neu anfangen können – was auch immer geschehen war. Ahri würde ihren eigenen Weg gehen können. Und doch wären sie nah beieinander. Wunder kamen immer dann, wenn man sie am dringendsten brauchte. So war das doch, oder nicht?

»Wir sehen uns«, wiederholte ich. Er nickte zum Gruß, dann starrte er auf sein Handy und die Nummer.

Ich hatte ihm eine kleine Möglichkeit für einen ersten Zukunftsschritt gegeben. Das musste sich anfühlen wie Luftholen, nachdem man sie zu lange angehalten hat. Ich drehte mich um und ging den Weg hinab, die Straße entlang, weg von Ahri und ihrem Bruder und meinem inneren Versprechen, ihnen zu helfen.

Ich: Mitbewohner gefunden. Er meldet sich bei dir.

Chiron: Mitbewohner? Ich hoffe für dich, du hast dich verschrieben.

Ich: Sorry, nein. Eine Mädchenpause wird dir guttun.

Chiron: Fuck.

Ich: Er braucht die Wohnung wirklich. Und du einen Mitbewohner. Win-win-Situation.

Chiron: Ich hasse dich, Taemin.

Ich: Gut. Ich dich nämlich auch. Viel Glück bei dem Bewerbungsgespräch!

Chiron: Was für ein Bewerbungsgespräch? Sehe ich aus, als würde ich solche Gespräche führen? Spoiler: Rhetorische Frage.

Ich lief auf eine Bushaltestelle zu und lachte über seine Antwort.

Die Wohnungstür fiel hinter mir ins Schloss und ich lehnte mich mit dem Rücken gegen das Holz. Atmete tief ein und aus. Ich berührte mit meinen Fingern meine Lippen und ich lächelte kurz, bevor ich mir die Schuhe von den Füßen trat und sie einfach im Flur liegen ließ.

Der Tag war eine Herausforderung gewesen. Dass ich ihn dennoch gemeistert hatte, zählte in diesem Moment viel. Seit dem Unfall fühlte sich dieser Tag wie ein gewonnener Preis an, auch wenn ich einen Nervenzusammenbruch gehabt hatte.

»Siwon?«, rief ich in die Wohnung und schlug mir vor Schreck die Hand vor den Mund, als Mama aus dem Wohnzimmer trat.

Sie öffnete ihre Arme. »Hi, Schätzchen.«

Ihre Umarmung fühlte sich zu schön an und ich ließ sie eine ganze Zeit nicht los, während sie über mein Haar strich. Sie roch nach Zuhause und Jeoncha-Tee.

»Warum bist du hier?«, hauchte ich, löste mich von ihr und sah sie an. Kleine Fältchen bildeten sich um ihre Augen.

Sie zuckte mit den Schultern.

»Morgen ziehe ich zu Oma Miga. Ich wollte dich und Siwon noch einmal sehen. Überraschungsbesuch, sozusagen.«

Wieder schlang ich die Arme um sie und Mama lachte. Mein schönstes Geräusch der Welt und es brannte in meinem Herzen, weil ich es nur noch so selten hörte.

Wenig später kam Siwon in die Wohnung, wir setzten uns in die Küche und backten Vanilleplätzchen – es waren Sun-Nyus Lieblingskekse gewesen. Der Nachmittag war voll mit traurigen Blicken, gefüllt mit lautem Lachen, hier und da eine Umarmung. Den Teig legten wir in kleinen Kugeln auf das Blech und vorsichtig fragte ich: »Wie sehr tut es weh, mich anzusehen?«

Mama schüttelte den Kopf und klebte mit ihren nächsten

Worten ein Pflaster auf meine Herzenswunden: »Du bist schön, meine Ahri. Du bist du und es ist ein großes Geschenk, dich ansehen zu dürfen.«

Kapitel 37

Irgendwann, aber nicht jetzt, weißt du noch?

Ahri

Im Gedenkhaus war es still, als wir am nächsten Tag an ihrem Grab standen. Für immer würde es an diesem Ort still sein, vor uns ein Regalfach für sie. Dort stand ihre goldene Urne, nur Asche war von ihr übrig. In ihrem Fach lehnten Bilder von uns Drillingen.

Drei Seelen waren dieser Welt geschenkt worden, und jetzt waren nur noch zwei davon hier.

Irgendjemand muss ja auf den Himmel aufpassen.

Fast hörte ich ihre Stimme in meinem Kopf, als wäre sie bei uns. Es gab manchmal Tage, da wünschte ich mir mehr als alles andere, noch einmal ihre Hand halten zu können. Dass sie mir etwas von ihrer Stärke gab. Wenn ich ehrlich war, wünschte ich es mir jeden Tag, nicht nur manchmal. Immer. Immer.

Siwon, Mama und ich. Wir standen hier einfach, vor dem Platz, an dem unsere Sonne ruhte. Vielleicht hielt sie nur Winterschlaf und kam irgendwann wieder zurück. Hin und wieder träumte ich davon, es waren die schönsten Träume. Nächte, in denen ich meine Schwester wieder hatte, sie lachen und sprechen hörte. Und dann wachte ich auf und hasste den Traum. Schön und unendlich schlimm zugleich.

Ich spürte eine Berührung an meiner Hand. Mama rechts von mir, Siwon links. Sein Blick lag auf der goldenen Urne, sein Kehlkopf bewegte sich immer wieder, als versuche er zu atmen, zu schlucken, womöglich alles auf einmal. Und dann war da Mama und ihre Hand hielt meine. Egal, wie viele noch hier waren, wir waren eine Familie. Ohne Sun. Auch ohne Papa. Er war nie da. Nicht einmal an dieser Kreuzung unseres Weges war er hier, aber wir waren dennoch eine Familie.

Mama, Siwon und ich. Und wir brauchten einander, damit wir durch das Leben kamen, ohne erneut zu zerbrechen. Wir verstanden am besten, was der andere durchmachte, was er fühlte und warum Erinnerungen so unendlich wehtaten. Mama zog heute zu Oma Miga, ein großer Möbelwagen war bereits auf dem Weg dorthin.

Wir hatten versprochen, sie bald zu besuchen.

Ich drehte den Kopf in ihre Richtung und nahm ein Glitzern in ihren Augen wahr. Weinen war okay. Seit Taemin es gesagt hatte, wollte ich daran festhalten. Es war okay und tat manchmal gut. Für die richtigen Momente gab es noch genug Lachen auf der Welt, wir durften uns die Zeit zum Trauern nehmen.

Mama drückte meine Hand. Ich lehnte mich noch näher zu ihr. Schulter an Schulter. Das erste Mal wirklich an Suns Grab, wie schwer sich alles in mir anfühlte. Mama ließ mich langsam los und legte eine Hand an die Scheibe der Vitrine. Mehr war da nicht. Nur ein Fach aus Glas, das ihr als Grab gestattet wurde.

»Brauchst du etwas Zeit?«, fragte Mama leise und ihre Stimme war so voll und beruhigend wie früher und immer. Damals, als sie uns Geschichten erzählt hatte, von Elfen und Prinzessinnen und von Drachen, weil Siwon sonst alles zu langweilig gefunden hatte. Ich nickte und biss mir auf die Lippe, keine Ahnung, was da sonst aus meinem Mund gekommen wäre. Mein Bruder wandte sich stumm ab, er würde später seine Zeit bekommen.

Sie ließen mich allein, gingen aus dem Raum, in dem dreißig Fächer und genauso viele Urnen ruhten, eine von ihnen war Sun, und ich kniete mich vor ihr Regal. Ich war froh, dass gerade jetzt kein anderer Mensch seinen Weg in diesen Teil der Gedenkhalle gefunden hatte. So froh, allein mit ihr zu sein. Das erste Mal nach sechs Wochen.

Mein Herz tat weh.
Meine Brust tat weh.
Mein Kopf tat weh.

Als brannte sich der Schmerz erneut durch mich, wie am ersten Tag, wie gestern Nacht, wie immer, wenn ich an sie dachte und es nicht verdrängen konnte. Ich legte meine Hand an das Glas, genau dort, wo zuvor noch Mamas Hand gelegen hatte.

»Sun?«, flüsterte ich erstickt und mein Zittern hallte durch den Raum, die hohe Decke hinauf und blieb dort irgendwo in den Schatten stecken. »Es tut mir leid. Ich habe es nicht früher geschafft.« Tränen stiegen mir in die Augen, weil ich sie spüren konnte. Es war, als wäre sie in diesem Raum, vielleicht sah sie mich und ich sie nicht. Der Tod verbarg sie vor mir und ich musste allein durch das Leben. Und dann brach alles aus mir heraus, es war mir egal, wie verloren meine Worte klangen.

Ich wollte, dass sie so viel wusste.
Ich erzählte ihr doch immer alles.

»Sun, ich brauche deine Ratschläge. In allem. Im Kochen und Backen. Scheiße, ich weiß gar nicht, was ich morgens anziehen soll. Und ich fluche. Das kommt, wenn ich verzweifelt bin. Seit sechs Wochen habe ich kein K-Drama mehr geschaut, ohne zusammenzubrechen. Weil sie mich so sehr an uns erinnern. Deine Tagebucheinträge lese ich immer, wenn ich nicht mehr weiterweiß, und dann weine ich mich in deinem Zimmer in den Schlaf. Ich tanze übermorgen mit Taemin vor einer Jury. Wir haben geübt. Jeden Tag ein bisschen. Und es funktioniert. Wir tanzen einfach und ich mag die Choreografie. Aber ich habe Angst. Weil ich immer Angst vor Neuem habe.« Die Tränen quollen über. Eine nach der anderen. Zwei zusammen, eine und noch eine rollten mir über die Wange. Ich sprach einfach weiter. Ließ den Fluss weitersprudeln, ausgesprochen war man leichter, sagten die Menschen doch immer.

»Siwon hat sich von Eun-Mi getrennt, du hast immer gesagt, sie sei seltsam. Oh, du hattest recht – wie immer. Und Siwon hat noch sein Geheimnis, vielleicht kann ich es irgendwann lüften. Es geht ihm nicht gut, trotzdem ist er hier und ich werde ihm jeden Tag sagen, dass er okay ist. Vielleicht sagt er mir irgendwann, warum er sein Lachen verloren hat und warum Medizin nicht sein Studium ist. Irgendwann, aber nicht jetzt, weißt du noch?« Ich lächelte unter Tränen und das tat mehr weh, als ich zu denken gewagt hätte. Ich erinnerte mich an all die Momente, die wir geteilt hatten, zusammen auf der Couch, in der Wohnung, in der Stadt, am Meer. Ich hatte sie eine lange Zeit gekannt, hatte ihr Leben verfolgen dürfen. So viel mehr wollte ich mit ihr erleben. Und es war schwer zu akzeptieren, dass es nicht so hatte sein sollen. So schwer.

»Du oder ich zuerst?«, hauchte ich in die Stille und schluckte mehrmals. Ich wünschte mir, dass Taemin bei mir war. Jetzt und hier. Meine Hand hielt, wieder seine perfekten Drehbuchsätze sagte und mir ein bisschen Trauer abnahm. Mich ablenkte, mir zeigte, wie schön unsere Welt war.

»Ich bin es, Sun. Ich habe mich zuerst verliebt. Und ich wünschte, du könntest ihn richtig kennenlernen. Ich wünschte, du könntest uns Tanzen sehen. Ich …« Meine Unterlippe zitterte so heftig, dass ich draufbiss. »Ich vermisse deine Umarmungen«, flüsterte ich, dann weinte ich hemmungslos. An ihrem Grab, ihrer goldenen Asche, ihrem Platz der Ruhe. Ich dankte ihr still für all die Jahre, ich betete, dass sie zurückkommen möge. Ich hasste das Leben, während ich versuchte zu lieben, was übrig geblieben war. Meine Schluchzer waren trostlos. So unendlich bitter auf der Zunge, ich wollte sie nicht schmecken, nichts mehr fühlen. Wie oft ich mir das wünschte. Aber das Leben hatte es nun mal so an sich – man fühlte. Und meistens stark, so stark. Erst später verstand ich, dass es vielleicht eines der größten Geschenke war, zu fühlen.

»Ahri, Schatz?« Die Stimme meiner Mutter holte mich zurück in die Realität, sie lehnte im Ausgang des Raumes. Sie streckte mir ihre Hand entgegen, ich taumelte wie ferngesteuert zu ihr und sie legte einen Arm um meine Schultern. Entfernt bekam ich mit, wie mein Bruder sich vor die Vitrine stellte, um sich ebenfalls von Sun zu verabschieden. Stumm schickte ich ihm Kraft, doch viel war da gerade nicht mehr übrig.

Mama begleitete mich durch die Gänge der Trauerstätte und durch eine Doppeltür nach draußen. Der Spätherbst tobte in wilden Farben und warmen Schattenspielen. Mama und ich setzten uns auf eine Bank vor dem Gedenkhaus und ich starrte auf die Grünfläche vor uns, auf den springenden Brunnen und die gekrümmte Eisenfigur. Ich atmete. Einfach ein und aus, wieder ein, noch mal aus. Langsam beruhigte sich mein Innerstes, die Tränen versiegten, ich wurde wieder stumm. Verschanzte den Schmerz hinter der Mauer, eine Wand, die ich vor Wochen dort errichtet hatte und die ich noch lange nicht wieder fallen lassen würde.

Mama hatte die Beine übereinandergeschlagen und ihr Arm lag hinter mir auf der Bankrückenlehne. Ich drehte mich zu ihr und sah sie an. Sie war wohl für immer meine schönste Frau auf Erden. Ihre braunen vollen Haare, noch nicht mit grau durchzogen, band sie stets nach hinten. Mama hatte stechend dunkle Augen, fast schwarz und so unendlich klar. Keine Frage, warum sich Papa in sie verliebt hatte. Ihre Wangenknochen waren wie die von Siwon hoch, ihre Lippen wie Sun-Nyus voll, ihr Gesicht etwas rund, wie meines. Sie war hochgewachsen, ich liebte ihre Umarmungen, weil man beinahe darin verschwand und die Welt für den Moment nicht sehen musste. Man spürte nur sie und ihre Liebe. Ich selbst war kleingeblieben, wie Oma.

Nur der Körper ist klein, im Herzen bist du groß.

Oma hätte so etwas gesagt, während sie in ihrem Garten saß und Unkraut mit ihren knorrigen Fingern jätete. Am liebsten würde ich mit Mama zu ihr fahren, dort Pause machen.

»Wie gern ich euch tanzen sehen würde«, sagte sie in diesem

Moment und meine Gedanken stoppten.

»Vielleicht wird es ja aufgezeichnet«, murmelte ich und schrieb mir innerlich eine Notiz: *Xeonjun eine Kamera in die Hand drücken, er soll den Auftritt filmen.*

»Das wäre schön, Ahri«, sagte sie. Betonung auf dem i. Sie betonte es immer so, ich mochte es, weil es ihr Name für mich war. »Ich habe mich all die Zeit gefragt, ob da jemand ist, der auf dich aufpasst und nach dir sieht.« Sie lachte leise und kratzte sich an der Schläfe. Ihr Blick war so offen, war er es jemals so gewesen? »Sorgen einer Mutter.«

Ich schüttelte den Kopf und blinzelte, meine Augen klebten von den Tränen, sie würden bald wieder trocken sein. Ich hatte es schon oft durchgemacht, irgendwann wurden diese Momente normal.

»Er war für mich da. Die ganze Zeit«, sagte ich.

»Wie heißt er denn?«, fragte Mama vorsichtig. Mein Herz trommelte und hüpfte, so laut und schnell wie die Melodie, wenn wir tanzten.

»Jeong Taemin. Er ist in meinem Alter und studiert auch Tanz. Er hat eine Schwester und liebt warmen Dalgona-Kaffee«, sagte ich und lachte ein bisschen, weil das so absurd klang. Mamas Augen wurden schmal und die Haut darum bekam Fältchen, als sie mich liebevoll anlächelte.

»Klingt, als wäre er wie gemacht für dich, hm?« Sie nahm meine Hand in ihre, wie auch schon zuvor. Ihre Hand zu halten war gut, ich fühlte mich ihr viel näher und stärker.

»Irgendwie ja. Ich weiß nicht, wie ich mich fühlen soll«, gestand ich. Wem sollte ich es sonst erzählen?

»Fühl dich einfach frei und lass es auf dich zukommen«, sagte sie.

»Hast du dich auch so gefühlt?«

Mama nickte. »Dein Vater hat jeden Tag zum besten werden lassen, so ist das, wenn man sich verliebt. Entweder ganz oder gar nicht, habe ich immer gesagt.«

Ja. So ist es bei uns auch. Ganz oder gar nicht.

»Wie ging es dir in den letzten Wochen wirklich?«, fragte sie danach und wechselte das Thema.
Es ging schon, wollte ich wie immer antworten. Doch ich begegnete ihrem Blick, so dunkel, so warm. Irgendwas zwischen Suns Braun, meinem Braun und Siwons Braun.
Es war okay. Okay. Okay.
»Es ging mir nicht gut.« Meine Stimme zitterte.
»Mir auch nicht, Schätzchen. Mir auch nicht«, murmelte sie. Mama hatte mich nie oft Schätzchen genannt, ich war immer nur Ahri gewesen. Ahri liebevoll, Ahri warm ausgesprochen. Mama war eine Frau, die drei Kinder zu lieben gelernt hatte, alle auf unendlich bedeutsame Weise. Alle auf einmal. Jetzt waren da nur noch zwei übrig, vielleicht bekamen wir jetzt auch Suns Liebe dazu. Und ich würde diese für sie im Herzen halten.
»Ich habe mich einfach allein gefühlt. Ich wusste gar nicht, wer ich bin«, erzählte ich ihr und sie wandte sich mir zu, damit wir uns ansehen konnten. Die Hände noch immer zusammen, einander haltend.
»Sun-Nyu und du waren wie zwei Menschen mit einer Seele. Als ihr noch kleiner wart, gab es nicht Ahri und Sun, es waren immer die Mädchen.« Sie machte eine kurze Pause, vermutlich, weil Erinnerungen uns das Atmen für immer schwer machen würden. »Ich habe mich schon früher gefragt, wie es mal sein wird, wenn ihr erwachsen seid und eure eigenen Wege gehen werdet. Was dann mit eurer Seele passiert.« Mamas Blick ging in die Ferne, zu den Häusern und den Menschen. Dann drehte sie sich wieder zu mir und lächelte traurig. »Wir hatten keine Chance darauf, es herauszufinden, hm? Sie ist gegangen und du bist mit eurer Seele allein auf Erden geblieben. Weißt du was? Dafür ist sie jetzt immer hier drin.« Mama legte ihre flache Hand auf meine Brust und mein Herz stolperte. Ja. Meine Schwester würde für immer bei mir sein. Auch wenn ich gern herausgefunden hätte, was mit unserer Seele passiert wäre, hätten wir uns getrennt und angefangen unsere eigenen Wege zu bestreiten.
Diese Seele wäre zu zweien geworden und sie hätten sich

umarmt, wann immer wir uns wiedergesehen hätten.
»Mama?«
»Ja?«
»Es tut mir leid. Ich habe mein Versprechen nicht gehalten.« Vorsichtig erwiderte ich ihren Blick. Wie gern ich doch auf meine Geschwister aufgepasst hätte.
Sie schüttelte den Kopf. »Ich hätte das nicht von dir verlangen dürfen. Jeder passt im Leben letztendlich auf sich selbst auf, Ahri.«
Ich wollte ihr glauben, tat es beinahe.
Irgendwann kam Siwon aus der Gedenkstätte, sein Gang ein wenig schief und die Schultern hängend. Auf seinen Wangen glitzerten Tränen, er setzte sich neben mich auf die Bank und wir sahen zu dritt in die Welt. Und wir hielten uns an den Händen. Mama meine. Ich Siwons. Wir drei waren noch hier und wir drei würden uns festhalten.
»Ich habe eine Wohnung gefunden«, sagte Siwon und ich lehnte mich an seine Schulter.
»Das ist gut, *Nightmare*«, murmelte ich.
»Ist sie in der Nähe?«, fragte Mama.
»Sie liegt ungefähr eine Viertelstunde von Ahri entfernt. Ich werde Taemins Nachbar«, ergänzte er und ich riss erstaunt die Augen auf.
»Ahris Taemin?«, Mama hob ebenfalls überrascht die Brauen.
Ahris Taemin.
Als würde er mir gehören. Das tat er nicht. Würde er nie. Aber vielleicht gehörte er zu mir. Und ich zu ihm.
»Ja, er hat mir die Wohnung vorgeschlagen. Sein Freund wohnt neben ihm und ist jetzt mein neuer Mitbewohner.« Ein bisschen von der Schwere entwich meiner Brust. Und ich wollte Taemin umarmen, weil er meinem Bruder geholfen hatte. Er tat das einfach so. Den Menschen helfen, auch wenn er sie nicht wirklich kannte. Ich seufzte und sah nach oben in den Himmel. Blau, weiß, ein bisschen grau.
»Was hast du heute noch vor, *Daydream*?«
Ich zuckte mit den Schultern. »Ich glaube, ich rufe Taemin an,

vielleicht üben wir noch einmal für das Vortanzen.«
»Das klingt wundervoll«, sagte Mama und lächelte liebevoll.
»Was hast du noch vor, *Nightmare*?«
Auch er zog die Schultern hoch. »Ich helfe Mama bei der Abfahrt und koche dann vielleicht etwas. Bist du abends da?« Er begann wieder er selbst zu sein. In manchen Augenblicken war er der Siwon von früher. Jener, der kochte und gefühlvoll war. Der es liebte, mit seinen Schwestern abzuhängen und Filme zu sehen, bis die Nacht und der Morgen sich vermischten. Der Siwon, der er vor Eun-Mi gewesen war.
»Ich bin da. Und ich werde Hunger haben.«
Er lachte. Wie ich das vermisst hatte. »Also gut, dann sehen wir uns heute Abend?«
Ich nickte.
»Sehen wir uns auch bald?«, wollte Mama wissen, als wir aufstanden und uns voneinander verabschiedeten.
»Wir sehen uns. Ich verspreche es.« Dann fand ich mich in einer ihrer Welt-Umarmungen wieder.
Danke für alles. Für ein Leben mit meiner Schwester, für deine Umarmungen danach. Dafür, dass du mich anlächelst, obwohl ich aussehe wie sie.
Die beiden gingen und ich blieb zurück. Arm in Arm liefen sie aus dem Park und weg von der Trauerstätte, auf Mamas Auto zu. Heute Abend wäre sie bei Oma und dann fing auch ihr Weg neu an. Ich wünschte ihr Freiheit und Seelenfrieden. Es wirkte, als hätte sie das lange nicht mehr gehabt.
Gedankenverloren ging ich auf die nächste Bushaltestelle zu und nahm auf der Bank Platz, kramte mein Handy hervor und öffnete die neuen Nachrichten.

Xeonjun: Wie geht es dir, Schneewittchen?

Gestern hatte er angerufen und gefragt, ob es mir gut ginge. Weil ich einfach von der Uni verschwunden war und er sich Sorgen gemacht hatte. Heute schrieb er, weil ich gestern gelogen hatte.

Ich: Wahrheit: Es geht mir gut.
Ich: Lust auf einen Cupcakes-Backtag nächste Woche? Ich möchte welche backen, habe nur keinen besten Freund, der es mit mir macht.

Seine Antwort kam prompt.

Xeonjun: Das trifft sich gut, hab auch keine beste Freundin. Cupcakes sind großartig.

Ich schickte ihm viele Kuchen-Emojis. Irgendwie hatte ich vergessen, wie sich richtige Freundschaften anfühlten. Taemin war auch ein Freund, doch vielleicht war das auch noch mal etwas anderes.
Ich wechselte den Chat.

Taemin: Lied für heute: Think of you von Taemin.
Taemin: Der Titel des Liedes drückt meine Gefühle aus. Einfach so die Wahrheit. Und Taemin ist einer der besten Sänger.
Taemin: PS: Scheint, als trügen alle tollen Männer den gleichen Namen, was?

Ich starrte die zwei Emojis hinter seiner Nachricht an, beide verzogen sie anzüglich den Mund. Himmel, hatte er das wirklich geschrieben? Dann las ich seine Nachrichten noch einmal. Und wieder.
Think of you.
Ich dachte auch an ihn. In den letzten Tagen so viel. An seine Hände um meine Hüften, wenn er meinen Körper hochhob und durch den Tanzraum wirbelte. An sein Lächeln, wenn ich etwas sagte. Ich dachte an seine braunen Augen und das Funkeln darin. An seine Küsse und die weichen Lippen, die in mir einen Gefühlssturm aufwirbelten. Während ich das Lied anhörte, verliebte ich

mich. Mein Herz schlug ganz schnell, ich war aufgeregt, meine Wangen wurden warm. Ich wollte zu ihm.

Ich glaube, man verliebt sich nicht plötzlich, Sun. Es ist eine Zeitspanne, in der es immer wieder passiert. Fühlt sich an wie Glühwürmchen, die zu leuchten beginnen. Dann sind sie aus, wieder an, beides gleichzeitig. Ich glaube, mein Herz verliebt sich immer wieder in ihn, Sun-Nyu. Und das ist ein schönes Gefühl. Du hättest es auch erlebt. Jetzt erzähle ich dir in Gedanken davon.

Ich tippte eine Nachricht an ihn und versuchte zu dem Takt meines Herzschlages zu atmen. Und in meinem Kopf wirbelten Gedanken umher, klopften ihren ganz eigenen Rhythmus.

Taemin, Taemin, Taemin.

Ahri: Eine Wahrheit von mir?
Ahri: Ich wollte dir heute von meiner Schwester erzählen und wie traurig ich bin. Jetzt sitze ich hier an dieser Bushaltestelle und meine einzige Wahrheit gerade ist:
Ahri: Ich vermisse dich.

Wir verabredeten uns in einem Café und auf dem Weg dorthin holte ich die Postkarte von Papa aus meiner Tasche. Seit dem Unfall trug ich sie bei mir, wann immer ich das Haus verließ. Genau wie das Tagebuch meiner Schwester. Ich stellte mir vor, wie sie mir Kraft gaben. Jetzt starrte ich auf seine Worte und die geschwungenen Schriftzeichen. Auf seine Ehrlichkeit.

Meine kleine Ahri,
fühlst du dich noch immer wie eine tanzende Prinzessin? Jetzt wirst du bereits siebzehn und die Zeit nimmt dich in Windeseile mit sich. Genieße jeden Windstoß davon, jeden Moment, der dich glücklich macht und lerne aus den traurigen Augenblicken. Auch wenn ich heute nicht bei dir sein kann, denke ich an dich. Von Daegu bis Seoul ist es nicht sehr weit, also kannst du mich besuchen. Wann immer du mich vermisst. Ich bin für immer nur

eine kurze Raumfahrt von dir entfernt, kleine Ahri.
Ich habe dich lieb – einmal um das Universum.
Dein Papa.

Also rief ich ihn an. Im späten Oktober, in einem Bus auf Daegus Straßen. Es war laut und der Motor brummte, seine Stimme übertönte alles.

»Ahri?«

Oh, Papa. Oh, Papa. Ich vermisse meinen Helden.

»Ja, hi«, flüsterte ich und sah in meinen Schoß. Ich trug Sun-Nyus gelbes Herbstkleid und in diesem Moment war es wie eine bestärkende Umarmung von ihr.

»Wie geht es dir, meine kleine Ahri?«

Ein Schwall an Worten wollte sich lösen, ich hielt ihn zurück und so bildete er sich als Tränen in meinen Augenwinkeln.

»Es ... es geht mir okay. Ich habe lange nichts von dir gehört und ich dachte, ich rufe deshalb an ... keine Ahnung ...«

Er atmete laut aus und dann kam sein Wortwasserfall durch den Hörer. Keine Pause. Kein Luftholen.

»Ich war feige. Die letzten Jahre und vor allem die letzten Wochen. Es tut mir leid für alle Anrufe, die ich nicht getätigt habe. Für alle Nachrichten, die ausblieben. Seine Tochter zu verlieren ist fast so, wie sich selbst nicht mehr zu fühlen. Ich dachte, wenn ich weiter Abstand halte, greift mich die Trauer nicht an. Das war nicht fair. Nicht für dich. Auch für Sun-Nyu nicht. Es tut mir leid, meine kleine Ahri.« Seine geflüsterten Worte gruben sich tief in mein heilendes Herz und trugen zu einer weiteren Naht bei. Ich sagte ihm, dass es nicht fair gewesen war, doch jeder Mensch weitere Chancen verdient hatte. Und er fragte, wie ich so schnell erwachsen geworden war.

Kurz vor meiner Haltestelle legte ich auf und er versprach, sich wieder zu melden. Papa war noch immer mein Held. Und es war okay, dass seine Stimme zerbrochen klang. Welcher Held war schon vollkommen heil im Herzen?

Wir alle gingen mit der Trauer anders um, hatte ich gedacht.

Doch wenn ich genauer darüber nachdachte, war es vielleicht gar nicht so unterschiedlich. Auch mein Bruder und ich waren nicht wirklich zu Suns Beerdigung gegangen. Wir alle hatten angenommen, wenn wir fernblieben, dann wäre der Verlust besser auszuhalten. Dann würde er uns nicht angreifen, uns nicht zerreißen oder einholen. Wir durften uns deshalb keine Vorwürfe machen. Wer sagte einem schon, wie man einen Tod richtig verarbeitete?

Dass Papa Siwon nicht erwähnt hatte, verdrängte ich. Es war eine Sache zwischen den beiden, die ich nicht lenken konnte. Mir blieb nur übrig zu hoffen, dass sie sich eines Tages aussprechen würden.

Ich schob die Postkarte zurück in meine Tasche und stieg aus, lief Taemin entgegen und erlaubte mir, die Trauer für diesen Nachmittag zu vergessen.

Kapitel 38

Schattenwellen

Ahri

Meine Beine zitterten. Aber ich ging weiter, immer weiter die Brücke entlang. Bis zu der Stelle, an der ich damals unser kaputtes Auto im Vorbeifahren gesehen hatte. Nichts sprach von einem Unfall. Wochen war es her. Niemand erinnerte sich daran, dass diese Brücke für einen Nachmittag ein Chaos aus Blech und Scherben gewesen und dadurch auch mein Leben in Trümmer zerfallen war.

Ich legte meine Hände auf das kalte Gerüst und erfasste unten den Sincheon River. Er floss nicht besonders schnell, dunkle Schattenwellen bahnten sich ihren Weg träge das Flussbett entlang. Die Stadt lebte und erzählte mir tausend unterschiedliche Geschichten. Menschen riefen, Fahrzeuge fuhren zu schnell, die Bahn rauschte über unseren Köpfen auf den Schienen entlang. Die Menschen würden im Vorbeifahren ein Mädchen in den Schatten stehen sehen, vielleicht fragten sich einige von ihnen, was es dort so allein tat – nicht einmal ich selbst hatte darauf eine Antwort.

Ich löste meinen Griff von dem Brückengeländer und steckte meine Hand zurück in die Taschen meines Mantels. Langsam ging ich den Fußgängerstreifen der Brücke entlang, zog mir die Kopfhörer auf und sperrte die Stadtgeräusche aus, lud Musik und Melodie ein.

Als *Here Without You* spielte, lächelte ich traurig und suchte am Himmel vereinzelte Sterne. Wenn Tränen in den Augen schwammen und man nach oben zum Himmel lächelte, liefen sie meistens nicht über. Also tat ich genau das. Vorsichtig ließ ich den Songtext in mein Herz und akzeptierte, dass ich nichts ändern konnte.

In Gedanken sprach ich zu ihr: *Ich habe die Brücke seit jenem Septembernachmittag gemieden, Sun-Nyu. Es war ein Unfall, der jedem hätte passieren können. Manchmal suche ich die Schuld bei dem anderen Fahrer. Einmal sogar bei dir selbst, weil du mit Siwon telefoniert hast. Vielleicht warst du nicht vorsichtig genug. Ich hasse mich für solche Gedanken, aber ich kann nichts dagegen machen. Die Schuld suchen ist wohl etwas, das wir Menschen immer wieder tun, einfach um etwas zum Festhalten zu haben. Wenn es regnet, dann beschuldige ich sogar den Regen dafür. Keine Ahnung, ob das je aufhören wird.*

Here without you läuft seit Wochen und immer wenn die ersten Töne spielen, denke ich an dich und wie sehr du diesen Song geliebt hast. Damals, als er schön und traurig klang und uns nicht an die Vergangenheit erinnerte. Manchmal höre ich deine Stimme in meinem Kopf. Jetzt würdest du sagen, ich solle nicht weinen. Das Leben wartet auf mich und ich solle es mit all meinen Herzschlägen genießen. Ich versuche es, okay? Ich versuche es so sehr, Sun. Vielleicht bin ich heute Abend auf die Brücke gekommen, um damit abzuschließen. Mit dem Gedanken, es hätte anders laufen können, mit dem Glauben, du bist da noch irgendwo. Oder einfach, weil ich dich vermisse und du vielleicht hier irgendwo auf dem Brückengeländer sitzt und zu den Sternen siehst, weil auch du mich vermisst.

Ich beschleunigte meine Schritte. Ein neues Lied, ein neuer Takt. Und dann rannte ich. Die ganze lange Strecke, den Sincheon River unter mir, die Sterne darüber. Ich rannte so schnell, dass mir der kalte Wind die Wangen betäubte, meine Kehle brannte. Die Tränen trockneten, noch bevor sie weiter mein Gesicht hinablaufen konnten.

Ich versuche zu leben, Sun-Nyu. Um dir irgendwann von der Welt zu erzählen, und dann erzählst du mir von deiner. Wo auch immer du jetzt bist. Auch wenn die Erinnerungen verblassen und keine neuen dazukommen, liebe ich dich endlos.

Mein Herz rannte schneller als meine Beine und ich fühlte mich in diesem Moment frei. Ich weinte, ich lächelte, ich blickte von Stern zu Stern und sog die nächtliche Stadt mit jedem Atemzug ein. Am Ende der Brücke blieb ich stehen und lehnte mich an einen Baum, der den Straßenrand säumte. Mein Handy zeigte mir neue Nachrichten an und mein Lächeln wurde breiter, ein winziges bisschen zumindest. Ich war nicht allein. Da waren Menschen, die noch immer in meinem Leben waren und die ich liebte.

Siwon: Es steht Essen in der Küche. Lass mich wissen, wenn du noch etwas anderes brauchst, okay?
Siwon: Eigentlich nicht einfach was anderes. Eine Umarmung. Wenn du eine Umarmung brauchst.

Xeonjun: Nächste Woche läuft dieser angesagte Film im Kino. Du weißt schon, dieser tragische mit den zwei Familien. Gehen wir zusammen hin?

Taemin: Lust auf Sterne gucken? Soll ich dich an der Brücke abholen? Lieblingslied für heute: If you need me.

Mama: Für morgen alle Kraft der Welt, Ahri. Ich denke an dich und deinen Tanz und dein wunderschönes Herz. Alles Liebe, Mama.

Es würde sich lohnen zu leben und dieses Leben mit schnellen Herzschlägen zu genießen. Man brauchte nur ein bisschen Mut.

Taemin

Mein bester Freund hatte mir eine Tür gezeigt, die auf das Dach unseres Wohnhauses führte und die der Hausmeister nicht abschloss. Anscheinend war er der festen Überzeugung, niemand würde diese weiße Tür zwischen weißen Wänden entdecken. Aber man sah die weißgestrichene Klinke, und Chiron war Maler, er erkannte die dunklere Schattierung der Ränder.

Ich holte Ahri an der Daebong-Gyo Brücke ab und zusammen fuhren wir mit der Bahn zurück zu mir. Sie wirkte traurig, doch als sie mich musterte, erkannte ich einen Hoffnungsschimmer in ihren Herbstaugen.

Ich zog sie durch die weiße Tür hinaus auf das Flachdach meines Wohnhauses und uns blieb der Atem stehen, weil die funkelnde Stadt unter uns zu leben schien. Ahri schloss ihre Finger noch fester um meine und sie lehnte sich nach vorne, um über die Brüstung nach unten sehen zu können. Kühle Oktoberluft strich ihre Wangen rot an und ich schlang die Arme von hinten um ihren fröstelnden Körper. Als sie sich an mich schmiegte, wusste ich, wie wertvoll Kämpfen war. All die Tränen und all den Schmerz auszuhalten und nicht aufzugeben – für Momente wie diese. Momente, in denen man sich hoch über Daegus Straßen verliebte und die Sterne weit oben schimmerten.

»Was meinst du?«, flüsterte ich an ihrem Ohr und ihre Haare kitzelten meine Wangen. »Welche Jahreszeit ist jetzt auf dem Eris?«

»Irgendwas Goldenes. Vielleicht goldener Winter.«

Meine Lippen strichen sanft über ihre Schläfe und ihre Antwort entlockte mir ein kleines Lächeln.

»Wie sieht dein Universum aus, Taemin? Wie stellst du dir all die Sterne vor?«

Als ich den Blick nach oben wandte und all das Dunkel, all die hellen Punkte, all das Endlose vor mir lag, hatte ich das erste Mal keine Angst vor der Dunkelheit. Sie drückte nicht auf mich nieder. Weil dahinter noch so viel mehr war. Das Leben hörte nicht über mir am Himmel auf, es war ewig. Und ich musste keine Angst vor den Schatten haben, weil sie nur den Kosmos einhüllten und uns damit eine eigene Vorstellung schenkten.

»Endlos«, antwortete ich ihr. »Endlos und tausend Schatten. So stelle ich mir das Universum vor.«

Ahri drehte sich in meiner Umarmung um und erwiderte meinen Blick jetzt direkt, in ihren Augen schimmerte es. So wunderschön musste ihr Universum aussehen. »Als wir uns kennengelernt haben, hast du Blau getragen«, sagte sie und lächelte bei der Erinnerung daran. »Und ich habe gedacht, dass die Aufgabe für uns deswegen vielleicht nicht ganz unmöglich ist. Weil Blau endlos ist.«

Ich schluckte. Betrachtete ihre nachtkalten Wangen und die vollen Lippen, ihren weiten Blick und ihre Hoffnung. Langsam wiegten wir uns hin und her, während in meinem Kopf *illa illa* spielte.

»Soll ich dir verraten, was ich gedacht habe?«

Wieder fröstelte sie, ich zog ihren Körper noch näher an mich.

»Dass du alles bist, was so ehrlich ist.«

Ahri stellte sich auf die Zehenspitzen und ich lehnte die Stirn an ihre. »Du bist noch immer alles Ehrliche. Zum Beispiel meine ehrlichen Gefühle.«

Sie verdrehte lachend die Augen bei meinem Drehbuchsatz und dann küsste sie mich, als wäre ich ebenfalls ihr Ehrlichstes. Sie kam mir immer näher und schob ihre Hände an meiner Brust entlang, bis ich ihre kalten Finger auf meiner nackten Haut spürte. Unsere Herzen wirbelten umher, während die Stadt unter uns strahlte und über uns die Welt offen lag. Ich führte sie von dem flachen Dach und in meine Wohnung. Ahri folgte meinen Bewegungen und sie tanzte mit mir, während ich sie liebte. Meine Lippen folgten ihren Rundungen und ihrer blasswarmen Haut, mein Herz raste, als sie kicherte und es blieb stehen, als ich in sie

drang.
Vielleicht ist zweiundzwanzig doch eine Glückszahl.
Vielleicht ist Ahri mein Glück.
Vielleicht ist diese Nacht ein Universum für sich.

Ahri stöhnte und hob sich mir entgegen, ich ließ uns fallen und zusammen fingen wir uns wieder und wieder. Unser Atem verband sich, unsere Lippen glühten, unsere Augen schimmerten glasig.

Fühlst du dich jetzt gerade wie eine Astronautin?, wollte ich sie fragen und fuhr mit dem rechten Daumen an ihrem Wangenknochen entlang. Und als sie weit nach Mitternacht leise flüsterte: »Ich muss gar keine Weltraumfahrerin sein, um mich wie eine zu fühlen«, da liebte ich sie mit ganzem Herzen.

Kapitel 39

Es ist unsere Stärke, einzigartig zu sein, nicht unsere Schwäche

Ahri

Während Taemin im Badezimmer war, stand ich vor seinem Kühlschrank und betrachtete die Bananenshakes. Mein Bauchgefühl war mulmig und wenn ich an das Vortanzen in zwei Stunde dachte, wurde mir schlecht. Ich schloss den Kühlschrank wieder und hob den Kopf, als es an seiner Wohnungstür klingelte.

»Das ist Chiron!«, rief er aus dem hinteren Flur. »Du kannst ruhig aufmachen.«

Wenige Sekunden später zog ich die Eisentür auf und schnappte entgeistert nach Luft, als ich dem unfreundlichen Mann in die graubraunen Augen blickte. Die Türklinke in der Hand, starrte ich ihn an, von seinen graugefärbten Haaren bis zu seinen schwarzen Boots.

Er hob die Hände und grinste übertrieben freundlich. »Überraschung. Ich bin's, Taemins bester Freund.«

»H… hi«, stotterte ich.

Er schob sich an mir vorbei und ich schloss wie ferngesteuert die Tür. Chiron drehte sich zu mir um. »Wir tun am besten einfach so, als wäre das unser erstes Aufeinandertreffen. Lim Chi-

ron!« Er deutete eine Verbeugung an. Ich erwiderte die Geste.
»Seon Ahri.«
»Tja, also ich bin der schräge Typ von nebenan und mich hassen die Menschen grundsätzlich. Weil ich so unfreundlich wirke. Eigentlich bin ich ziemlich harmlos.«
»Okay«, sagte ich. Ich fühlte mich noch immer vor den Kopf gestoßen, aber irgendwie fand ich die Situation auch lustig. Ein kleines Lächeln schlich sich auf meine Lippen. »Tja, also ich bin Taemins schräge Freundin und meistens ziemlich feige und vielleicht kann ich eines Tages eine Stunde Unfreundlichkeit bei dir nachsitzen.«
Er streckte mir seinen kleinen Finger entgegen.
»Ihr versteht euch also bestens«, kommentierte Taemin und trat zu uns in seinen Eingangsbereich. Seine Haare waren nass vom Duschen und hingen ihm fransig in die Stirn, er lächelte und in meinem Unterleib zog sich etwas zusammen.
Wir verabschiedeten uns voneinander, weil ich Siwon etwas früher am Campus treffen würde, und Taemin später mit Chiron nachkommen wollte. Chiron versicherte uns, dass er viel lieber zu Hause bleiben würde, er aber mitkäme, weil er unser erstes gemeinsames Vortanzen nicht verpassen wollte. Dann jammerte er, weil er dort mit vielen Menschen auskommen müsse und er auf den Kaffeeautomaten zähle, von dem wir ihm gerade berichtet hatten.
Taemin drückte mir seine Lippen auf die Schläfe und murmelte: »Bis dann.«
Mit der nächsten Bahn und viel, viel Nervosität fuhr ich zum Campus und traf am Hauptgebäude der Universität auf meinen Bruder. Ich war ihm so dankbar, dass er dort wartete. Normalerweise wäre Sun an solchen Tagen an meiner Seite gewesen. An denen ich vortanzte. Sie hatte immer im Publikum auf der Tribüne gesessen, und sie hatte gejubelt. Sie hatte ihre Vorlesungen oder andere Termine ausfallen lassen, um da zu sein. Heute trug ich nur ihre Erinnerungen in Gedanken und hakte mich bei Siwon unter.
Denn heute war er hier.

Heute Morgen hatte ich wieder in ihrem Tagebuch gelesen, ich trug es seit ihrem Tod beinahe immer in meiner Tasche und ihre Worte wehten in meinem Kopf wie ein lauer Sommerwind. Es war fast, als hätte sie ihn mir vorgelesen. Die Vorstellungskraft der Menschen ging manchmal über alles Natürliche hinaus und in einigen Momenten war das unendlich gut.

Tagebucheintrag: 02.05. – 21:06 Uhr

Hi, liebes Tagebuch!
Ja, ich schreibe das noch immer. Weil ich nicht weiß, wie ich sonst anfangen soll. Also, hi! Ich habe heute auf Instagram einen Spruch gelesen, er geht mir nicht mehr aus dem Kopf. »Niemand ist wie du und das ist deine Stärke.«
Ich mag Sätze, die nur von der Wahrheit erzählen, dieser hier tut es. Manchmal vergesse ich, wie einzigartig Menschen sind. Wie einzigartig ich bin. Ich denke, immer andere sind besser, schöner, einfach mehr. Aber ich kann mich nicht mit ihnen vergleichen, weil wir doch alle so unterschiedlich sind. Während Ahri tanzt, als gäbe es kein Morgen, schneidere ich, als hinge mein Leben davon ab. Während Siwon unseren Papa so sehr hasst, versuche ich ihn trotz allem noch immer zu lieben. Weil er mir vor vielen Jahren gezeigt hat, wie man mit der Schere einen sauberen Schnitt macht. Wir haben alle unsere Macken und Kanten und ich bin mir sicher, dass wir auch alle unsere perfekten Seiten haben. Ich vergesse das alles viel zu oft. Dass es unsere Stärke ist, einzigartig zu sein, nicht unsere Schwäche. Also erinnere ich mich jetzt immer daran, wenn ich denke, dass Ahri viel besser tanzt, als ich Mode verstehe. Oder wenn ich mich dabei erwische, wie ich Papa hasse, weil auch Siwon das tut.
Vielleicht wurde ich Sun genannt, weil es auch die Sonne nur einmal gibt. Wer weiß. Also bis morgen, Tagebuch.
Sun, Sonne, einzigartig, Sun-Nyu.

»Ich glaube, ich akzeptiere es langsam«, sagte ich, während wir

auf einem geschlängelten Kiesweg liefen.
»Was denn genau?«
»Dass Sun nicht mehr da ist. Dass es einfach so passiert ist und wir jetzt ohne sie weiterleben müssen.«
»Geht mir irgendwie genauso, *Daydream*.«
Ich drückte seinen Arm, bei dem ich mich eingehakt hatte.
»Oktober war Suns Lieblingsmonat. Tut weh, an all das zu denken, was sie jetzt nicht mehr erleben kann.«
»Sie hat zwanzig Oktober miterlebt. Denken wir lieber an alles, was sie von der Welt gesehen hat.«
Sun hatte viel erleben können, zusammen mit uns. Sicherlich auch allein. Wir waren am Meer gewesen, auf Konzerten in Seoul, bei denen unsere Seelen zur Musik getanzt hatten. Wir hatten gemeinsam vertrauen und lieben gelernt, geweint, waren wütend. Glücklich, gedankenverloren. Ich glaubte, sie hatte ein gutes Leben, so kurz es auch gewesen war.
»Bist du schon nervös wegen deinem Umzug?«, wechselte ich abrupt das Thema. Zu lange über unsere Schwester zu sprechen war noch nicht leicht, in kleinen Schritten war es in Ordnung. Siwon kickte einen Stein vor sich her.
»Nicht wirklich. Auch wenn Lim Chiron ziemlich unfreundlich ist, ich brauche das Zimmer einfach.«
»Oh, du warst schon dort?« Ich war verwirrt, weil er mir davon nichts erzählt hatte. Schnell schüttelte er den Kopf.
»Nein, alles per Chat. Keine Ahnung, wer der Typ ist.« Er lachte unbeholfen. »Wäre Taemin nicht mit ihm befreundet, hätte ich abgelehnt. Der Kerl muss schon in Ordnung sein.«
Ich dachte an Chirons silbernes Haar und seine tiefe, unfreundliche Stimme. »Ja, ganz bestimmt.«
»Und Taemin?«, fragte er. »Wie wichtig ist er dir?«
Ich sah zu ihm auf und überlegte, wie viel von der Wahrheit ich ihm sagen sollte. Ich entschied mich für die ganze.
»Ein bisschen viel.«
»Ein bisschen viel? Ahri, das ist ein Widerspruch in sich.«
»Gefühle ausdrücken ist schwierig«, sagte ich und stieß ihm

leicht meinen Ellbogen in die Seite.

»Oh, das weiß ich. Aber ehrlich jetzt. Schlägt dein Herz nur zeitweise schnell oder immer, wenn du ihn siehst?«

Ich wollte ihn fragen, ob er das auch bei Eun-Mi gefühlt hatte. Schnell verwarf ich den Gedanken wieder. Ich wusste, er war noch nicht bereit mir zu erzählen, was vor einigen Wochen passiert war. Und ich respektierte das. Also antwortete ich einfach, was ich fühlte.

»Mein Herz schlägt auch schnell, wenn er nicht da ist.«

»Muss schön sein, die wahre Liebe gefunden zu haben.«

»Meinst du wirklich, das ist wahre Liebe?«

Jetzt war es Siwon, der mich leicht anstieß und wissend grinste. Sein schwarzes Haar leuchtete unter der Herbstsonne und glitzerte stellenweise. »Ein Anfang davon«, meinte er. Und fügte hinzu: »Ein guter Anfang, so wie deine Augen lachen, wenn wir über ihn reden.«

Ich verdrehte besagte Augen und seufzte. Irgendwie war alles einfach weitergegangen. Und ich lebte. Ich wollte mich jeden Tag selbst akzeptieren und vor allem selbst sehen. Im Spiegel Ahri wahrnehmen und nicht die Augen meiner Schwester, ihren Mund oder ihre Ohren. Mutausbrüche angehen und herausfinden, was mir guttat und was ich mochte. Siwon half mir dabei. Mama. Xeonjun machte es mir ebenfalls leichter, indem er mit mir redete und mich nicht wie Seola hasste. Und Taemin. Er half mir am meisten dabei, indem wir uns einander immer weiter kennenlernten. Das brachte mich zum Lächeln. Sun hatte in einem ihrer Tagebucheinträge geschrieben, es wäre wichtig, jeden Tag einen Grund zum Lächeln zu finden.

Ich nahm mir vor, genau das zu tun.

Ich betrat das Studio und ließ meinen Blick durch den Eingangsbereich wandern. Hier oben standen Eltern, Studierende, Schwestern, Brüder, Familien herum. Alle waren sie gekommen, um bei der Vorführung zuzusehen, obwohl diese nicht einmal groß angekündigt worden war. Man konnte freiwillig kommen. Immerhin konnten wir Tänzerinnen und Tänzer jeden Jubelruf brauchen, denn Hwang hatte Manager von Tanzgruppen eingeladen. Vielleicht würde es für den ein oder anderen die Chance auf einen Platz in einer solchen Gruppe geben. Ich wollte nicht zu genau darüber nachdenken, was das hieß. Für mich war erst mal wichtig, einfach diese Zwischenprüfung mit einer guten Note abzuschließen.

Siwon war noch draußen geblieben, um sich den Campus anzusehen, weil es erst in einer Stunde losging. Ich arbeitete mich zu den Treppen vor und lief nach unten und zum größten Tanzstudio, das es hier gab. Ich betrat den riesigen Saal, an zwei der vier Seiten reihten sich Tribünen nach oben, manche Plätze waren bereits belegt. Der Jurytisch war gegenüber der Tür platziert, zu der ich gerade hereingekommen war, in der Halle standen bereits Menschen und unterhielten sich. Tänzerinnen und Tänzer wärmten sich auf, gingen die Choreografie durch. Manche saßen nur da und beobachteten das Geschehen. Gerade wollte ich mein Handy herausziehen, um Taemin zu fragen, ob sie schon da waren, als ich seinen braunen Haarschopf in Nähe der ersten Tribünenreihe entdeckte. Er lehnte am Geländer, das die Sitzplätze und die Tanzfläche trennte, auf einem der Sitze vor ihm lungerte Chiron. Und er beobachtete mich. Sein Blick verfolgte mich durch den ganzen Raum, als ich auf die beiden zulief. Dann nickte er in meine Richtung und Taemin drehte sich im richtigen Moment um, als ich bei ihm ankam.

Er zog mich in eine feste Umarmung und konnte es nicht lassen, auch seine Lippen kurz auf meine zu legen. Ich atmete seine Luft und versuchte nicht daran zu denken, ob uns jemand beobachtete, wie nah die Öffentlichkeit war.

»Darf ich stören?« Chiron schnippte mit den Fingern.

»Nein«, sagte Taemin, löste sich dennoch von mir und zog mich zu sich an das Geländer.

»Also, wann fängt die Show an?«, fragte sein bester Freund und wandte sich suchend um. Ich wusste noch nicht so recht mit ihm umzugehen. Aber das würde schon werden.

»Geh dir oben einen Kaffee holen«, empfahl Taemin ihm. Chiron brummte und stand auf. Er trug Schwarz. Schwarze Boots, schwarze Hose, schwarzer Pullover, schwarzer Ohrring. Silberne Haare.

»Ihr seht übrigens süß zusammen aus«, sagte er trocken.

»Hör auf, komisch zu sein.« Taemin legte sein Kinn auf meiner Schulter ab.

»Ich hasse dich.«

Ich war erstaunt.

»Ich dich auch«, antwortete Taemin, aber Chiron war schon fast beim Ausgang, auf dem Weg zu seinem versprochenen Kaffee.

Ich drehte mich in Taemins Armen um. »Ich hasse dich?«

Er zuckte mit den Schultern. »Hat sich so ergeben. Wir wussten nicht, wie man hab dich lieb sagt.« Sein Mund verzog sich und ich verstand einmal mehr, warum ich ihn so sehr mochte. Weil er nach seinen Gedanken lebte. Einfach so.

»Hat er immer diese unfreundliche Maske in der Öffentlichkeit auf?«, fragte ich ernsthaft interessiert. Taemin sah mich kurz nachdenklich an, dann nickte er.

»Meistens. Frag bitte nicht warum, ich glaube, die Geschichte ist nicht für hier bestimmt.«

»Das ist okay.«

»Wie geht es dir? Jetzt gerade?«

Ich spielte mit den Schnüren seines Kapuzenpullovers. »Ist okay. Mein Körper fühlt sich ein bisschen puddingartig an.«

Er legte die Stirn an meine. »Unser Drehbuch muss länger werden. Ich will, dass unsere Geschichte noch so viel weitergeht, Ahri.«, murmelte er.

Ich lachte leise und wuschelte ihm durch seine braunen Haarsträhnen. Sie waren weich, ich richtete sie wieder, fuhr noch mal hindurch. »Unser Drehbuch, das klingt schön«, sagte ich.

»Soll ich kitschig sein?«, fragte er und ich nickte. Natürlich sollte er.

»Du bist auch schön.«

Ich vergrub den Kopf in seinem Pullover und meine Wangen wurden heiß. Komplimente annehmen. Wer hatte sich denn bitte so was ausgedacht?

In seiner Brust vibrierte es, als er lachte.

»Zu kitschig?«

»Ich bin nur nicht überzeugt.«

»Ich weiß für uns beide genug, dass du schön bist.« Er lehnte sich zu mir nach unten, ich war für immer ganz nah bei ihm.

»Danke, Taemin. Du weißt schon. Für alles.«

»Ich würde es immer wieder tun. Das alles.«

»Auch wenn du wüsstest, wie schwierig manche Momente waren und werden?«

Er fuhr mit der Hand an einer meiner Haarsträhnen entlang, als wäre sie etwas Besonderes. »Ja. Die Antwort ist ja.«

Mein Herz wurde warm und verdrängte das Zittern. Und genau wegen solcher Momente war es schön, ihn zu haben. Weil er mich ermutigte, da war, mit mir war.

»Darf ich kurz stören?«, fragte eine helle Stimme und Taemin drehte sich um. Hinter ihm stand Choi Lua. »Frau Hwang sucht dich.« Sie nickte zu Taemin, ihr Pony wippte dabei leicht.

»O Mist.« Er schlug sich die Hand vor den Kopf. »Ich muss unsere Anwesenheit noch melden!«, sagte er und drehte sich zu mir um. »Ich geh sie suchen. Bin gleich zurück. Danke, Choi Lua!« Er drückte meine Hand und joggte dann zum Eingang.

»Ihr seht süß zusammen aus.« Lua lächelte mich vorsichtig an. Schon die zweite Person heute. Vielleicht stimmte es ja.

»Danke, Lua.« Ich erwiderte ihr Lächeln.

»Bist du schon nervös?«, fragte sie mich und mein Herz geriet ins Stolpern, als ich an das Vortanzen dachte. Nur noch eine knappe halbe Stunde.

Wahrheit? Lüge? Wahrheit?

»Ja, bin ich. Bin ich immer«, verriet ich ihr geradeheraus und sie hielt mir ihre Finger entgegen.

»Meine Hände sind ruhig. Aber in mir zittert alles.«

Ich mochte sie, weil es ihr ging wie mir. Auch wenn meine Hände zitterten und ihre nicht. Unsere Herzen taten es beide.

»Vortanzen ist immer was ganz Großes.«

Lua stellte sich neben mich mit dem Rücken an die Brüstung. Zusammen sahen wir in den Saal und zu den Menschen. »Finde ich auch.«

»Als würde man sein Innerstes auf einem Tablett servieren«, fügte ich hinzu und sie nickte eifrig. Lua tippte mit der Spitze ihres Tanzschuhs auf den Boden.

»Wir Tänzer sind mutig, oder nicht?«

Konnte es mehr Gespräche mit ihr geben? Ich glaubte, wir würden uns gut verstehen. Taten es jetzt schon.

»Mutig sein klingt gut«, stimmte ich zu.

Wir zuckten zusammen, als eine Lautsprecherstimme durch den Raum schallte und alle darauf aufmerksam machte, dass es in zwanzig Minuten losgehen würde. Mir blieb beinahe die Luft weg. War ich bereit? Nein. Würde ich es trotzdem machen? Ja.

»Oh, Ahri!« Lua griff nach meinem Arm und starrte hinüber zu dem Jurorentisch. Ich folgte ihrem Blick. »Die große Frau mit den schwarzen Haaren«, murmelte Lua und ihr Griff wurde stärker.

»Was ist mit ihr?« Mein Blick klebte an der schlanken Frau, die mit eckiger Brille und stechend scharfem Blick ihre Akten durchblätterte.

»Die sieht aus, als würde sie unser präsentiertes Herz gleich auffressen.«

Ich sah wieder zu Lua und starrte sie kurz an. Dann lachte ich. Sie riss verzweifelt die Augen auf. Gott, ich würde dieses Bild nicht mehr aus dem Kopf bekommen. Und Lua hatte nicht einmal gelogen. Diese Jurorin wirkte wirklich so, als würde sie jedes unserer kleinen Tänzerherzen verschlingen wollen, obwohl wir doch nur mutig sein wollten.

»Dann packen wir unsere Herzen jetzt besser fest ein«, sagte ich. Lua nickte und wandte sich vom Jurytisch ab.

»Nicht hinsehen, nicht hinsehen«, murmelte sie und trat in die ersten Reihen der Tribüne. Der Saal füllte und füllte sich.

»Ich ziehe mich noch schnell in der Umkleide um«, sagte ich zu ihr und sie streckte einen Daumen nach oben, während sie sich zu Hyun durchschlängelte. Ich lief in Richtung Ausgang und blieb abrupt stehen, las die Angaben der Bildschirme.

1. Park Hyun & Choi Lua
2. Jeong Taemin & Seon Ahri
3. Yoon Xeonjun & Dang Seola
4. Kim Jaewon & Park Bomi

Ich hörte auf zu lesen. Wir waren als zweites dran. Himmel. Das war bald.
Besser als zum Schluss. Dann hast du es hinter dir.
Ich setzte meinem Weg aus der Halle fort. Vor der Tür lief ich in die Arme meines Bruders. Er drückte mich ein letztes Mal, bevor ich das jetzt gleich ohne ihn durchstehen musste. Nein, das stimmte nicht. Er saß im Publikum, er war da.
»Du kannst das, Ahri. Und das weißt du, oder?«
Schulterzucken.
»Tanzen konntest du schon immer! Vertrau darauf.« Sein Blick war so zuversichtlich. »Viel Glück, *Daydream*!«
Ich sah ihm kurz nach, als er auf die Tribünen und in den Saal ging. Sich einen Platz suchte und wartete, bis es anfing. Mein halbes ganzes Bruderherz. Ich war ihm so dankbar. Ich ging weiter und fragte mich, wo Xeonjun und Seola waren. Ich hatte die beiden noch nicht gesehen. Ich eilte zu den Umkleiden und rempelte versehentlich jemanden an. Ich blieb stehen und verbeugte mich. »Tut mir leid«, murmelte ich aus Höflichkeit und bereute es später so, so sehr.
Er war in etwa so alt wie ich. Hatte hellbraunes Haar, ich glaubte, seine Augenfarbe war dieselbe. Ich konnte mich nicht genau daran erinnern. Er lächelte.
»Nichts passiert.« Seine Stimme klang genau wie in all diesen K-Dramen. Tief und beruhigend. Ich hasste, dass er so perfekt war. Ich wollte weitergehen, doch er hielt mich mit einem Räus-

pern zurück. Ich fragte mich im Leben noch oft, ob es Zufälle gab. Oder ob etwas aus bestimmtem Grund passierte, ob das alles von irgendwem geplant war.

»Sind Sie hier Tänzerin?«
»Ja.«
»Könnten Sie Frau Hwang etwas ausrichten?«
Ich nickte. »Was denn?«
»Das Problem an der Musikanlage ist behoben, es kann ohne Verzögerung losgehen.« Sein Blick war so bittend. »Von Moon Tran.« Er verbeugte sich und lief gehetzt die Treppe nach oben. Setzte einfach seinen Weg fort, tat, was auch immer er hier zu erledigen hatte, anscheinend einer von den Technikern.

Moon Tran.

Mein Herzschlag setzte aus. Eine Sekunde, eine weitere. Dann kam der Schmerz. Leises Pochen, er wurde stärker, lauter, dröhnte in meinen Ohren. Suns Stimme. Wie immer war sie da. Flüsterte, schrie. Fegte durch meinen Kopf. Erinnerungen überfielen mich.

Eines Tages finde ich meinen Moon.

Es waren die kleinen, fast unwichtigen Dinge, die mir das Leben nach ihrem Tod so sehr erschwerten. Situationen, die für andere etwas Unbedeutendes waren, für mich kaum auszuhalten. Dann war es egal, ob ich akzeptiert hatte, dass sie weg war. Es war, als würde man einen Schalter umlegen. Einen Knopf in meinem Herzen berühren und ich war gelähmt. Ich ertrank in Erinnerungen, in meinem Kopf brodelte es. Ich schluckte, schluckte, meine Hände wurden feucht. Er hätte so gut zu ihr gepasst. Perfekt wären sie gewesen. Wie ein Pärchen aus den K-Dramen. Moon und Sun. Sie hatte es sich gewünscht, eines Tages wäre es vielleicht Wirklichkeit geworden. Jetzt würde sie so etwas nie erfahren.

Nie. Nie. Nie.

Meine Schwester würde überhaupt nichts mehr erfahren. Weil sie nicht mehr da war. Und in Momenten, in denen ich das realisierte, da war es, als wäre es erst gestern passiert. Ich lief blind los. Die Treppe nach oben. Alle saßen unten im Saal, der Eingangsbe-

reich hallte mit meinen Schritten im Takt, ich stürzte auf die Doppeltür zu und nach draußen an die Luft.
Atmen. Atmen. Atmen.
Es ging nicht. Wie verdammt funktionierte das? Ich schnappte nach Luft, stieß sie wieder aus.
Wir Tänzer sind mutig.
Vielleicht die anderen. Ich war es nicht. Nicht jetzt.
Ich lief und lief, blieb nicht stehen. Entlang des Gebäudes, weg vom Eingang, weg von Moon und den Gedanken an meine Schwester. Mit der rechten Hand hielt ich mich an der kalten Wand fest. Ich musste an die Minuten nach Sun-Nyus Unfall denken. Wie ruhig ich gewesen war. Wie emotionslos. Diese Reaktion war nie wiedergekommen. Ich hatte seitdem keinen Tag mehr ohne Emotionen verbracht, obwohl ich es mir so fest vorgenommen hatte. Aber da waren immer Tränen gewesen und traurige Gedanken. Herzzittern.
Erst später verstand ich, wie wichtig dieses Herzzittern war. Weil man es auf unterschiedliche Weise erfahren konnte. Auf glückliche, aufgeregte. Oder schmerzhafte, ängstliche. Und beides war wichtig, nur konnte ich in diesem Moment nicht daran denken.
Denn jetzt brüllte mir mein Kopf Lügen zu: *Du bist schwach. Du bist hässlich. Du bist nichts wert.*
Und dann war da mein Herz. Ich war so froh, dass es noch immer für mich schlug. Mein verdammtes, verdammtes Herz: *Du bist okay. Du bist schön. Du bist wertvoll.*
Wir Menschen machten zu oft den Fehler, dass wir auf die laute Stimme hörten. Auf alles, was eindringlicher war. Und an diesem Vormittag war es mein Kopf.
Ich hielt die Tränen zurück. Es tat weh. Langsam ging ich um die Ecke des Gebäudes und trat vor die Glaswand. Unter mir tanzten Hyun und Lua. Die Menge jubele. Klatschte. Dieser Tanz war wunderschön. Ich konzentrierte mich auf seine Bewegungen, wie er Lua hob und trug, sie führte, hielt. Die beiden hatten es geschafft. Sie hielten ein ganzes Publikum gefesselt, allein durch

ihre Emotionen, durch ihre Bewegungen, die uns den Atem anhalten ließen. Ich betrachtete die Juroren. Die Herzensfresserin hatte ihre Brille abgenommen und fuhr sich unauffällig über die Augen. Professorin Hwang saß dort und fixierte das tanzende Pärchen. Ich wusste, dass sie stolz war. Und in meiner Brust zog es. Weil sie nicht stolz auf mich sein würde. Ich würde nicht da sein, wenn wir aufgerufen würden. Ich hatte es ihr versprochen. Versichert. Mir selbst hatte ich es versprochen. Jetzt stand ich hier oben, starrte durch ein Glasfenster nach unten in die Halle, traute mich nicht weiter. War weggelaufen. Mein Herz tat weh, es pochte. Eine heilende Wunde. Der Tod hinterließ Wunden in unseren Herzen und auch wenn Mama sagte, diese würden heilen, glaubte ich manchmal nicht genug daran.

Ich starrte weiter auf den Tanz. Er half mir dabei, nicht zu weinen. Ich stellte mir vor, selbst zu tanzen, zu fliegen. Gott, wie gern ich flog. So unendlich leicht sein, schön sein. Wenn wir tanzten, waren wir wunderschön. Weil wir echt waren. Ich wollte auch so echt sein wie Lua und Hyun in diesem Moment. Nur mein Herz war noch zu schwer, es würde eine Zeit brauchen, bis ich ganz und gar von der Erde loskam, wie es schon immer mein Traum gewesen war.

Das war okay. Sagte Taemin später. Wieder und wieder sagte er es und ich fand mich okay, weil man immer auf die eindringliche Stimme hörte. Manchmal gut, in anderen Augenblicken nicht.

Ich zuckte zusammen, als jemand um die Ecke kam und schwer atmend stehen blieb. Ich hielt mir die Hand vor den Mund und trat zwei Schritte zurück, erkannte meinen Freund. Große Augen, blasse Wangen, weites Herz.

»Xeonjun?«, flüsterte ich ihm entgegen und er starrte mich an und es war, als spiegelten wir einander wider. Er trug seinen schwarzen Anzug, einen, den er beim Tanzen hätte tragen sollen. Aber er tanzte an diesem Tag nicht.

»Ahri? Was machst du hier? Du bist gleich dran!« Er kam auf mich zu und griff nach meinen Schultern. »Du musst wieder runtergehen! Du musst tanzen, Ahri!« Sein Blick war eindringlich.

Ich schüttelte den Kopf. »Warum bist *du* hier?«, fragte ich, statt zu antworten. Sein Blick wurde wild. Und so endlos traurig, dass ich nicht mehr wusste, wen ich vor mir hatte. Xeonjun, mein lustiger Freund. Nein, das hier war ein ganz anderer Mann. Jemand, der eine Last auf seinen Schultern trug und niemanden hatte, mit dem er sie teilen konnte.

»Ich tanze nicht. Nicht mit Seola.« Er machte eine Pause und fuhr sich durch sein dunkles Haar. »Mit niemandem.«

Ich vergaß für ein paar Sekunden meine eigene Angst, weil seine so viel größer schien.

»Ich tanze überhaupt nie mehr. Das bin nicht ich.«

»Oh, Xeonjun«, flüsterte ich. Langsam kam ich auf ihn zu, seine Unterlippe zitterte und ich nahm ihn in den Arm. »Das ist okay«, sagte ich leise.

»Ist es nicht.«

»Das ist es doch. Weil dich niemand verurteilen wird, weil du du selbst sein willst.«

Während er sich von mir löste, entrang sich ihm ein ironisches Lachen. An die Glasfassade gelehnt, starrte er auf die Menge unter uns. »Dann kennst du die Menschheit ziemlich schlecht. Ich kann ihre urteilenden Blicke spüren. Zu oft, Ahri.«

Vielleicht hatte er recht.

»Ich weiß nicht, was alles in deinem Kopf ist, was du durchmachst oder durchgemacht hast. Keine Ahnung, Xeonjun. Aber ich werde dich für so eine Entscheidung nicht verurteilen. Und auf diese Stimmen solltest du hören.«

»Warum bist du hier oben?« Wollte er noch einmal wissen und ich stellte mich neben ihn an die Wand. Lua strahlte in ihrer Drehung. Ihre Augen leuchteten und ich wusste, sie war frei. Für diesen Moment.

Ich schluckte. »Weil ich einfach kurz Luft holen wollte, bevor es losgeht.«

Xeonjuns Blick wurde beinahe wissend. »Die Wahrheit ist, du hast keine Luft mehr bekommen und deine Hände zittern nicht wegen der Aufregung?« Seine Frage war so direkt, sie traf mich unvorbereitet, ziemlich heftig.

Heute hätte ich es allen beweisen können. Vor allem mir. Jetzt stand ich hier oben, so unglaublich feige. Ich trat von der Wand zurück. Xeonjun starrte nach unten zu Seola, die dort saß und sich wütend umsah. Sie waren von der Liste gestrichen worden, teilte uns die Anzeigetafel mit.

»Xeonjun?«

Er zuckte leicht zusammen. Sein Blick ging zu Boden.

»Wer sind wir, wenn keine Tänzer?«

Er blinzelte und drehte sich von mir weg, vielleicht dachte er, Tränen seien hässlich. Genau wie ich es gedacht hatte.

»Vielleicht muss ich es einfach noch herausfinden.«

Ich berührte sachte seinen Arm und drehte ihn zu mir. Eine vereinzelte Träne rann über seine Wange, grob wischte er sie weg. Ich nahm ihn noch einmal in den Arm, diesmal drückte ich ihn ganz fest, weil er es brauchte. »Du wirst es herausfinden. Ich kann dir helfen, wenn du willst. Ruf an und ich bin für dich da.«

Er schob mich ein Stückchen von sich und um seinen Mund zuckte es. »Danke, Schneewittchen.«

Ich dachte, er würde es dabei belassen, doch er schien es sich anders zu überlegen. Er umfasste meine Schultern. »Du bist Tänzerin, Ahri. Du musst es nicht mehr herausfinden. Und du solltest jetzt runtergehen und mit Taemin frei sein.«

Wieder und wieder schüttelte ich den Kopf. Ich hatte Angst. So Angst, ohne meine Schwester frei zu sein.

»Doch. Für die Eisprinzessin. Du musst weitertanzen.«

Aber du kannst aufstehen, Ahri.

Du stehst wieder auf.

Als ich durch die Scheibe noch einmal die Halle betrachtete und bei Taemin hängenblieb, hob er den Kopf. Sein Blick aus dunklen Augen. Der mich ein ums andere Mal rettete, der mich so wissend musterte, so verständnisvoll war.

Lass ihn nicht im Stich. Nicht schon wieder, flüsterte Sun-Nyu in meinem Kopf.

»Ich kann nicht«, stammelte ich. Wandte mich Xeonjun zu.

»Wie soll ich da unten mein Herz offen darlegen, wenn es noch immer kaputt ist?« Die Hilflosigkeit wuchs und wuchs. Lua und Hyun machten den letzten Sprung. Taemins Blick wanderte nervös von mir zu Professorin Hwang.

»Du kannst.« Xeonjun schob mich in Richtung der Hausecke. »Tanz nicht für die Menschen im Publikum. Nicht für mich oder Taemin.«

»Für wen sonst?«

»Tanz für dich, Ahri. Du hast mir versprochen, dich irgendwann wieder selbst zu sehen. Nur *dich*.«

»Was, wenn ich zusammenbreche? Was, wenn ich nicht fliegen kann?«

Xeonjun schluckte hart, ich sah es sogar über die Entfernung. Er verzog das Gesicht zu einer traurigen Grimasse. »Wenn du nicht fliegst, dann fällst du eben. Modern Dance ist nicht nur da oben in der Luft.«

Ich atmete ganz flach. Mein Herz schlug schnell. Meine Hände wurden schweißnass, die Aufregung schoss durch jede Zelle meines Körpers. »Okay.«

Xeonjun lächelte plötzlich ganz ehrlich. Es war nicht so breit wie sonst, nicht so übermäßig. Es war einfach ehrlich.

»Kommst du mit runter?«

»Ja. Ich bin stolz auf dich, Schneewittchen.« Er kam zu mir, nahm meine Hand und zusammen gingen wir um die Ecke in Richtung Eingang. »Du kannst mich Xeon nennen.«

»Was?«

»Du hast gefragt, wer ich bin, wenn nicht Tänzer. Meine Familie nennt mich Xeon, das bin ich. Irgendwie.«

»Ich bin so unendlich froh, dich zu kennen, Xeon.«

Bevor wir reingingen, hob ich kurz den Kopf zum Himmel. Endlos blau, weiße Wolken. Graue Luft. Die Sonne schien schwach, der Herbst lebte. *Sun, Sonne, einzigartig, Sun-Nyu.*

Es ist nicht leicht, wenn man jemanden liebt und er plötzlich weg ist. Wer hat gesagt, dass das Leben leicht ist? Vielleicht geht es genau darum, zu wissen, wie schwierig es ist und trotzdem nicht

aufzugeben. Wie jetzt.
Ich liebe dich, Sun. Vergiss das nicht.
Ich lernte mit der Zeit, wie es war, ohne sie zu leben. Niemals leicht, doch auch nicht unmöglich.

Wir kamen unten vor der Halle an, meine Beine waren wie Pudding, mein Herz wie ein Propeller, Xeonjun schob mich zum Eingang. Lua und Hyun verbeugten sich unter Applaus, wir schlichen uns an der Seite den Saal entlang bis zu den Tribünen.

»Jeong Taemin und Seon Ahri«, sagte eine Männerstimme an. Und ich wollte schon wieder davonlaufen. Aber Xeonjun stand in meinem Rücken.

»Für dich.«

Also lief ich bis zu Taemin. Sein Blick war überrascht, er stand sofort auf, nahm meine Hand und drückte sie. Wir gingen in die Mitte des Raumes. Sagten kein Wort. Waren einfach zusammen hier, zusammen okay. Füreinander da. Ich hielt den Blick gesenkt, wollte niemanden aus dem Publikum sehen, denn dann würde ich mir vorstellen, was sie über uns denken könnten.

Wir verbeugten uns vor der Jury, die Menge wurde ganz still. Irgendwas surrte, mein Herz polterte, aber das hörte nur ich. Wir nahmen unsere Position ein. Ich kauernd am Boden, Taemin um mich herumlaufend.

Die Geigenmusik erklang leise und als *Lucidious* sich räusperte, zuckte ich zusammen, rollte der Choreographie folgend zur Seite. Taemin beugte sich über meine Gestalt, griff nach meiner Schulter, ich entkam ihm. Auf dem Rücken liegend sah ich an die Decke, sprang auf meine Beine, als die Musik lauter wurde. Wir umkreisten uns. Ich vergaß, wo wir uns befanden, sprang ab.

Meine Herzscherben purzelten übereinander, während wir uns fingen. Einander entkamen, uns wieder fanden. Erneut kauerte ich am Boden, verzog mein Gesicht voller Schmerz, erkannte den Songtext, fühlte unser Muster, unsere Idee, war mit Taemin gebrochen-schön.

Das Publikum sog scharf die Luft ein, als er eine Flugrolle über meinem Körper machte, hinter mir aufkam, jetzt lagen wir gemeinsam am Boden. Und sie konnten alle mein wundes Herz sehen, in meinem Blick, meinen Bewegungen. All den Menschen in diesem Raum präsentierte ich meine Seele und das zerbrach und heilte mich gleichzeitig.

Wir sahen uns an. Er starrte auf meine Lippen, wie schon bei *illa illa*. Wie bei unserem ersten Tanz. Meine Sicht verschwamm. Ich bildete mir ein, Sun aus dem Publikum jubeln zu hören, stellte mir ihre blonden Haare vor, ihr helles Lachen. Dachte daran, wie viel ich noch erleben konnte, ohne sie. *Ich erzähle dir irgendwann davon. Warte nur noch ein Leben lang.*

Taemin umfasste bei den leisen Klaviertönen mein Gesicht, ich bewegte meine Beine, tat, als wolle ich ihm wieder entkommen. Unsere Körper drehten sich, wir saßen Rücken an Rücken, standen gemeinsam auf. Und dann tanzten wir den letzten Part. Tränen strömten wie von selbst über mein Gesicht, vielleicht waren sie eines der Dinge, die meine Schwester hinterlassen hatte. Die mich daran erinnerten, dass ich sie aufrichtig geliebt hatte. Taemin griff nach meinem Arm, bevor ich fallen konnte. Wir waren vom Leben zerrissen, zusammen ganz, wie aus der Realität gefallen.

Die letzten Töne erklangen, ich fand mich in seinen Armen wieder, obwohl es nicht Teil der Choreografie war. Seine Daumen strichen unter meinen Augen entlang.

»Du hast nicht aufgegeben«, raunte er an meinem Ohr.

Die Menschen applaudierten. Jubelten. Mein Mut fiel zusammen, die Musik endete. Professorin Hwang lächelte. Die Herzfresserin applaudierte mit einem Taschentuch in der Hand.

»Können wir hier weg?«, flüsterte ich.

Wir gingen von der Tanzfläche und verließen die Halle, während das nächste Pärchen angesagt wurde. Vorsichtig wischte ich mir die letzten Salzperlen von den Wangen, sank dann an die Wand gegenüber der Damenumkleiden. Taemin kniete sich zu mir herunter, hob meinen Kopf an, legte seine Stirn an meine.

»Und wie wir dafür gemacht sind.« Er küsste mich und ich dachte an mein Schlauchboot-Herz, weil es sich anfühlte, als würde er es aufpumpen.

Dritter Tanz
Liebe
richtig-echt

Kapitel 40

Noch immer tiefgründig-komisch

Taemin

In meiner Wohnung war es dämmrig. Barfuß trat ich in den Wohn- und Küchenbereich, starrte das Chaos von letzter Nacht an. Unsere Snacktüten, die Getränke, hörte, wie unsere ausgelassene Stimmung nachklang. Ich setzte mich auf den Barhocker und starrte aus dem Fenster, wartete, bis sich der Morgen über die Welt erstreckte und einen neuen Tag einläutete. Die Farben am Himmel strahlten lilaorange. Am Horizont leuchteten die Wolken blasshell und Zentimeter für Zentimeter wagte sich die Sonne über die Erde. Ich wünschte, Ahri könnte das sehen, diesen Sonnenaufgang in all den Farben, die sie liebte. Aber da wären noch viele Aufgänge für uns. Jeden Tag, wenn wir wollten. Jeden verdammten Tag. Mein Herz pochte.

Meine Gedanken wirbelten umher, die Welt wurde hell.

Linya: Wie geht es dir?

Ich: Gut.

Linya: Bist du glücklich?

Ich: Ja.

Linya: Weil du endlich Ahri an deiner Seite hast?

Ich: Ahri und dich. Das Glück der Welt.

Linya: Hör auf, kitschig zu sein!

Ich: Niemals.
Ich: Wie geht es deinem Herzen?

Linya: Wie immer. Stolpert, schlägt, für mich in Ordnung.

Ich: Sehen wir uns bald?

Linya: Ich frage Mam jeden Tag, ob ich dich besuchen darf.

Ich: Eines Tages wird sie es erlauben.

Linya: Ja. Und bis dahin hoffe ich zum Mond und zurück.

Ich: Für immer, Heartbeat. Zum Mond und zurück.

Ich wollte mein Handy gerade weglegen, als sie anrief. Ich nahm den Videoanruf entgegen und schenkte ihr ein müdes Lächeln. Immerhin war es ehrlich.
»Hey, *Heartbeat*.«
»Ich glaube, ich brauche auch einen Spitznamen für dich.« Sie winkte mir durch die Kamera zu. Es war so gut, sie zu sehen. So, so gut. Bevor ich noch etwas anderes sagen konnte, hörte ich tapsende Geräusche. Ahri kam schläfrig zu mir. Sie trug meinen blauen Pullover und hatte mir gestern verraten, dass sie ihn schon

seit unserem Treffen im *Zeitvergessen* hatte anziehen wollen.

»Du schläfst ja fast noch.« Ich streckte lächelnd meine rechte Hand nach ihr aus. Sie ergriff meine Finger, ich zog sie zwischen meine Beine, hielt das Handy so, dass Linya uns beide sehen konnte. Ahri winkte meiner Schwester zu.

»Hi, Linya.« Ahri schenkte ihr ein Lachen. Meine Schwester rückte näher an die Kamera.

»Oh, du siehst wundervoll aus, Ahri.« Dann zu mir: »Du kannst dich glücklich schätzen.«

Ich schüttelte belustigt den Kopf und legte einen Arm und Ahris Taille. »Das ist ein Klischeespruch, *Heartbeat*.«

»Ich lebe für Klischees.«

Ahri starrte gebannt auf meinen Handybildschirm, ihr gerade noch müder Blick war jetzt klar und neugierig.

»Und wisst ihr, warum ich für Klischees lebe?«, fragte Linya.

»Warum?«, fragten wir wie aus einem Munde.

»Weil es in allen Filmen am Schluss immer ein Herz für die Charaktere mit dem Herzfehler gibt.«

Wir redeten noch weiter. Über Kaffee, Erdbeeren. Ahri war entsetzt, dass ich sie nicht mochte, verbündete sich mit meiner Schwester gegen mich. Ich liebte sie zusammen. Es gab mir Hoffnung. War ein Weg so möglich?

»Warum hast du eigentlich angerufen, *Heartbeat*?«

»Mir war langweilig.«

»Oh, du bist genauso schlimm wie Chiron.«

»Nein, der ist schlimmer.«

Wir lachten ein bisschen und legten dann auf. Ahri drehte sich halb zu mir.

»Kann es immer so sein?«

»So federleicht?«

»Ja. Das ist schön.«

Ihr Blick glitt zum Fenster, nach draußen, zur Sonne, die über dem Horizont stand, um ihren Weg für heute anzutreten.

»Ich habe dich vermisst«, sagte sie schlicht und lehnte ihren Kopf an meine Brust, ich hielt sie, legte mein Kinn auf ihren

Scheitel und folgte ihrem Blick nach draußen.
»Ich vermisse dich auch. Immer.«
»Obwohl wir hier zusammen sind.«
»Mhm. Gefühle sind was Seltsames.«
»Finde ich okay.«
Und das war es.
»Taemin?«
»Was denn?«
»Kannst du mir weiter Lieblingssongs schicken?« Sie atmete tief ein. »Jeden Tag. Solange wie möglich.«
»Bis mir die Lieder ausgehen. Versprochen.« Ich küsste ihr Haar, ihre Schläfe. »Und ehrliche Gedanken von dir.«
»Ja. Die bekommst du.« Ahri zitterte ein bisschen, als sich die Sonne weiter erhob, ihre Strahlen über den Himmel schickte. Ich sah zu den Wolken und hoffte für sie, wie so oft in letzter Zeit, ich betete für ihre verletzte Seele. Die Schatten der Nacht verließen meine Wohnung, Lichtstrahlen ersetzten sie, lauschten unseren Worten, trugen diese nach unten in die Straßen Daegus.

»Ich kann sie nicht vergessen«, flüsterte Ahri und ich nahm ihre Hand in meine. »Wenn ich die Sonne sehe, sind die Erinnerungen an sie so laut in meinem Kopf.« Ich wusste, dass einsame Tränen über ihre blassen Wangen rollten, auch wenn ich weiter die Wolken beobachtete.

»Weißt du, Erinnerungen sind wie Wärmflaschen für unsere Herzen, Ahri. Vergiss das nicht.«

»Mein Herz tut manchmal einfach weh. Dann ist das Leben schwer, Taemin.«

»Ich weiß. Gib nicht auf, Ahri.«

»Neu anzufangen ist nur schwer, nicht unmöglich.«

Sie schwieg.

»Nicht unmöglich, okay?«

»Wie fängt man am besten neu an? Irgendwie weiß ich nicht, wie das gehen soll.«

Ich wusste oft nicht, was ich ihr geben konnte, aber ich lernte, dass ihr reichte, was ich hatte.

Ich bin da. Für dich.
»Vielleicht beginnen wir damit, unseren Herzen zu zeigen, dass es Wunder gibt.«
Ihr Blick glitzerte.
»Schließ deine Augen, Ahri. Jetzt schau zu den Wolken und atme ganz tief ein«, flüsterte ich an diesem Morgen. »Wir sollten den Kopf nicht hängen lassen, der Himmel könnte schöne Farben haben, weißt du?«
Wir waren noch immer tiefgründig-komisch.
Ein wenig schmerzhaft-mutig.
Ziemlich richtig-echt.

Kapitel 41

Wie in den K-Dramen

Ahri

Zwei Wochen später stand ich in meiner Küche und backte Teigtaschen nach dem Rezept meiner Schwester. Siwon packte seine Sachen für den Umzug, der letzte Oktobertag schenkte uns noch einmal warme Sonnenstrahlen. Morgen würde ich mit Taemin ans Meer nach Ulsan fahren, der Trip war spontan, aber fühlte sich so wichtig für mich an.

Es klingelte an der Tür und ich drückte die Entriegelung, ohne über die Sprechanlage mit Taemin zu reden. Kurze Zeit darauf klopfte er an meiner Wohnungstür und ich zog sie auf, blieb wie angewurzelt stehen. Denn mir stand nicht Taemin gegenüber, sondern Seola. Ihr Bob war über den Herbst länger geworden, das Piercing an ihrer Nase ein anderes, ihr Blick gehetzt, als sie den Kopf hob.

»Was machst du hier?«, brachte ich nur hervor. Die Enttäuschung, die nach dem Unfall wegen Seola ausgeblieben war, machte sich jetzt in mir breit. Einmal mehr verstand ich, wie falsch diese Freundschaft zwischen uns gewesen war.

Sie biss sich auf die Lippe. »Tut mir leid.«

Mehr nicht.

»Es ist, wie es ist«, erwiderte ich.

»Du siehst aus wie sie und das erinnert mich so sehr an ... an Sun. Ich weiß nicht, wie ich mit dir reden soll, ohne an früher zu denken.«

Sie war nicht die Erste, die das sagte. Bestimmt auch nicht die Letzte. Ich würde die Menschen wohl noch lange an meine Schwester erinnern. Seola kam damit nicht klar, während ich für mich entschieden hatte, dass das gar nichts Schlechtes war. Ich blieb ruhig, ließ mir nichts anmerken, nicht diese plötzliche Enttäuschung oder meine Verwirrung über ihr Auftauchen.

»Danke für deine Entschuldigung. Wir müssen nicht befreundet bleiben, nur weil du es mit meiner Schwester warst. Das ist okay, weißt du?«

Es schien sie mehr zu treffen, als ich beabsichtigt hatte. Sie senkte den Blick. »Ich hab hier noch ein Kleid von ihr. Habe es mal ausgeliehen.« Seola wollte mir die Tüte in ihrer Hand reichen.

»Du kannst es behalten«, sagte ich aus einem Instinkt heraus. »Dann bleibt dir etwas von ihr zum Erinnern.«

Weil Erinnerungen wie Wärmflaschen sind.

»Warum bist du so gefasst? Trauerst du gar nicht?«

Fassungslosigkeit durchzuckte mich, ich musterte die Frau vor mir und fragte mich, ob wir uns wirklich kannten, wie man Freunde eben kannte.

»Du hast mich weggestoßen, Seola. Das hat mich verletzt. Wir müssen uns nicht hassen, nur sind wir ohne Sun eben keine Freunde mehr.«

Sie nickte, als verstünde sie. Dann machte sie zwei Schritte rückwärts. »Danke für das Kleid.« Ihre dunklen Haare wippten, während sie sich umdrehte. Dann blieb sie noch einmal stehen. »Ihr ... ihr habt schön getanzt. Tut mir leid, dass es für das Casting in Seoul nicht gereicht hat.«

Nicht schlimm, ich habe etwas anderes gewonnen.

Irgendwie habe ich den Weg zu mir selbst wiedergefunden.

Dann ging sie wirklich, steuerte die Aufzüge weiter hinten im Flur an und die Tüte an ihrer Seite knisterte, als würde sie uns etwas erzählen. Vielleicht war es Sun-Nyu.

Manchmal passt ein Für-immer-Freunde nicht. Seid nicht traurig, ihr findet neue Menschen im Leben, die ihr lieben und verstehen lernt.

Das Tütenrascheln und ihre Stimme in meinem Kopf ließen mich lächeln. Ich schloss die Wohnungstür und aß dann mit meinem Bruder die ersten noch warmen Teigtaschen.

Ich atmete das Meer ein. Wellen schäumten, Wasser glitzerte, der Himmel leuchtete. Ich lachte. Und es fühlte sich nach langer Zeit echt an, so echt. Nicht nur echt. Frei.

Ulsan war herrlich, auch wenn der erste Novemberwind in den Schatten kalt war, auch wenn es hier verlassen schien. An diesem einsamen Strand lag das japanische Meer vor uns. Taemin stand am Wasser, er trug eine beige Hose, ein weißes Hemd, ein breites Lachen. Heute Morgen hatte er mit seinem Vater telefoniert und seitdem schien er befreiter. Vielleicht würden sie sich in nächster Zeit treffen und miteinander reden. Ich wusste, wie wichtig das für ihn war.

Gerade ließ Taemin Steine über die Meeresoberfläche flippen.

Nur wir und die Wellen.

Das Leben war für starke Menschen gemacht. Und weil wir es alle lebten, steckte in jedem von uns ein Kämpferherz. In meinem Bruder. In Taemin. Seiner Schwester. Auch in Xeonjun, obwohl er gerade eine schwere Zeit durchmachte und nicht wusste, wer er war.

Ich nahm mein Handy aus meiner Hosentasche und las, was mein Bruder geschrieben hatte, musste lachen. Wir traten alle unseren Neuanfang an, ich hoffte für uns, dass es gut werden würde.

Siwon: Rette mich. Chiron macht mir Angst.

Ab heute würde er dort wohnen, bei Chiron und gegenüber von Taemin. Er war noch immer nah bei mir, ich würde meinen Bruder besuchen können, aber wir machten uns nicht voneinander abhängig. Er war nur eine kleine Raumfahrt entfernt, dachte ich immer, wenn mir die Wohnung allein ganz einsam vorkam.

»Ist alles okay?«, fragte Taemin. Ich steckte das Handy weg und trat zu ihm, unter mir der weißgelbe Sand, den ich so sehr vermisst hatte.

»Nur Siwon, der vor Chiron gerettet werden will«, sagte ich und er legte seine Arme um meine Hüfte.

»Die beiden werden das schon hinbekommen.«

Natürlich würden sie das. Außerdem wusste ich inzwischen, wie nett Chiron sein konnte, wie lustig und offen.

Er brauchte nur seine Zeit.

»Weißt du, an was ich die ganze Zeit denken muss?«, fragte ich ihn und er legte den Kopf schief.

»Nein. Manchmal wünsche ich mir, es einfach zu wissen.«

Ich betrachtete das dunkle Wasser hinter ihm, wie es unter der Sonne doch hell funkelte. »Ich muss daran denken, was du mir erzählt hast. Ruhige Orte.« Mein Blick fand wieder den seinen und ich stellte mich auf die Zehenspitzen, damit ich ihm näher war. Weil sich das gut anfühlte. »Ist das jetzt dein ruhiger Ort? Dein erster stiller Ort auf der Welt?« Ich wünschte es mir so sehr. Dass dieser Trip ans Meer ihm genau das gegeben hatte, was er irgendwann einmal haben wollte. Taemin verzog den Mund leicht und zog mich an der Taille noch näher.

»Dieser Strand ist tatsächlich mein erster leiser Ort.«

Ja. Ja. Ja.

Er fuhr mit den Lippen über meine. Ich wollte für immer erste Küsse mit ihm, weil erste Küsse niemals die letzten waren. Oder irgendwie so. Gedankenknoten.

»Tanzt du mit mir im Sand?«, fragte er und ich kicherte leise. Er zog die Brauen zusammen. »Was ist?«

»Nichts.« Das Braun seiner Augen hielt meines gefangen. »Ich mag dich und deine Drehbuchsprüche.«

»Das war kein Drehbuchspruch«, murmelte er gegen meine Lippen.

»Oh. Und was ist dein Drehbuchspruch?«

Er kam mir ganz nahe und bewegte sich sachte. Hüfte gegen Hüfte. Herz an Herz. Atem mit Atem.

Wir tanzten im Sand. Das Meer hinter uns, die Füße trotz der Novemberkälte barfuß. Leise Musik aus seiner *Gedankenkarussell*-Playlist. *illa illa*, weil es so sehr zu uns passte.

Und er flüsterte all seine Drehbuchsätze in mein Ohr. »Ich habe mich in dich verliebt, Ahri. Während du von Planeten erzählt hast, während dem Weinen, während dem Lachen. Jetzt.«

Taemin drehte uns herum, in mir leuchteten die Glühwürmchen mit den Farben am Himmel um die Wette. Es war genauso kitschig wie in den K-Dramen, mit den verdammt perfekten Schlussszenen, von denen ich dachte, sie würden in der Realität nicht existieren.

Dass es diese Momente doch gab, heilte mich.

Von ganzem Herzen, Taemin.

Epilog

Ganz arg blau

Ahri

»Das Meer rauscht so schön, Ahri«, flüsterte Naomi. Ich hielt das Telefon fest an mein Ohr und schmunzelte, als ich ihrer sanften Stimme lauschte.

»Nicht wahr? Irgendwann wirst du das Meer auch von Nahem sehen. Vielleicht auf deiner Weltreise.«

»Das wäre toll. Ist es ganz arg blau?«

Ich folgte den Bewegungen der Wellen. Dieses Leben, das wir leben durften, schien manchmal so unendlich einsam und unmöglich. Aber wenn man all das schöne Blau betrachtete, war es doch endlos.

»Alle Blauschattierungen, die es gibt, kannst du im Meer finden. Und das wirst du irgendwann, Naomi.«

Sie kicherte leise, und während mein Blick über den Strand wanderte, blieb er irgendwann an dem jungen Mann hängen, der im Sonnenuntergang tanzte. Mit wilden Umdrehungen und vollen Gefühlen wirbelte er den Sand unter seinen nackten Füßen auf.

»Naomi, ich habe angerufen, damit du ein grünes Häkchen hinter einem Punkt auf deiner Traumliste setzen kannst.«

»Oh, hast du ein Zebra gesehen?«

»Nein.« Ich lachte.

Taemin sprang ein letztes Mal und sah mich dann über den Strand hinweg an. Unsere Blicke verhedderten sich in einem braunen Chaos und ich buchstabierte wie damals: *E.n.d.l.o.s.*

»Die Zwiebeln auf der Welt sind wohl alle versteckt. Ich kann wieder ehrlich lachen.«

»Ich male den Haken mit blau, okay? Und Ahri?«

»Hm?«

»Hast du jetzt auch endlich eine Liste?«

»Heute fange ich damit an. Und wenn ich wieder zurück in Daegu bin, lese ich sie dir vor, ja?«

Traumliste:

Momente erleben, in denen ich mich auf der Erde wie eine Astronautin fühle.

Ende, Ende

Danksagung

Ihr haltet Ahri und Taemin in den Händen und ein Stück von meinem Herzen, meiner Fantasie und meiner Liebe. Und ich bin jeder*jedem Leser*in dankbar für einen Blick zwischen meine Worte. Wenn ihr mir Nachrichten zu meinen Büchern schickt, fühle ich mich wie eine Weltraumfahrerin, die durch Träume fliegt und dafür bin ich Euch ewig dankbar.

Danke an …

… Ahri und Taemin, ihr bedeutet mir so viel. Vielleicht sogar alles. Ihr habt mein ganzes, ganzes Herz. Für immer.

… Pinterest und Sonnenuntergänge, weil sie der Anfang von meiner August-2020-Idee waren.

… Vanessa. Weil du um 22:00 Uhr und nach dreißig Seiten schon daran geglaubt hast. Und danke für alles danach.

… den VAJONA Verlag, weil er meinen Mutherzen ein Zuhause gibt, mir bei allen Fragen, Ideen und Vorstellungen zur Seite steht und irgendwie einen Bruchteil meines Universums bei sich willkommen heißt.

… meine Lektorin Mira Manger. Am allermeisten danke ich dir für die ehrlichen und wichtigen Kommentare. Jeden davon. Und für deine Nachrichten, in denen du mir Mut gemacht hast, denn die haben mich echt ein bisschen gerettet.

… alle Interpreten meiner Playlist für die Inspiration. An B.I für illa illa und The Rose für Sorry.

… meine Familie, ohne eure Liebe hätte ich die Drillinge nicht schreiben können. Vielleicht hätte ich ohne euch niemals geschrieben.

... Johanna, für ein bisschen Unendlichkeit. Ich danke dir ehrlich für alles, alles, alles, alles. Du weißt das, oder?

... meine Freunde, weil ihr in allen Labertaschen-Momenten zur Stelle seid. Dann, wenn ich euch von meinen Büchern erzähle und es so scheint als würde ich damit nie wieder aufhören.

... Ella. Für Textmarkersätze und Kreisumarmungen über den Chat.

PS: »Die Welt braucht deine Worte, Mara.« – dafür danke ich dir unendlich, weil die Welt meine Worte jetzt hat.

... Maike Höppler. Für deine Kunst, die so gut zu Ahri & Taemin passt. Du erweckst die beiden ein klein wenig zum Leben für mich und das bedeutet mir endlos viel.

... meine ehemalige Deutschlehrerin, weil ich wegen ihr meine Worte festgehalten habe.

... alle Astronauten auf dieser Erde, ihr träumt von so viel mehr und inspiriert meinen Chaoskopf.

Und danke an Ghost Town von Benson Boone, es ist mein Dauerschleifensong für diese Danksagung.

Liebesromane im VAJONA Verlag

Ein Soldat, der auf eine Frau trifft, die sein Leben grundlegend verändert ...
von *Vanessa Schöche*

UNBROKEN Soldier

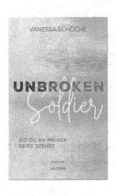

Vanessa Schöche
456 Seiten
ISBN 978-3-948985-66-0
VAJONA Verlag

»Das Leben ist nicht nur kunterbunt, Ava.«
»Es ist aber auch nicht nur schwarz-weiß, Wyatt.«

Ava und ich kommen aus verschiedenen Welten.
Alles an ihr ist rein, farbenfroh und hell. Und damit nun einmal das absolute Gegenteil von mir und meinem Dasein. Während sie jede träumerische Aussicht aus ihren noch so kleinen Venen zieht, bin ich Realist.
Sie muss verstehen, dass nicht alles im Leben kunterbunt ist. Ava will mich retten. Das spüre ich ganz deutlich. Aber sie sollte begreifen, dass ich gar nicht gerettet werden will. Und noch viel wichtiger: Dass ich nicht gerettet werden kann, selbst wenn ich wollte.

Der fesselnde Auftakt einer royalen Geschichte von
Maddie Sage

Imperial – Wildest Dreams

Maddie Sage
488 Seiten
ISBN 978-3-948985-07-3
VAJONA Verlag

»Wem sollen wir in einer Welt voller Intrigen und Machtspielchen noch vertrauen? Lassen wir unsere Gefühle zu, stürzen wir alle um uns herum ins Verderben.«

Nach einer durchzechten Nacht reist Lauren gemeinsam mit ihrer feierwütigen Freundin Jane für ein Jahrespraktikum ins Schloss des Königs von Wittles Cay Island. Und das, obwohl ihr der Abschied von ihrer Familie alles andere als leichtfällt, denn diese ist ihr größter Halt, nachdem ihr Vater vor fast vier Jahren spurlos verschwunden ist.

Am Hof sieht Lauren sich jedoch mit zahlreichen Problemen konfrontiert, allen voran mit Prinz Alexander, dessen Charme sie wider Willen in den Bann zieht. Dabei ist der Königssohn bereits der englischen Prinzessin versprochen worden, die vor nichts zurückschreckt, um ihren Anspruch auf Alexander und den Thron zu sichern. Dennoch kommen sich Lauren und der Prinz immer näher, ohne zu ahnen, in welche Gefahr sie einander dadurch bringen. Bis plötzlich Laurens verschollener Vater auftaucht und sie feststellen muss, dass die Folgen seines Verschwindens weiter reichen, als sie je für möglich gehalten hätte.

Die neue Reihe von *Maddie Sage*
Liebe. Schauspiel. Leidenschaft.

EVERYTHING – We Wanted To Be 1

Maddie Sage
472 Seiten
ISBN 978-3-948985-45-5
VAJONA Verlag

»Schauspiel war für mich so viel mehr als meine Leidenschaft. Es war das Ventil, das ich brauchte, um all die Schatten meiner Vergangenheit erträglicher werden zu lassen.«

Die Welt von Blair besteht aus aufregenden Partys und glamourösen Auftritten. Als Tochter eines Hollywoodregisseurs besucht sie eine der renommiertesten Schauspielschulen in L.A. Doch so sehr sie sich anstrengt – ihre Bemühungen, endlich ihre eigene Karriere voranzubringen, bleiben erfolglos, obwohl sie seit Monaten von einem Casting zum nächsten hechtet.

Am Morgen nach einer Benefizgala verspätet sie sich für das Vorsprechen einer neuen Netflixserie. Während des Castings begegnet sie dem Schauspieler und Frauenschwarm Henri Marchand, den sie von der Gala am Vorabend wiedererkennt. Ausgerechnet er ist ihr Co-Star und meint, ständig seinen französischen Charme spielen lassen zu müssen.

Die Chemie zwischen den beiden stimmt auf Anhieb, sodass Blair unerwartet eine Zusage für eine der Hauptrollen erhält. Nicht nur die beiden Charaktere kommen sich mit jedem Drehtag näher, auch Blair und Henri fühlen sich immer mehr zueinander hingezogen. Aber kann sie dem Netflixstar wirklich vollkommen vertrauen?

Der packende Auftakt der WENN-Reihe
von *Jasmin Z. Summer*

Erinnerst du mich, wenn ich vergessen will?

Jasmin Z. Summer
ca. 450 Seiten
ISBN 978-3-948985-72-1
VAJONA Verlag

»Sie will die Vergangenheit endlich ruhen lassen.
Doch dann kehrt er zurück und will sie genau daran erinnern.«

Sieben lange Jahre sind vergangen, seit Holly von ihrer ersten großen Liebe verlassen wurde. Ohne jegliche Erklärung, ohne jeden Grund. Doch mit Connors Rückkehr werden nicht nur all die unbeantworteten Fragen, sondern auch die dunklen Geheimnisse wieder ans Licht gebracht. Fragen, auf die sie schon längst keine Antworten mehr will, und Geheimnisse, die alles verändern könnten. Was, wenn die Gefühle noch da sind, aber das Vertrauen bereits zerstört ist? Und was, wenn eigentlich alles ganz anders war, als es damals zu sein schien?

Die leidenschaftliche **Es braucht**-Reihe von
Jenny Exler ...

Es braucht drei, um dich zu vergessen

Jenny Exler
ca. 420 Seiten
ISBN 978-3-948985-76-9
VAJONA Verlag

»Momente wie diesen wollte ich in ein Marmeladenglas
einschließen, es gut verpacken und mitnehmen, um es zu öffnen,
wenn ich mich schlecht fühlte.«

New York, der Ort, an dem Träume wahr werden. In meinem Fall: An der Juilliard studieren und Tänzerin werden. Genauso wie meine Mom – vor ihrem Tod. Ich hatte nur mein Ziel im Blick. Jedenfalls bis dieser aufdringliche Schnösel Logan Godrick auftauchte und er mich wortwörtlich aus dem Rhythmus brachte. Für ihn ging es nicht um Perfektion, sondern um Leidenschaft. Logan öffnete mir die Augen, zeigte mir eine Welt abseits von Fleiß und Erfolg. Er half mir, meinen eigenen Rhythmus zu finden. Dieser aufdringliche Schnösel zeigte mir das Leben. Aber was passiert, wenn das Lied, das uns verbindet, mich zum Stolpern bringt? Wenn alles anders ist, als ich immer dachte? Wenn ein falsch gesetzter Schritt all die Lügen aufdeckt und alles zum Einsturz bringt?

Fantasyromane im VAJONA Verlag

Die griechische Mythologie in einem grandiosen, fantasyvollen Setting von *Ani K. Weise*

ORACULUM – Fall der Götter

Ani K. Weise
520 Seiten
Band 1
ISBN 978-3-948985-41-7
VAJONA Verlag

»Was wäre, wenn es wahr ist und sie kein Mythos sind? Wenn es sie wirklich gibt? Die Götter in Olympia!«

Bei Ausgrabungen in Griechenland stößt die Archäologin Kyra Delany mit ihren Kollegen auf einen unglaublichen Fund einer längst vergessenen Zeit. Einen Tempel zu Ehren Ares, dem Gott des Krieges. Aber was Kyra in den Tiefen Griechenlands entdeckt, ist mehr als nur ein Stück Geschichte. Inmitten der Mythen und Legenden kommt sie einer Wahrheit auf die Spur, ohne zu ahnen, dass sie schon immer ein Teil davon ist.

Episch. Atemberaubend. Emotionsgeladen.
Der Auftakt einer noch nie dagewesenen Fantasyreihe von *Sandy Brandt*

DAS BRENNEN DER STILLE – Goldenes Schweigen

Sandy Brandt
ca. 450 Seiten
Band 1
ISBN Paperback 978-3-948985-52-3
ISBN Hardcover 978-3-948985-53-0
VAJONA Verlag

»Früher hätte sich die Menschheit durch ihre Lügen fast ausgerottet – die Überlebenden haben geschworen, dass es nie wieder so weit kommt. Heute erscheint jedes gesprochene Wort narbenähnlich auf der Haut. Die Elite herrscht stumm, während die sprechende Bevölkerung als Abschaum gilt.«

Olive und Kyle kommen aus zwei verschiedenen Welten.
Die achtzehnjährige Olive lebt in einer Welt, die von absoluter Stille und Reinheit geprägt ist. Selbst unter der stummen Oberschicht gilt sie als Juwel. Kyle dagegen trägt tausende Wörter auf der Haut und ein gefährliches Geheimnis im Herzen.
Als sie gemeinsam entführt werden, sind sie überzeugt, der andere sei der Feind. Sie ahnen nicht, dass dunklere Intrigen gesponnen werden. Olive will ihr Schweigen wahren, um nicht der geglaubten Sünde zu verfallen. Und Kyle weiß, dass es für ihn tödlich enden wird, wenn das stumme Mädchen hinter sein Geheimnis kommt. Beide müssen entscheiden, welchen Preis sie für ihre Freiheit zahlen wollen – und ob sie einander vertrauen können …

Eine Steampunk-Fantasy-Reihe von *Nika V. Caroll*,
die einzigartig und atemberaubend zugleich ist.
Märchenhafte Elemente treffen hier auf spannendes
und packendes Setting.

SPIEGELKRISTALLE – Über schwarze Schatten und Metallherzen

Nika V. Caroll
ca. 450 Seiten
Band 1
ISBN Paperback 978-3-948985-63-9
ISBN Hardcover 978-3-948985-64-6
VAJONA Verlag

»In dieser Geschichte gibt es keine Prinzessin, die aus einem hohen Turm gerettet werden muss – denn dies ist kein Märchen!«

Vor Tausenden von Jahren wurde die Insel Yumaj durch einen Fluch in zwei Teile gespalten – den gesegneten und den verfluchten. Während sich die einen als Auserwählte betrachten, sehnen sich die anderen nach Rache. Umgeben von magischen Maschinen und unvollkommenen Menschen ist dem Spiegelkönig jedes Mittel recht, um endlich wieder frei zu sein. Dabei sieht er seine einzige Chance darin, Akkrésmos freizulassen: Ein Monster, das die Welt ins Chaos stürzen soll.

Als die Schattentänzerin Eira und ihre Freunde von dem Plan des Spiegelkönigs erfahren, setzen sie alles daran, ihn von seinem Vorhaben abzuhalten. Doch dieser scheint jeden ihrer Schritte bereits zu kennen. Und bevor es Eira verhindern kann, ist sie tief in die Machenschaften der Insel verstrickt und längst Teil eines viel größeren Plans.

Romantasy im VAJONA Verlag

Spannend. Romantisch. Einzigartig.

SKY HIGH – Kampf um die Ewigkeit

Miriam May
ca. 400 Seiten
ISBN Paperback 978-3-948985-88-2
VAJONA Verlag

Bree streckte ihre Hand aus und die Insel über ihr verschluckte das Licht, das gerade noch ihre Finger geküsst hatte. Es war eine Ehre, in ihrem goldenen Schatten zu leben.

Der Himmel über Brealynns Heimatstadt ist gesäumt von einem Kreis aus schwebenden Inseln. Auf ihnen leben die Unsterblichen, die von den Menschen wie Götter verehrt werden und unerreichbar erscheinen. Doch hin und wieder verschwimmt die Grenze zwischen den beiden Welten, wenn ein Unsterblicher das Alter von hundert Jahren erreicht und nach einem Partner für die Ewigkeit sucht. Als Bree am Wettkampf über den Wolken teilnehmen darf, wird sie zum Aushängeschild ihrer Familie. Alle sind sich sicher: Wenn jemand an die Perfektion der Himmelsbewohner heranreichen und den Unsterblichen Kace von sich überzeugen kann, dann sie. Doch ist Bree wirklich die makellose junge Frau, die Kace sofort in ihren Bann zieht? Oder braucht sie die Hilfe von Adrien, dessen Leben als Diener der Unsterblichen zu einem Albtraum geworden ist, viel mehr, als sie es sich eingestehen möchte?

Folge uns auf:

Instagram: www.instagram.com/vajona_verlag
Facebook: www.facebook.com/vajona.verlag
Website: www.vajona.de

DER PODCAST